Verhandlungen

des

Elften deutschen Juristentages.

Herausgegeben

von

dem Schriftführer-Amt der ständigen Deputation.

Erster Band.

Berlin, 1873.
Commissions-Verlag von J. Guttentag.
(D. Collin.)

Inhaltsverzeichniß.

Gutachten.

I.

Gutachten des Herrn Regierungsraths a. D. von Stemann zu Kiel

über die Frage:

„Ist im Strafverfahren das Verhör durch den Präsidenten oder das Kreuzverhör vorzuziehn?"

Die vorgelegte Frage glauben wir in dem Sinne auffassen zu dürfen, daß mit dem Präsidenten der Vorsitzende des Gerichts I. Instanz gemeint sei, gleichviel ob das Gericht Straffälle der höheren, mittleren oder unteren Ordnung behandelt, daß das Verhör die Vernehmung des Angeklagten, der Zeugen und Sachverständigen im Hauptverfahren umfaßt, und daß das Kreuzverhör das Verhör durch die Parteien (Staatsanwalt, Angeklagter und Vertheidiger) bezeichnen solle, und nicht etwa bloß die Befragung eines vom Beweisführer bereits abgehörten Zeugen oder Sachverständigen durch den Gegner des Beweisführers.

Bei solchem Umfange der Frage handelt es sich um zwei Einrichtungen, von denen die Eine bekanntlich dem französisch-deutschen, die andere dem englischen Strafprozesse angehört. Nur zwei Gesetzgebungen in Deutschland haben den Versuch gemacht, dem englischen Vorbilde sich zu nähern.

Für die älteren Landestheile Preußens, mit Ausschluß des linken Rheinufers, bestimmt der art. 77 des Gesetzes vom 3. Mai 1852:

„Der Vorsitzende kann (im schwurgerichtlichen Verfahren) der Staatsanwaltschaft und dem Vertheidiger auf deren übereinstimmenden

Antrag das Verhör der Zeugen überlassen. In diesem Falle ist die Staatsanwaltschaft befugt, alle Zeugen, mit Ausnahme der nur auf Begehren des Vertheidigers geladenen oder erschienenen, zu verhören, wobei nach dem Verhör jedes Zeugen dem Vertheidiger das Kreuzverhör zusteht. Der Vertheidiger verhört darauf die nur auf sein Begehren geladenen oder erschienenen und beliebigenfalls die von der Staatsanwaltschaft nicht verhörten Zeugen. In Ansehung derselben hat alsdann die Staatsanwaltschaft das Kreuzverhör. Der Vorsitzende hat in solchen Fällen über die Ordnung des Verhörs zu wachen, unzulässige Fragen und deren Beantwortung abzuschneiden oder zu verbieten. Er ist befugt, das Verhör in jedem Zeitpunkte wieder selbst zu übernehmen, und das Verhör zu schließen."

Eine gleiche Vorschrift für die Hauptverhandlung vor allen erkennenden Gerichten hat die Strafprozeßordnung für Baden vom 18. März 1864, §. 238.

Abgesehen hievon erfolgt nach den deutschen Gesetzgebungen durchweg, wie in Frankreich, die Leitung der Hauptverhandlung, die Vernehmung des Angeklagten und die Aufnahme des Beweises durch den Vorsitzenden. Nur in Braunschweig*) und in Sachsen-Altenburg**) ist es dem Vorsitzenden, auch außer dem Falle persönlicher Behinderung, gestattet, das Verhör des Angeklagten und der Zeugen einem der beisitzenden Richter zu übertragen. In Frankreich ist zwar eine besondere Vernehmung des Angeklagten über den Gegenstand der Anklage g e s e t z l i c h nirgends vorgeschrieben. Der art. 319 des code d'instruction criminelle ermächtigt nur den Präsidenten, alle Aufklärungen vom Angeklagten zu verlangen, welche er zur Entdeckung der Wahrheit für nothwendig erachtet, und ertheilt den Richtern, dem Generalprocurator und den Geschworenen dieselbe Befugniß. Aus dieser allgemeinen Anordnung hat sich die Praxis gebildet, nach welcher der Angeklagte vor Beginn der Zeugenvernehmung ein förmliches vom Präsidenten und vom Generalprocurator nach einander vorgenommenes Verhör zu bestehen hat, auch hernach im Laufe des Beweisverfahrens jeden Augenblick über einzelne Beweismomente befragt wird. Die discretionäre Gewalt des Präsidenten art. 268 l. c., welche ihn berechtigt, nach gewissenhafter Ueberzeugung und nach eigenem rechtlichen Ermessen alles dasjenige anzuordnen, was zur Ermittlung der Wahrheit förderlich sein, und dem Zwecke einer unparteiischen Untersuchung entsprechen mag, wird ebenfalls zur Rechtfertigung dieses Verhörs herangezogen, für dessen Anwendung es an allen beschränkenden Regeln

*) Revidirte Strafprozeßordnung vom 21. Oktober 1858, §. 56.

**) Strafprozeßordnung art. 14 und 15, Absatz 9.

fehlt. Die inquisitorische Natur desselben und das Streben, dem Angeklagten ein Geständniß abzudrängen, tritt in ganz unläugbarer Weise hervor.

Die deutschen Gesetze halten alle die Vernehmung des Angeklagten in der Hauptverhandlung für geboten, dagegen die Anwendung aller Zwangsmittel zur Erlangung einer Erklärung für unzulässig, sie gestatten aber, den Angeklagten durch moralische Einwirkung zum Geständniß zu bringen und gehen davon aus, daß er dem Richter gegenüber zur wahrheitsgemäßen Aussage verpflichtet sei. Nur die braunschweigische Strafprozeßordnung §. 43 erkennt die Freiheit des Angeklagten von jeder Verpflichtung zur Antwort auf die ihm vorgelegten Fragen an. Wenn auch manche Regeln der älteren Inquisitionskunst gegenwärtig nicht mehr befolgt werden, so finden wir doch, daß die wiederholten Ermahnungen zur wahrheitsgemäßen Aussage, die häufigen Vorhalte früherer Aussagen und wider den Beschuldigten sprechenden Umstände, die berechnete Verwicklung desselben in Widersprüche, selbst die ihm bereiteten Ueberraschungen, um sein Gemüth zu erschüttern, noch immer in den Verhören des vorsitzenden Richters eine hervorragende Rolle spielen. Der Entwurf der deutschen Strafprozeßordnung*) hat es weder für angemessen erachtet, die Verpflichtung des Beschuldigten zur Ertheilung wahrheitsgemäßer Auskunft im Gesetze auszusprechen, noch die Eröffnung an denselben vorzuschreiben, daß er zu keiner Antwort auf die ihm vorzulegenden Fragen verpflichtet sei, dagegen Zweck und Bedeutung der Vernehmung darauf beschränkt, daß dem Angeklagten durch dieselbe Gelegenheit zu seiner Rechtfertigung und zur Beseitigung der gegen ihn sprechenden Verdachtsgründe gegeben werden solle. Eine solche Vernehmung durch den Vorsitzenden ist vor der Beweisaufnahme im Hauptverfahren allgemein angeordnet.**)

Die in Preußen und auch in Sachsen, Württemberg, Hamburg und Bremen bestehende Eigenthümlichkeit, daß das Schuldbekenntniß, wenn es auf weitere Befragung dem Gerichtshofe erschöpfend und glaubwürdig erscheint, mithin einen materiellen Beweis liefert, die sonstige Beweisaufnahme und das Urtheil der Geschworenen ausschließt, hat der Entwurf der deutschen Strafprozeßordnung nicht aufgenommen.

Der Charakter der weiteren Beweiserhebung ist im französisch-deutschen Strafprozeß ebenfalls rein inquisitorisch, die allein handelnde und sprechende Person ist der Vorsitzende, in dessen Thätigkeit jener Charakter sich abspiegelt, nur einfallende Streitfragen hinsichtlich der Beweisaufnahme werden vom Gerichtshofe collegialisch entschieden.

Die Reihenfolge der aufzunehmenden Beweise bestimmt in Deutschland

---

*) §. 119 und Motive S. 93.

**) §. 197 und 198.

regelmäßig der Vorsitzende ganz nach seinem Belieben, während in Frankreich die Vorschrift besteht, daß zunächst die durch den Generalprocurator, beziehungsweise die Civilpartei producirten Zeugen und dann erst diejenigen vernommen werden, welche der Angeklagte für sich benannt hat, eine Vorschrift, welche in einzelne deutsche Gesetze übergegangen ist.

Die Einwendungen gegen die Zulässigkeit der Vernehmung von Zeugen und Sachverständigen sind selbstverständlich vor ihrer Vernehmung zum Austrag zu bringen, die Vernehmung erfolgt mündlich, vorbehaltlich gesetzlicher Ausnahmen, im Uebrigen sind die Regeln über die Vernehmung und Vereidigung der Zeugen mit einzelnen Modificationen dem älteren Inquisitionsprozesse entnommen.

Die Fragen an den Zeugen müssen bestimmt und deutlich gefaßt, nnd besonders darauf gerichtet werden, den Grund seiner Wissenschaft, zu deren Angabe der Zeuge verpflichtet ist, zu erforschen. Captiöse Fragen sind durchaus zu vermeiden, und Suggestionen nur insoweit gestattet, als sie sich nicht umgehen lassen, um den Zeugen zu einer bestimmten Antwort zu vermögen. Der Zeuge kann auch, abgesehen von den Gründen der Zeugnißverweigerung überhaupt, die Auskunft auf solche Fragen ablehnen, durch deren Beantwortung er sich der Gefahr einer Strafverfolgung aussetzen würde. Jeder Zeuge ist einzeln und in Abwesenheit der später abzuhörenden Zeugen zu vernehmen, eine Regel, welche auf Sachverständige nicht ausgedehnt zu werden pflegt. Der Vorsitzende kann einen Angeklagten vor oder bei der Vernehmung eines Zeugen oder Mitangeklagten aus dem Sitzungszimmer abtreten lassen, darf aber die Verhandlung nicht eher fortsetzen, bis er den Abwesenden von dem, was inzwischen geschehen, unterrichtet hat. Bei der Vernehmung von Angeklagten, Zeugen und Sachverständigen wird es allgemein für zulässig erachtet, das Protokoll über dessen frühere Vernehmung zur Unterstützung seines Gedächtnisses oder zur Feststellung und Hebung von Widersprüchen verlesen zu lassen. Während solchergestalt der vorsitzende Richter die Zeugen und Sachverständigen vernimmt, sind die übrigen bei der Sache betheiligten Personen (Richter, Geschworene, Schöffen, Staatsanwalt, Angeklagter und dessen Vertheidiger) nur nachträglich zur Stellung einzelner zur Ergänzung und Aufklärung dienender Fragen berechtigt, wobei vielfach eine ungleiche Behandlung des Staatsanwalts und des Angeklagten oder seines Vertheidigers insofern hervortritt, als ersterem ein direktes Fragerecht eingeräumt, dem letzteren nur gestattet ist, mit Genehmigung des Präsidenten oder gar durch den Mund desselben Fragen vorzulegen. Die Vorschrift des französischen Rechts, daß der Angeklagte nach jeder Zeugenvernehmung befragt werden soll, ob und was er auf die Aussage zu erwidern habe, ist in einzelne deutsche Gesetze übergegangen. Die Vornahme einer Confrontation ist durchweg in das Ermessen des Präsidenten gestellt.

Bei Bestimmung des Umfangs der Beweisaufnahme sind die Befugnisse des Vorsitzenden einerseits und des Gerichtshofes andererseits verschieden gegen einander abgegrenzt, an die Beweisanträge der Parteien aber ist das Gericht nirgends gebunden. Am weitesten geht hier die aus der discretionären Gewalt des Assisenpräsidenten hergeleitete Befugniß des französischen Rechts, im Laufe der Verhandlungen alle Personen vorzufordern und zu verhören, deren Vernehmung ihm nach den hervorgetretenen Umständen als dienlich zur weiteren Aufklärung der Sache erscheint, eine Befugniß, von der derselbe sogar Gebrauch machen kann, wenn die Vernehmung eines Zeugen vom Assisenhofe infolge eines erhobenen Widerspruchs für unstatthaft erklärt ist, nur ist dabei zu beachten, daß solche Zeugen in Frankreich nicht beeidigt werden dürfen und ihre Aussage nicht zum Beweise, sondern nur zur Auskunft dienen soll. Die deutschen Gesetze enthalten in dieser Beziehung meistens die Abweichung, daß sie die sonst zulässige Vereidigung von Zeugen nicht untersagen, wenn der Präsident sie im Laufe der Verhandlung von Amtswegen vorgefordert hat, auch das Ermessen des Vorsitzenden im Falle des Widerspruchs allgemein unter die Controlle des Richtercollegiums stellen. Die Aufnahme von Beweisen, welche auf die Beurtheilung der Sache ohne Einfluß sind, kann im französisch-deutschen Strafverfahren von Gerichtswegen verweigert werden, verspätete d. h. dem Gegner nicht rechtzeitig mitgetheilte Beweise müssen zugelassen werden, können aber zum Behufe einer besseren Vorbereitung der Anklage oder Vertheidigung zu einer Vertagung führen, worauf nach einigen Gesetzen die Parteien einen vom richterlichen Ermessen unabhängigen Anspruch haben. *)

Verzichte auf Beweismittel, mögen sie vom Staatsanwalt oder Angeklagten ausgehn, können vom Gerichte unberücksichtigt gelassen werden, auch wenn dem Verzichte von der anderen Seite nicht widersprochen wird.

Im Entwurfe der deutschen Strafprozeßordnung finden wir als Regel das richterliche Zeugenverhör wieder unter wesentlicher Festhaltung der bisherigen Vorschriften für dessen innere Einrichtung, wobei folgende Neuerungen hervortreten. Bei zeitweiser Entfernung eines Angeklagten aus dem Sitzungszimmer muß die inzwischen stattgehabte Vernehmung im Beisein des Angeklagten wiederholt werden. Zeugen brauchen auch keine Auskunft über Thatsachen zu geben, welche ihre Angehörigen der strafrechtlichen Verfolgung aussetzen würden. Die unmittelbare Vorlegung einzelner Fragen darf dem Staatsanwalt, dem Angeklagten und dem Vertheidiger nicht versagt, und kann den beisitzenden Richtern und Schöffen gestattet werden, ungeeignete oder nicht

*) Strafprozeßordnung für die neuen Preußischen Landestheile vom 25. Juni 1867, §. 242.

zur Sache gehörige Fragen kann der Vorsitzende zurückweisen, er kann die Stellung der Fragen jederzeit selbst wieder übernehmen und die Vernehmung schließen.*) Außerdem bestimmt der §. 194, daß der Vorsitzende die Vernehmung der Zeugen und Sachverständigen der Staatsanwaltschaft, wie dem Vertheidiger überlassen kann, und daß, wenn der eine Theil von dieser Ermächtigung Gebrauch macht, eine gleiche Ermächtigung dem andern Theil nicht versagt werden darf. In Bezug auf den Umfang der Beweisaufnahme sind die Befugnisse des Vorsitzenden näher begrenzt, indem es für die wichtigeren hier einschlagenden Fälle eines Gerichtsbeschlusses bedarf; die Stellung des Gerichts aber ist wie bisher den Parteien, ihren Anträgen und Verzichten gegenüber eine völlig unabhängige, dasselbe kann daher auch solche Beweise erheben, welche von keiner Seite in Antrag gebracht worden sind.**)

Von wesentlich anderen Grundsätzen geht das englische Recht aus. Eine Vernehmung des Angeklagten im Hauptverfahren ist demselben unbekannt, doch kann derselbe vor Beginn der Verhandlung, ohne verpflichtet zu sein, weiteren Fragen Rede zu stehen, durch ein allgemeines Schuldbekenntniß auf das Verfahren vor der Urtelsjury und folgeweise auf die Beweisführung des Anklägers und seine eigene Vertheidigung dagegen verzichten. Geschieht dies nicht, so eröffnet der Anwalt der Anklage das Beweisverfahren durch einen Hinweis auf die Beweispunkte und die Beweismittel, welche er in der Ordnung vorführt, die ihm die zweckmäßigste erscheint; dasselbe Verfahren hält die Vertheidigung inne. Ueber die Zulässigkeit des Beweismittels entscheidet, wo sie bestritten wird, der Richter. Ein in der Voruntersuchung abgelegtes Geständniß darf nur dann zur Verlesung gebracht werden, wenn es weder durch Drohungen noch durch Versprechungen veranlaßt ist, auch hat es nur gegen den Geständigen, nicht gegen die Mitschuldigen Beweiskraft. Eine in der Voruntersuchung gemachte Zeugenaussage kann nicht anders als zum Nachweis von Widersprüchen mit den Aussagen derselben Person in der Hauptverhandlung verlesen werden.***) Die Partei, welche den Zeugen oder Sachverständigen vorführt, vernimmt ihn durch Vorlegung derjenigen Fragen, welche ihr zur Herstellung des Beweises erforderlich erscheint. Nach beendetem Hauptverhör des Zeugen erfolgt seine Befragung durch die Gegenpartei oder deren Anwalt. Diesem Kreuzverhör kann in Beziehung auf Gegenstände, welche hiebei erst zur Sprache kommen, eine nochmalige Befragung durch den Producenten folgen. Das eigentliche Kreuzverhör bezweckt die Aussage im Hauptverhör auf eine strenge Probe zu stellen, dieselbe zu ergänzen, wo sie

*) §. 201, 195, 196.

**) §. 198, 199 und 205 alinea 3.

***) Von den wenigen Ausnahmsfallen, in denen die Verlesung einer eidlichen Zeugenaussage das persönliche Erscheinen des Zeugen ersetzen kann, ist hier nicht die Rede.

mangelhaft war, die Wahrheitsliebe und Gedächtnißtreue, die Beobachtungsgabe und Unbefangenheit des Zeugen zu prüfen, Unwahrheiten und Widersprüche aufzudecken und darzulegen, was die Glaubwürdigkeit seiner Aussage zu schwächen geeignet ist. Doch dürfen hierauf abzielende Fragen nicht auf's Gerathewohl gethan, sondern nur an einen bestimmten Anhaltspunkt geknüpft werden. Richter wie Geschworene können zu jeder Zeit Fragen stellen. Jeder Zeuge wird mündlich und meistens in Gegenwart der übrigen Zeugen vernommen, wenn nicht die eine oder andere Partei es für angemessen erachtet, ihre Zeugen einstweilen abtreten zu lassen, während in Schottland strenge darauf gehalten wird, daß kein Zeuge, wenn er vernommen wird, die Aussagen der anderen Zeugen vorher gehört hat. Suggestivfragen sollen zwar im Hauptverhör möglichst vermieden werden, im Kreuzverhör läßt man sie dagegen in England in ziemlich weitem Umfange zu, während sie in Schottland auch beim Gegenverhör mehr eingeschränkt werden. Der Zeuge darf in der Regel nur über das befragt werden, was er selbst gesehen oder gehört hat. Ueber Geständnisse des Angeklagten wird er nur befragt, wenn es offenbar ist, daß dieselben mit Ernst und Ueberlegung gemacht wurden. Der Zeuge braucht keine ganz irrelevanten Fragen oder solche zu beantworten, durch welche er genöthigt würde, ein Verbrechen, das er selbst begangen, oder etwas ihm zur Schande und zum Nachtheil Gereichendes zu bezeugen. Die weiteren üblichen Regeln über das Verhören und Kreuzverhören der Zeugen sind durchweg der aus dem Verhalten von Zeugen geschöpften Erfahrung entnommen, den Vorurtheilen, Gewohnheiten und Schwächen, welche man bei ihnen anzutreffen pflegt. So wird in verschiedenen Schriften, welche den Rechtsanwälten zur Anleitung beim Vernehmen der Zeugen dienen sollen, darauf hingewiesen, daß die Wahrheitsliebe nicht das einzige Erforderniß eines zuverlässigen Zeugen sei, daß dieser vielmehr oft unbewußterweise anderen Eindrücken nachgebe, daß die Zeugen meistens parteiisch seien, und manchmal ohne ihr Wissen die Aussage von dieser Parteilichkeit eine Färbung annehme, daß der Zeuge, welcher wissentlich die Wahrheit fälsche, seine Lügenhaftigkeit durch seine Stimme, in seinen Mienen und in der Wahl seiner Ausdrücke zu verrathen pflege, während der unabsichtliche Lügner sein Zeugniß mit der ganzen Kraft der Ehrlichkeit ablege, daß man oft dem Gedächtnisse des Zeugen zum Vorwurfe mache, was ein Fehler seiner Beobachtungsgabe sei.

Da es nur selten gelingen wird, den directen Gegen-Beweis der vom Zeugen behaupteten Thatumstände zu führen, so finden wir, daß in der Regel der englische Anwalt im Kreuzverhör sich damit begnügt, die Unwahrscheinlichkeit der Zeugenaussage darzuthun, Uebertreibungen aufzudecken, die unbestimmten und allgemeinen Aeußerungen in ihre Bestandtheile zu zerlegen und die erlebten Thatsachen von den daraus gezogenen Schlüssen zu sondern, sowie denjenigen

Theil der Wahrheit herauszubringen, mit dem der Zeuge zurückhält. Durchweg betrachten die Engländer die Zeugenvernehmung als eine Kunst, welche sich in der Regel nur nach längerer Praxis in den Gerichtshöfen und bei aufmerksamer Beobachtung der Welt und Menschen erlernen lasse.

Wiewohl den Parteien das Recht des freien Verhörs und Gegenverhörs in England niemals bestritten worden ist, so würde man doch irren, wenn man glauben wollte, daß der vorsitzende Richter dabei indifferent und unthätig sich verhielte, vielmehr steht dort die Thätigkeit der Parteien unter einer umfangreichen und wirksamen Controlle des Richters. Schon oben sahen wir, daß er einzelne ergänzende Fragen zur Aufklärung des Sachverhalts den Zeugen vorlegen kann, und daß er über die rechtliche Zulässigkeit der Beweismittel entscheidet; er weist aber auch beim Verhör alle unzulässigen, ungeeigneten und zur Sache nicht gehörigen Fragen zurück, er schützt den Zeugen gegen Versuche, ihn zu verwirren und einzuschüchtern, und weist die Parteien zurecht, wenn sie bei der Vernehmung die herkömmlichen Schranken nicht innehalten, auch wohl den Zeugen, wenn er nicht gehörig auf eine Frage antwortet.

Daneben besteht die Befugniß des Richters, die von den Parteien nicht vernommenen Zeugen selbst zu vernehmen, was namentlich dann geschieht, wenn der Privatankläger oder der Angeklagte keinen Anwalt haben. Im ersteren Falle vernimmt der Richter nach Anleitung der Protokolle der Voruntersuchung, ohne ihren Inhalt bekannt werden zu lassen, die Belastungszeugen, welche hierauf dem Kreuzverhör des Angeklagten unterliegen, im letzteren Falle, der in England häufig eintritt, weil fast niemals ein Vertheidiger von Amtswegen bestellt wird, vernimmt er die Entlassungszeugen.

In Bezug auf den Umfang der Beweisaufnahme ist der Richter an das von den Parteien vorgelegte Beweismaterial gebunden und darf neue Beweise von Amtswegen nicht beschaffen und erheben.*)

Wenn wir nach einer übersichtlichen Darstellung beider Systeme zu einer Beurtheilung der geschilderten Einrichtungen übergehen, so glauben wir zunächst davor warnen zu müssen, die vorliegende Frage zu einer Streitfrage zwischen den Anhängern des Untersuchungs- und Anklageprincips zuzuspitzen. Auf diesem Wege wird man aus folgenden Gründen zu einem befriedigenden Ergebniß nicht gelangen. Vor allen Dingen herrscht noch immer kein allseitiges Einverständniß über den Inhalt und die Tragweite dieser Principien, wie ein Blick auf die Auffassung hervorragender Rechtslehrer bezeugt.

---

*) Literatur: Höchster, Lehrbuch des französischen Strafprozesses S. 378 u. f.; Mittermaier, deutsches Strafverfahren Bd. 2, S. 187; derselbe, das englische, schottische und nordamerikanische Strafverfahren S. 305; Stephan-Mühry, Englisches Strafrecht S. 568; Best. Marquardsen, Englisches Beweisrecht S. 418; Rüttimann, Englische Strafrechtspflege S. 91; Glaser, das englisch-schottische Strafverfahren S. 125.

Köstlin*) vindicirt den Anklageprozeß nur dem römischen Freistaat und erkennt selbst im altgermanischen Strafverfahren die wenn auch unentwickelten Keime des Untersuchungsprincips an, welches seitdem, wenn auch in verschiedener Durchbildung seine Herrschaft bewahrt habe, in England und Nordamerika so gut wie in Frankreich und Deutschland. Er meint nämlich, das Anklageprincip kennzeichne sich dadurch, daß die Verfolgung des Verbrechens von der Willkür des Anklägers abhänge, daß im Verlaufe des ganzen Verfahrens wie im bürgerlichen Prozesse die Verhandlungsmaxime und das Verzichtsprincip herrsche und das Gericht ganz indifferent in die Mitte gestellt sei, während unter dem Untersuchungsprincip das Princip der Verfolgung der Verbrechen von Staatswegen zu verstehen sei. Nach dieser Ansicht hätten wir selbstverständlich im reformirten deutschen Strafverfahren ebenfalls durchweg den Untersuchungsprozeß.

Mittermaier**) und Leue***) identificiren den früheren deutschen Prozeß vor den Reformen des Jahres 1848 mit dem Untersuchungsprozeß überhaupt und setzen das Wesen des Anklageprozesses nur in Anwendung der Anklageform, von welcher bald im größeren, bald in geringerem Umfange Gebrauch gemacht werde.

Zachariä†) geht davon aus, daß beide Principien ebenmäßig zur Erreichung des Ziels einer der Gerechtigkeit entsprechenden Entscheidung über die Schuldfrage führen können, obwohl sie es auf verschiedenen Wegen erstreben. Nach dem inquisitorischen Princip werde die Erlangung dieses Ziels bloß von der auf Erforschung der Wahrheit gerichteten, zwar gesetzlich geregelten, in concreto aber wesentlich nur durch das eigene Ermessen bestimmten Thätigkeit des Richters abhängig gemacht, dergestalt daß in seiner Person die Functionen der Anklage, der Vertheidigung und des prozeßleitenden Richteramts vereinigt erscheinen. Nach dem accusatorischen Princip dagegen sei es die zwischen den selbstständig auftretenden Subjecten des Angriffs und der Vertheidigung, welche sich in gleichberechtigter Stellung gegenüberständen, vom Richter geleitete, für den Zweck des Strafprozesses geregelte, contradictorische Verhandlung, durch welche die Erreichung dieses Ziels erstrebt werden solle. Die Consequenzen, welche Zachariä hieraus für die Gestaltung des Strafprozesses zieht, sind der Art, daß sein Untersuchungsprozeß ziemlich genau dem Bilde unseres älteren anorganischen Strafverfahrens entspricht, sein Anklageprozeß aber Alles in sich aufnimmt, was aus der organischen Natur des Strafprozesses folgt und mit dem Zwecke desselben vereinbar ist. In engerer Begrenzung der Principien

*) Wendepunkt des deutschen Strafverfahrens S. 46.

**) Mündlichkeit, Anklageprincip und Geschworengericht S. 282.

***) Anklageprozeß.

†) Strafverfahren Bd. 1, S. 41.

findet Planck*) den Unterschied beider darin, ob das Strafgericht sich selbst in den Besitz des thatsächlichen Stoffes setze, um das Recht des Staates auf Strafe gegen den Verbrecher nach Dasein und Inhalt festzustellen, (Untersuchungsprincip), oder ob dem Gericht der Stoff von anderer Seite zur Beurtheilung vorgelegt werde (Anklageprincip). Im letzteren Falle sei das Auftreten anderer Personen (des Anklägers und Angeklagten) nothwendig, welche als Prozeßsubjecte die Entscheidung des Gerichts über den von ihnen vorgelegten Stoff anrufen, und da sie ein entgegengesetztes Interesse verfolgen, als streitende Theile, als Parteien sich darstellen, wodurch das Verfahren die Form eines Rechtsstreites annehme, gleichviel ob die Parteien Privatpersonen seien, oder ob ein staatliches Organ für die strafrechtliche Verfolgung geschaffen und dem Angeklagten ein Vertheidiger im öffentlichen Interesse beigegeben werde. Im ersteren Falle dagegen sei das Auftreten solcher anderen Personen etwas Zufälliges, welches nur nebenher als Unterstützung der gerichtlichen Thätigkeit in Betracht kommen könne. Selbst der Angeklagte bleibe Object dieser richterlichen Thätigkeit und nehme an der Prozeßführung keinen selbstständigen Antheil. Als wesentliches Merkmal des Anklageprozesses erscheint hiernach das prozessualische Verfügungsrecht der Parteien über den Anklage- beziehungsweise den Vertheidigungsstoff, welchen das Gericht in der vorgelegten Form zu verwerthen und seinerseits nicht zu ergänzen hat, während den Parteien nicht wie im Civilprozeß eine freie Verfügung über das im Streit befangene Recht zugestanden wird. In dieser Richtung liegt vielmehr nach Planck die Ausartung des Anklageprozesses, wenn man die Gewalt des den Staat vertretenden Anklägers dahin verstärkt, daß er das Recht des Staates auf Strafe als ein eigenes seiner Verfügung unterworfenes Recht verfolgt, wogegen der entartete Untersuchungsprozeß, wie er bis 1848 in Deutschland gegolten hat, sich in der übermäßig verstärkten Gewalt des Gerichts in der Richtung charakterisirt, daß seine eigentliche Aufgabe des Rechtsprechens gegen die Thätigkeit des Stoffsammelns zurücktritt.

Diese Andeutungen werden genügen, um zu zeigen, daß der Untersuchungsprozeß überhaupt noch von Manchen mit dem entarteten Untersuchungsprozeß auf eine Linie gestellt wird, daß von Anderen das inquisitorische Princip mit dem der Erforschung materieller Wahrheit verwechselt wird, und wieder Andere den Begriff des Untersuchungsprincips in der amtlichen Verfolgung des Verbrechens aufgehen lassen, ohne zu unterscheiden ob diese vom Gericht oder einem anderen staatlichen Organe ausgeht, als wäre die active Theilnahme des Staats an Verfolgung der Verbrechen oder dessen Passivität maßgebend. Zachariäs Ansicht führt meines Erachtens am leichtesten auf den

*) Darstellung des deutschen Strafverfahrens S. 146.

richtigen Weg, nur ist nicht abzusehen, wie sein der organischen Natur des Strafprozesses widerstreitendes Untersuchungsprincip für eine organische Gestaltung des Verfahrens zu verwenden sein soll.

So lange solche Meinungsverschiedenheit unter den Rechtslehrern nicht ausgeglichen ist, erscheint es in hohem Grade bedenklich, eine einzelne prozessualische Einrichtung vom Standpunkte des Untersuchungs- oder Anklageprincips beurtheilen zu wollen, weil Niemand sicher ist, daß derjenige zu dem er spricht, seine Auffassung über Inhalt und Tragweite des Grundprincips anerkennt. So können wir im Sinne der Theorien von Planck und Zachariä das Kreuzverhör wohl eine berechtigte Consequenz des Anklageprincips nennen, während beispielsweise die in den Motiven S. 103 zur deutschen Strafprozeßordnung niedergelegte Rechtsanschauung, welche das Wesen des Anklageprozesses darin setzt, daß das Verfahren sich in der Form eines Rechtsstreites bewegt, dessen Eröffnung durch das Auftreten eines Anklägers bedingt ist, diese Folgerung nicht zugiebt, weil den Motiven S. 112 zufolge der Anklageprozeß sich nur in der Anklageform darstellt, aber nicht von einem Anklageprincip beherrscht wird. Wir würden aber auch der Planckschen Theorie folgend bei weitem nicht alle Consequenzen seines Anklageprincips anerkennen können, denn wenn es sich darnach im Strafprozeß auch nicht um verzichtbare Parteirechte wie im Civilprozesse handelt, so stehen doch auch gewichtige Bedenken der völlig freien prozessualischen Verfügung der Parteien über den Anklage- und Vertheidigungsstoff in mehr als einem Falle entgegen. Beispielsweise würden wir dem Schuldbekenntnisse des Angeklagten nicht, wie dies noch heutzutage in England zu geschehen pflegt, die Wirkung beizulegen vermögen, daß das Zugestandene jeder weiteren Prüfung des Gerichts zu entziehen sei. Ebensowenig würden wir dem Ankläger die Befugniß zusprechen, einzelne dem Angeklagten günstige Thatsachen durch Zugeständniß außer Streit zu stellen, oder die Anklage zurückzuziehen oder dieselbe nur auf ein geringeres in derselben enthaltenes Verbrechen zu beschränken.

Noch weniger aber können wir uns mit den Consequenzen des reinen Untersuchungsprozesses befreunden, wenn wir das Untersuchungsprincip im Sinne Planck's auffassen. Da uns aber auch die Auffassung der übrigen Rechtslehrer weder vom historischen noch vom prozessualischen Gesichtspunkte aus vollständig zu befriedigen vermag, so gelangen wir zu dem Resultate, daß weder das Untersuchungs- noch das Anklageprincip sich zu einem Grundprincip für die Gestaltung des Strafverfahrens eignet, an welches doch vor allen die Anforderung zu stellen wäre, daß es den gesammten Strafproceß beherrsche und durchdringe. Das leitende Princip ergiebt sich uns aus dem Zwecke des Strafverfahrens, welches ein wahres und gerechtes Urtheil finden will, so daß der Grundgedanke nur in dem Streben nach materieller Wahrheit und Gerechtigkeit liegt.

Während man diesen Gedanken in Deutschland in einer früheren Zeit in einer anorganischen Gestaltung des Strafverfahrens, in einer Vereinigung aller Functionen in Einer Hand verwirklichen zu können glaubte, wobei das Gericht nach der Weise einer Verwaltungsbehörde verfuhr und das Verfahren zu einem nur durch Zweckmäßigkeitsrücksichten geleiteten Administrativverfahren wurde, ist man seit 1848 von dieser Anschauung theilweise zurückgekommen, und hat seitdem den Anfang, aber auch nur noch den Anfang gemacht, durch eine organische Ausbildung des Strafprozesses den dringendsten Uebelständen abzuhelfen. Im Wesen des Prozesses überhaupt, sobald man dazu gelangt ihn als lebendigen Organismus aufzufassen, liegt die geordnete Verhandlung einer Sache zwischen zwei in freier und möglichst gleichberechtigter Stellung sich gegenüberstehenden Subjecten vor einer unparteiischen das Verfahren leitenden dritten Person zu dem Zwecke um eine auf vollständige und klare Anschauung der concreten Verhältnisse gegründete richterliche Entscheidung derselben über den im Streite befangenen Gegenstand zu erhalten.

Dies gilt sowohl für den bürgerlichen, wie für den Strafprozeß. Die Unterschiede beider beruhen nur im Gegenstande, indem es der eine mit veräußerlichen, der andere mit unveräußerlichen Gütern zu thun hat, daher dort das Streben nach formeller, hier nach materieller Wahrheit und Gerechtigkeit. Die organische Natur des Strafprozesses in ihrer Entwickelung nach dem Zwecke desselben bedingt die Gestaltungsform, insonderheit des Hauptverfahrens, das erst als der eigentliche Prozeß erscheint, sie bewirkt, daß in der Hauptverhandlung das Princip der Arbeitstheilung durchgeführt wird, soweit es dem Zwecke des Strafprozesses förderlich ist, daß wesentlich verschiedene Functionen von verschiedenen Organen ausgeübt werden, welche in ihrer lebendigen Wechselwirkung dem Zwecke des Prozesses dienen, daß vor allen Dingen die parteilichen Interessen von der unparteilichen Thätigkeit des Richters strenge gesondert werden, und letzterer von allen lästigen, ermüdenden und zerstreuenden Geschäften der Justizverwaltung befreit wird. Das reformirte Strafverfahren, wie es bei uns nach französischem Vorbilde sich gestaltet hat, hat allerdings diese Rücksichten in der Hauptverhandlung nicht ganz unbeachtet gelassen, es ist aber überall auf halbem Wege stehen geblieben, es läßt das Forderungsrecht des Staats auf Strafe zum Theil durch eine eigene Behörde verwalten, und hat durch diese Einrichtung dem Richteramt eine Reihe ihm fremdartiger Geschäfte abgenommen, auch den Interessen der Anklage in gewissem Umfange eine geeignete Vertretung geschaffen, es hat die frühere völlig rechtlose Stellung des Angeklagten in vielen Beziehungen verbessert, und ist sichtlich, wenn auch nicht immer durch Anwendung der richtigen Mittel, bemüht gewesen, die Interessen der Vertheidigung zu wahren. Wie aber die Staatsanwaltschaft die ihr anvertrauten Rechte noch in vielfacher Abhängigkeit vom Richter und unter beständiger Mitwirkung desselben verwaltet, so hat man sich noch viel weniger dazu entschließen können, dem Angeklagten die Stellung eines selbstständigen Prozeßsubjects zu gewähren und ihn mit den nöthigen Mitteln zur wirksamen Vertretung seiner Interessen auszustatten. Die Befugnisse beider im Hauptverfahren beschränken sich im Wesentlichen darauf den Richter in seiner allumfassenden Thätigkeit bald mehr bald minder zu unterstützen, während die organische Gliederung des Prozesses darauf führt, den Parteien selbstständige Rechte und insonderheit die Thätigkeit der Beweisführung zu übertragen. Denn diese Function ist Parteiaufgabe und läßt sich nicht ohne die größten Mißstände mit den richterlichen Functionen vereinigen. Die Anerkennung der Parteien*rechte* im Strafprozeß ist noch heutzutage so mißliebig wie der Ausdruck „Parteien", den man nur im Civilprozesse gebrauchen zu dürfen glaubt, als wenn der Begriff nur auf diejenigen anwendbar wäre, denen die freie Verfügung über das im Streit befangene Recht gebühre, während in Wirklichkeit doch nicht der Gegenstand des Rechtsstreits, sondern die prozessualische Stellung der Personen, ihr Antheil an der Prozeßführung das Wesen der Partei ausmacht. Eine *völlige* Gleichstellung beider Parteien, im Allgemeinen und abgesehen von den verschiedenen Stadien des Gesammtverfahrens, liegt weder in den äußeren Verhältnissen beider Theile noch in ihrem Berufe, sie kann namentlich für das Vorverfahren nicht empfohlen werden; allein im Beweisverfahren muß dem Angeklagten dieselbe Freiheit der Bewegung zustehen, als dem öffentlichen Ankläger. Nur dadurch werden einseitig geführte Untersuchungen vermieden, welche zur nothwendigen Folge haben, daß der Richter außer Stande ist, den Anforderungen zu genügen, welche die Lösung seiner richterlichen Aufgabe voraussetzt.

Das Richteramt umfaßt die Rechtsprechung und Prozeßleitung, beide gebühren ihm in vollem Umfange, darauf muß es aber auch beschränkt bleiben. Um insonderheit die Collegialgerichte so wenig wie möglich mit Geschäften zu belasten, welche außerhalb der Sphäre der Rechtsprechung liegen, hat man ihnen neuerdings, wie auch der Entwurf der deutschen Strafprozeßordnung thut, das gesammte Ladungswesen, die Zustellung und den Vollzug der gerichtlichen Entscheidungen, mit Einschluß der Strafvollstreckung abgenommen, dagegen verwandeln sämmtliche deutsche Gesetze, auch noch der neueste Entwurf, die Prozeßleitung, d. h. die Ueberwachung der Parteien zu dem Zwecke, damit sie innerhalb der gesetzlichen Grenzen und des gesetzlichen Zweckes des Verfahrens sich halten, in eine richterliche Thätigkeit der Untersuchung und Beweiserhebung, ohne zu beachten, daß diese kein specifisch richterliches Geschäft ist, und daß die Besorgung dieses Geschäfts die richterliche Thätigkeit in hohem Grade beeinträchtigt. Selbst in unserem alten, viel geschmäheten Inquisitionsprozesse galt die Regel einer strengen Sonderung der Untersuchung von der Aburtheilung, so daß das Urtel regelmäßig nicht vom Untersuchungsgericht, sondern von einem anderen, meistens höheren Gerichte gefällt wurde, weil man einsah, daß bei dem Streben materielles Recht zu erhalten, das Verfahren selbst in allen seinen Theilen, Gegenstand einer unparteiischen Prüfung sein müsse, welche vom Untersuchungsgericht sich nicht erwarten lasse. Auch die collegiale Beschlußfassung, sagt Abegg in seinem Handbuche des Criminalprozesses S. 307, im Gegensatz zu der commissarischen Thätigkeit des Inquirenten gewährt nicht die volle Sicherheit da, wo zur Erhaltung des Vertrauens selbst der Schein und die Möglichkeit eines Vorwurfs zu entfernen ist. Aus diesem Gesichtspunkte haben auch neuere Gesetze*) den Voruntersuchungsrichter und alle Richter, die an der Entscheidung über die Verweisung zur Hauptverhandlung theilgenommen haben, von einer Mitwirkung im Hauptverfahren ausgeschlossen. Sehr richtig heißt es in dieser Beziehung in einem Schreiben des K. Sächsischen Justizministeriums vom 24. October 1870 an das Norddeutsche Bundesamt**): „Erst mit dem völligen Ausschlusse obiger Beamten von der Mitwirkung in der Hauptverhandlung ist die Garantie gegeben, daß die Beweiserhebung in der Hauptverhandlung völlig unbefangen geleitet, und die Entscheidungen selbst ohne Voreingenommenheit, welche außerdem beinahe unvermeidlich ist, gefällt werden. Die Erfahrung hat auch in Sachsen bei der früheren Gesetzgebung gezeigt, daß ohne den Ausschluß dieser Richter die Beweisaufnahme in der Hauptverhandlung, wenn auch nicht äußerlich, doch materiell nur als die Reproduction der Beweissammlung in der Voruntersuchung und gleichsam als die Bestätigung, beziehentlich der Gegenbeweis in Betreff der durch das Studium der Acten bei den Richtern bereits in den früheren Stadien gewonnenen Ansicht über die Schuld oder Nichtschuld des Angeklagten thatsächlich sich darstellt."

Der Entwurf der deutschen Strafprozeßordnung § 17 schließt wenigstens den Untersuchungsrichter in denjenigen Sachen, in welchen er die Voruntersuchung geführt hat, als Mitglied des erkennenden Gerichts aus, eine Bestimmung, welche den Motiven S. 30 zufolge auf der Erwägung beruht, daß in der Regel der Untersuchungsrichter schon bei Abschluß der Voruntersuchung sich eine bestimmte Ansicht über die Sache gebildet hat, während der erkennende Richter sein Urtheil lediglich aus der mündlichen Verhandlung

*) Revidirte Sächsische Strafprozeßordnung vom 1. October 1868 art. 66, für Braunschweig Gesetz betr. die Gerichtsverfassung vom 21. August 1849, § 13.

**) Anlagen zu den Motiven einer deutschen Strafprozeßordnung S. 35.

schöpfen soll. Sollten diese Gründe nicht eben so sehr eine Einrichtung widerrathen, durch welche der Vorsitzende des Gerichts zum Inquirenten im Hauptverfahren bestellt wird? Auch Schwarze bekennt in seiner neuesten Schrift über das Schöffengericht S. 30, daß die Stellung des Assisen-Präsidenten, wie sie uns aus Frankreich überliefert worden, mannigfache Uebelstände erzeuge und durch sie die Vertheidigung aber auch die Anklage in einer die freie Bewegung beider zum Nachtheil der Gerechtigkeit beschränkenden Uebermacht beeinflußt wird.

Man ist wenigstens in der Theorie darüber einverstanden, daß die Hauptverhandlung den eigentlichen Schwerpunkt des Verfahrens bilden muß, in welchem die der Ermittelung der Wahrheit gewidmete Untersuchung durch Aufnahme der Beweise für die Anklage und Vertheidigung geführt wird. Hält man es nun mit Recht für bedenklich, die Beamten, welche an dem vorbereitenden Verfahren vor Erhebung der Anklage theilgenommen haben, zu einer meistens nur untergeordneten Mitwirkung an der Hauptverhandlung zuzulassen, so erscheint es ungleich bedenklicher, dem Vorsitzenden dort das Untersuchungsgeschäft in seinem vollen Umfange zu übertragen, da seine Befangenheit die unparteiische Untersuchung wesentlich erschwert, und auf alle Entscheidungen, an denen ihm ein hervorragender Antheil gebührt, nachtheilig einwirkt. Die Kontrole der Oeffentlichkeit und die mitwirkende Thätigkeit der Parteien in dem zugelassenen geringen Umfange sind um so weniger geeignet diese Bedenken zu zerstreuen, als die Ansichten aus der Zeit des früheren Inquisitionsprozesses unwillkürlich fortwirken und zur Anwendung von Mitteln treiben, die mit dem Geiste des reformirten Strafverfahrens nicht in Einklang stehen.

Wenn es wahr ist, und wer wollte es bezweifeln, daß das Studium der Voruntersuchungsacten eine vorgefaßte Meinung erzeugt, so tritt der Vorsitzende mit einer solchen schon an die Hauptverhandlung heran, er entwirft sich danach einen Untersuchungsplan und bemüht sich denselben durchzuführen. Dies kann ohne unwürdige Motive in der besten Absicht geschehen, aber es erschwert die Unparteilichkeit und fördert die Einseitigkeit.*) Von vorn herein schon geneigt auf die eine oder andere Seite zu treten, wird das ganze Untersuchungsgeschäft eine bestimmte Färbung annehmen, eine bestimmte Richtung verfolgen, und die entgegengesetzte Richtung der Gefahr einer nicht genügenden Berücksichtigung ausgesetzt sein. Je gewandter die Leitung des Vorsitzenden ist, um so leichter wird es ihm vermöge der gründlichen Kenntniß der Voruntersuchung sein, die daraus gewonnene Ansicht durchzu-

*) Mein Aufsatz in G. A., B. 8, S. 47.

führen, und die gesammte Verhandlung nach dem einmal festgestellten Schema zu behandeln.

Als den wichtigsten Gegenstand der Untersuchung wird der Vorsitzende allemal den Angeklagten ansehen, so lange ihm die Vernehmung desselben überlassen wird. Man mag noch so stark betonen, daß die Vernehmung den Zweck habe, dem Angeklagten Gelegenheit zur Widerlegung der erhobenen Beschuldigung oder zur Verantwortung zu geben, so wird die vorgeschriebene Form niemals ihre Eigenschaft eines wichtigen Mittels zur Führung der Untersuchung verleugnen können, und doch verbürgt der Gebrauch dieses Mittels an und für sich keine materielle Wahrheit, gefährdet vielmehr die Herstellung derselben in höchst bedenklicher Weise.

Wenn man den Angeklagten auch rechtlich nicht für verpflichtet erachtet, die Wahrheit aufzudecken, die sittliche Verpflichtung desselben zum Geständniß der Schuld wird man festhalten und daran rechtliche Consequenzen knüpfen, welche den Grundsatz schädigen, daß für den Angeklagten die Vermuthung der Unschuld spricht. Der Vorsitzende, welcher nach dem Ergebniß der Voruntersuchung, und nach dem durch seinen Einfluß vielleicht zu Stande gekommenen Anklagebeschluß die Schuld des Angeklagten für wahrscheinlich hält, wird den eigentlichen Werth des Verhörs darin erblicken, bei dem Angeklagten durch die Macht der Wahrheit die Stimme des Gewissens zum Durchbruch zu bringen, er wird die Erlangung des Geständnisses stets als den wünschenswerthen Erfolg im Auge behalten und diesen erstreben, soweit es ohne augenscheinlichen Mißbrauch seiner Gewalt geschehen kann. Durch diese Voreingenommenheit wird der Präsident meistens veranlaßt, die Rolle des Anklägers zu übernehmen, aber auch, wenn er ausnahmsweise in die Rolle des Vertheidigers verfällt, leidet nicht minder das entgegengesetzte Interesse; in beiden Fällen wird er seiner partei- und leidenschaftslosen Stellung entrückt. Auf etwas Anderes, als Beweise für oder gegen die Anklage herbeizuschaffen, kann aber das Verhör nicht gerichtet sein, und auf diese Weise wird immer gegen den Grundsatz verstoßen, daß es dem Ankläger obliegt den Beweis der Schuld zu führen. Wenn man vom Angeklagten verlangt, daß er hierin den Ankläger unterstützen solle, so entzieht man ihn seiner Parteistellung, er bleibt dann ein Untersuchungsobject in der Hand des Richters, ein Beweismittel wie jedes andere, ein Zeuge, der gegen und für sich selbst befragt wird, den man für den Untersuchungszweck auch wider seinen Willen benutzt, um von ihm Erklärungen über das Sachverhältniß, insbesondere ein Geständniß der Schuld zu erlangen. Ein solches Verfahren bringt den Angeklagten von vorn herein in eine sehr ungünstige, und wenn er unschuldig ist, in eine höchst gefährliche Lage, da aus seiner Befangenheit, die dem Richter nicht zu widersprechen wagt, aus seinem Schweigen, Zögern oder Schwanken, aus seiner

Unbeholfenheit, seiner erregten oder gedrückten Gemüthsstimmung neue Verdachtsgründe hergeleitet werden, welche als wichtige Momente für die Bildung der Schuldüberzeugung wirken. Wenn aber der Richter, wie dies oft geschieht, seine der Anklage günstige Meinung durchblicken läßt, oder gar Thatsachen aus den Untersuchungsacten als schon bewiesen, vielleicht auch nur als solche hinstellt, für welche der Beweis werde erbracht werden, so kann leicht und um so eher, je mehr Geschworene und Schöffen geneigt sind dem Vorsitzenden zu folgen, sich bei ihnen eine Ueberzeugung bilden, bevor das eigentliche Beweisverhören begonnen hat; sie werden dann verleitet der nachträglichen Beweiserhebung nicht die gebührende Aufmerksamkeit zu widmen, und behindert das Gewicht der vorgeführten Beweise richtig abzuschätzen.*) Diese Nachtheile werden sich ohne Beseitigung des Verhörs nicht abwenden lassen, da sie mit der richterlichen Verhörs f o r m aufs engste verknüpft sind. Selbst die mildeste Handhabung dieser Form wird immer die Beweislast zum Nachtheil des Angeklagten verändern, und ihn noch unerwiesenen Behauptungen des Anklägers gegenüber in die Lage bringen, sich auf bloße Verdachtsgründe näher einzulassen, wo er Beweise fordern kann. In dieser Hinsicht haben die Worte v. Keller's aus dem Jahre 1852 noch immer ihre volle Geltung.**)

> „Ich übersehe nicht, sagt er, daß man das übliche Verhör auch vom sittlichen und religiösen Standpunkte aus zu rechtfertigen sucht, und respectire sehr die Zwecke an und für sich, die man dabei im Auge hat, aber davon bin ich fest überzeugt, daß in Wirklichkeit nie unter der Firma eines guten sittlichen Zweckes so viel Unsittliches geübt und so wenig Gutes erreicht worden ist, als unter dieser."

Diese Worte sind wohl zu beachten, wenn es sich darum handelt, welche Kräfte für Auffindung der Wahrheit am geeignetsten zu verwenden sind.

Ich habe zwar früher geglaubt***), daß das Verhör des Angeklagten durch den Präsidenten sich beibehalten lasse, wenn man dasselbe mit den erforderlichen gesetzlichen Einschränkungen umgäbe, allein einerseits ist es kaum thunlich für die nöthigen Einschränkungen den entsprechenden gesetzlichen Ausdruck zu finden, um Rückfälle in frühere Gewohnheiten zu verhüten, andererseits wird die Verhörsform nun einmal nicht mehr vom allgemeinen Vertrauen getragen und verbürgt auch in der That nicht die volle Willensfreiheit des Angeklagten.

---

*) Glaser im Archiv des Cr. R. 1851, S. 71 und 191.

**) Bemerkungen zur Schrift des Dr. Götze über die Preußischen Schwurgerichte S. 69.

***) G. A. Bd. 8, S. 49.

Wenn aber der Entwurf der deutschen Strafprozeßordnung*) das Verhör ohne alle gesetzliche Einschränkungen lediglich durch den Zweck desselben geregelt wissen und im Uebrigen das Verfahren ganz in das persönliche Ermessen des Vernehmenden stellen will, so befürchten wir, daß die bisher übliche Methode unverändert fortbestehen wird.

Vieles von dem, was gegen die Vernehmung des Angeklagten durch den Präsidenten gesagt wurde, gilt auch in Betreff des Zeugenverhörs. Hier bilden ebenfalls die Acten der Voruntersuchung eine tadelnswerthe Controle, der Zeuge wird nach Maßgabe der aufgenommenen Protocolle befragt; bestätigt er seine frühere Aussage, so findet der Richter zu einer weiteren Prüfung ihrer Wahrhaftigkeit in der Regel keinen Anlaß, weicht aber seine jetzige Aussage vom Protocolle ab, so wird dieses zur Verlesung gebracht, als enthielte es die lautere Wahrheit. Auch abgesehen davon, ob es sich um Feststellung von Widersprüchen handelt, werden die Zeugen beständig auf ihre schriftlich niedergelegten Aussagen hingewiesen, und es ist nicht zu viel gesagt, wenn man behauptet, daß mit grober Verletzung des Grundsatzes der Mündlichkeit das schriftliche Actenmaterial noch immer den Gang des Verfahrens beherrscht. Werden dagegen Zeugen abgehört, welche in der Voruntersuchung nicht vernommen sind, was gewöhnlich nur bei Entlastungszeugen zutrifft, so mangelt dem Vorsitzenden meistens die nöthige Kenntniß des Sachverhalts, um das Verhör richtig und erschöpfend vorzunehmen.

Kann der Zeuge zu einer zusammenhängenden Erzählung veranlaßt werden, so wird Manches vorgebracht, was zur Sache nicht gehört, was aber dazu beiträgt, den Urtheilern die Scheidung des Wesentlichen vom Unwesentlichen zu erschweren. Handelt es sich darum, Personen zu vernehmen, welche nur mit Mühe zur Aussage dessen vermocht werden, was man von ihnen wissen will, so hängt das Ergebniß des Zeugenverhörs zum großen Theil von der Methode des Vernehmenden ab, und diese wird Richtung und Ziel nur zu oft aus dem Eindruck entnehmen, den das Verhör des Angeklagten auf den Vorsitzenden gemacht hat. Förderte jenes seine Befangenheit, so wird sich dieselbe auch im Zeugenverhör abspiegeln, und das Beweismaterial nicht mehr ganz rein und unverfälscht den Urtheilern zur Benutzung überwiesen werden. Bei genauerer Betrachtung sieht man, daß dem Vorsitzenden bei Aufnahme der Beweise die für einen Einzelnen unausführbare Aufgabe gestellt wird, die Interessen der Schuld und Nichtschuld, der Anklage und Vertheidigung in gleicher Weise wahrzunehmen. Uebersteigt die gleichmäßige Vertretung widerstreitender Interessen, ohne Vorliebe für das eine oder andere, die menschliche Fähigkeit, so wird sich die innere Neigung und die vorzugsweise

*) Motive S. 94.

Thätigkeit des Präsidenten dem Einen oder Anderen zuwenden, er wird aus seiner Stimmung und Auffassung Eigenes hinzuthun, eine Seite, einen Punkt besonders erfassen und Anderes in den Hintergrund treten lassen. Eine solche Doppelstellung führt stets zur Unwahrheit, welche entweder die Gewissenhaftigkeit beeinträchtigt, indem sie von dem Menschen mehr verlangt, als er leisten kann, und dies Zurückbleiben hinter seiner Aufgabe zu einer Verletzung der Pflicht stempelt, oder eine Selbsttäuschung hervorruft, in welcher es dem Vorsitzenden, aber nur ihm allein entgeht, wenn er die Anschuldigungszeugen mit besonderer Vorliebe, die Entlastungszeugen mit Mißgunst und Widerwillen behandelt, und dadurch die Vermuthung begründet, daß er auf die Verurtheilung des Angeklagten hinwirken wolle. Bestätigt nicht die alltägliche Erfahrung, daß es nur wenige Vorsitzende giebt, deren Ansicht über die Schuldfrage nicht schon bei der Beweisaufnahme dem aufmerksamen Beobachter offenbar wird? Wie sollte es verhindert werden können, daß darunter nicht die lebendige Erschöpfung und gleichmäßige Würdigung aller Beweise leidet. Dazu kommt noch, daß gegen die vom Vorsitzenden bei der Beweisaufnahme begangenen Fehler nirgends eine sichere Abhülfe verbürgt ist. Hiegegen bildet auch die nachträgliche ergänzende Fragestellung der Parteien kein ausreichendes Correctiv, sie dient oft nur dazu den Plan der Beweiserhebung zu kreuzen und zu verwirren*), und durch unerquickliche Nachholung von Einzelheiten den Eindruck und die Erinnerung des Erheblichen in den Hintergrund zu drängen, sie führt außerdem zu zeitraubenden Wiederholungen und zur Erörterung von Mißverständnissen, auch enthält sie allemal einen stillschweigenden Tadel der Thätigkeit des Vorsitzenden, welcher bei häufigem Eingreifen der Parteien leicht verstimmt und gereizt wird. Je nach Verschiedenheit der Charaktere werden die Parteien, wenn sie Differenzen mit dem Vorsitzenden scheuen, zu einem müßigen Zuschauer bei der Verhandlung sich bequemen, oder wenn sie gern sich bemerkbar machen, dem Präsidenten durch fortwährendes Befragen das Amt erschweren, Zeugen wie Richter ermüden und den prompten Gang der Verhandlung verschleppen.**)

Ueberdieß muß die oft äußerst anstrengende Arbeit des Präsidenten nothwendig mit der Zeit zur Erschöpfung führen und ihn geistig und körperlich aufreiben. Es ist eine Thatsache, welche die Erfahrung hinlänglich bestätigt hat, daß eine vollkommene Erfüllung der Obliegenheiten des Präsidenten, zumal im Schwurgericht, bei einigermaßen verwickelten Sachen die Kräfte einer gewöhnlichen Capacität um ein bedeutendes übersteigt. Eine nicht gehörige Ausfüllung dieser wichtigen Stellung wird aber zur Folge haben, daß die Sache zum Nachtheil für Wahrheit und Recht ungenügend behandelt wird.

*) Sundelin im Gerichtssaal 1859, Heft 3, S. 169.

**) v. Bar, Recht und Beweis im Geschworenengericht S. 333.

Endlich kommt aber noch in Betracht, daß wenn der Vorsitzende durch seine Inquirententhätigkeit in das Gewirre der Action hineingezogen, vielleicht gar zu leidenschaftlichen Erregungen geführt wird, wenn er an Fragen, Vorhaltungen und Auftritten sich betheiligt, welche mit der Würde des Richteramts schwer vereinbar sind, sein Ansehn nothwendig leidet, wobei man sich dann nicht wundern darf, wenn ihm das volle Vertrauen in der öffentlichen Meinung nicht mehr zur Seite steht.

Nichts gereicht aber der Aburtheilung mehr zum Nachtheil als der aus der Inquirenteneigenschaft des Vorsitzenden herrührende Mangel an Vertrauen. Daß derselbe bei der Rechtsprechung, sie möge die Entscheidung von Incidentpunkten, oder die Findung des Endurtheils betreffen, im Schwurgericht, wie im Schöffengericht oder im rechtsgelehrten Richtercollegium die hervorragendste Stellung einnimmt, liegt auf der Hand. Auch für das Schwurgericht wird man diese Thatsache nicht mehr bestreiten wollen, seitdem fast alle Verbesserungsvorschläge für dasselbe darauf hinauslaufen, den Einfluß des juristisch gebildeten Präsidenten auf die Geschworenen zu verstärken, um in einem geeigneten Zusammenwirken beider Organe eine ausreichende Garantie für die Richtigkeit des Wahrspruchs zu schaffen.

War nun die Inquirententhätigkeit des Vorsitzenden einer ruhigen objectiven Beobachtung und einer unbefangenen Auffassung hinderlich, wie soll es ihm hernach gelingen, sich völlig vorurtheilsfrei den Ergebnissen der Beweisaufnahme hinzugeben, das Resultat seiner mühevollen eigenen Arbeit einer übersichtlichen Darstellung, einer allseitigen Prüfung und richtigen Beurtheilung zu unterziehen. Diese Anforderungen aber stellt man an ihn als Richter; kann er denselben wegen seiner Inquirenteneigenschaft nicht genügen, auf welchem Grunde soll denn noch das Vertrauen zu ihm erwachsen! Man redet so viel von den unübertragbaren Voraussetzungen und Garantien des englischen Rechts, eine der besten Garantien für die Tüchtigkeit der Straferkenntnisse beruht in England auf dem Vertrauen der Geschworenen zum vorsitzenden Richter, und dieses läßt sich auch bei uns herstellen, wenn man den Richter von den der Rechtsprechung fremden Geschäften entbindet.

Man möge sich daher entschließen, die Unvereinbarkeit der Stellung eines erkennenden Richters mit der des Inquirenten zu einem allgemein durchgreifenden Grundsatze zu erheben.

Dann wird man von selbst auf die Vorlage des Beweismaterials durch die Parteien geführt. Wenn man vom öffentlichen Ankläger, welcher das im Namen des Staats behauptete Strafrecht zur gerichtlichen Anerkennung zu bringen hat, verlangt, daß er seine Behauptungen begründen und durch Bezeichnung von Beweismitteln unterstützen soll, so liegt es auch in der Richtung dieser Aufgabe, durch Erhebung der Beweise das Strafgericht in den Besitz des thatsächlichen Stoffs zu setzen, welcher zur Erkenntniß des Strafrechts führt, und die nämliche Anforderung ist naturgemäß an den Angeklagten zu stellen, wenn er das Nichtdasein des gegen ihn behaupteten Strafrechts überhaupt oder in dem behaupteten Umfange anerkannt zu sehen wünscht. Wohl ist hiegegen eingewendet worden, daß ja selbst im Civilprozesse, wo die Verhandlungsmaxime unbedingt herrsche, der Richter die Zeugen vernehme; wir halten dies auch nicht für eine untadelhafte Einrichtung und glauben, daß nach vollständiger Durchführung des Princips der Mündlichkeit das Zeugenverhör der Parteien auch den Zwecken der bürgerlichen Rechtspflege förderlicher sein würde. Allein immerhin hat im Strafprozesse der Zeugenbeweis einen weit größeren Umfang und eine ganz andere Bedeutung, auch ist der Civilrichter weit weniger wie der Strafrichter mit seinem Interesse an dem Ergebnisse der Vernehmung betheiligt. Die besondere Tauglichkeit der im Strafverfahren für die Vertretung parteilicher Interessen schon vorhandenen Organe zur selbstständigen Beweisführung ist unseres Erachtens unschwer nachzuweisen. Der Staatsanwalt wird das von ihm beziehungsweise auf seine Anregung gesammelte Beweismaterial, auf welches er seine Anklage gründet, am vollständigsten kennen und beherrschen und deshalb den Anschuldigungsbeweis auch am besten führen.*) Das von ihm geleitete Verhör wird sogleich auf die Hauptsache gebracht und auf diese beschränkt, dabei auch das, was zu beweisen ist, viel schärfer hervorgehoben, als dies vom Präsidenten zu geschehen pflegt. Auch ist das berufsmäßige Interesse des Staatsanwalts noch in ganz anderer Weise wie das des Richters bei Durchführung der Anklage betheiligt, während das eigene Interesse des Angeklagten ihn in noch höherem Grade antreibt, den ganzen ihm zu Gebote stehenden Vertheidigungsstoff dem Richter in beweisender Form vorzulegen. Seine etwa mangelnde Befähigung dazu ersetzt die Mitwirkung des Vertheidigers, dem auch hinsichtlich der bisher noch nicht vernommenen Zeugen die volle Kenntniß dessen beiwohnt, worüber sie aussagen sollen.

Mit Recht sagt daher Rüttimann:**)

> „Die Parteien sind mit allen offenen und verborgenen Verhältnissen des Falls, mit der starken und schwachen Seite der Sache, die sie vertreten, auf das Innigste vertraut, sie nehmen auch in der Regel einen viel lebhafteren Antheil am Prozesse, als der zwischen ihnen stehende Richter, es ist daher leicht begreiflich, daß jene beiden zusammen genommen das Verhör wenigstens eben so gut durchführen werden, als der Richter allein, so daß die ruhige unbefangene und leidenschaftslose Stellung und die klare Uebersicht des Falls, die dadurch

---

*) Sundelin l. c. S. 167.

**) Englische Strafrechtspflege S. 92.

dem Richter gesichert wird, als reiner Gewinn erscheint, und man kann überdies mit Gewißheit annehmen, daß die Energie, mit der auf diese Weise die Vernehmung der Zeugen betrieben wird, vieles mit dazu beiträgt, falsche Zeugnisse seltener zu machen, als solche leider bei uns vorkommen."

Schon allein um dieses letzten von Rüttimann hervorgehobenen Punktes willen würde die Einführung des Kreuzverhörs von segensreichem Erfolge sein, nicht bloß für den in Frage stehenden Rechtsfall, sondern auch für die Moralität der Bevölkerung im Allgemeinen.

Die Reihenfolge, in welcher die Beweise vorzulegen sind, wird ebenfalls durchweg zweckmäßiger von den Parteien als vom Richter bestimmt, da es ganz in ihrem Interesse liegt, die Beweise nach Inhalt und Bedeutung verständig zu ordnen und dabei nach einem durchdachten Plane zu verfahren, der seinen Ausgangspunkt von der Voraussetzung entlehnt, daß bis jetzt noch nichts bewiesen sei, während der Präsident sich leicht durch die Ergebnisse der Vernehmung des Angeklagten leiten läßt und bei späterem Widerruf früherer Erklärungen zur Nachholung des Versäumten genöthigt wird. Indem zusammenhängend von der einen Seite der Anschuldigungsbeweis, von der andern der Entlastungsbeweis vorgeführt wird, erfolgt eine naturgemäße Beweisvertheilung, ohne daß darum eine Beweislast im civilprozessualischen Sinne anerkannt zu werden braucht. Eine Vorbereitung auf die Beweiserhebung durch das Studium der Voruntersuchungsacten kann dabei freilich nicht umgangen werden, eine hieraus geschöpfte vorgefaßte Meinung der Parteien kann aber nicht schaden, man setzt eine solche bei ihnen voraus und läßt sich dadurch nicht irreleiten. Auch ließe sich als Regel aufstellen, daß die Parteien zwar nach Anleitung der Voruntersuchungsacten die Vernehmung vornehmen, dabei aber den Inhalt derselben nicht bekannt geben dürften, um eine sichere Bürgschaft dafür zu gewinnen, daß die Geschworenen oder sonstigen Richter allein nach den vor ihnen persönlich abgelegten Beweisen urtheilen werden. So verhält sich die Sache auch in England; die Verlesung einer protokollarischen Aussage oder ein mündlicher Vorhalt daraus zum Nachweis eines wirklichen Widerspruchs bilden nur eine seltene Ausnahme, während bei uns die Tendenz vorwaltet, die Ausnahme zur Regel zu stempeln und dem Material der Voruntersuchung den Vorzug vor dem zu geben, was die mündliche Verhandlung zu Tage gefördert hat.

Allerdings wird bei Uebertragung der Beweiserhebung auf die Parteien der Producent bei Vernehmung seiner Zeugen mehr oder weniger einseitig verfahren, und den Zeugen nur um dasjenige befragen, was er dem Richter beweisen will, allein den Anspruch völliger Unparteilichkeit, welchen man an den Richter nothwendig machen muß, wird Niemand an den Staatsanwalt und Vertheidiger stellen, und Jedermann weiß, daß die Einseitigkeit des Einen erst durch die Einseitigkeit des Anderen im Kreuzverhör wieder aufgewogen werden soll. Die Mehrzahl der englischen Juristen behauptet, daß dadurch, daß der Zeuge immer von zwei Personen, die am besten wissen, wie sie der Einseitigkeit des Gegners entgegenzuwirken haben, befragt wird, die Gegenpartei volle Gelegenheit hat, die ihr nachtheiligen Ergebnisse der Zeugenaussage auf ihr richtiges Maaß zurückzuführen, und je nach den Umständen vielleicht ganz zu beseitigen.

Wenn das Kreuzverhör wesentlich den Zweck hat, von dem gegentheiligen Zeugen zu erfahren, was der Producent von ihm zu erfragen sich nicht veranlaßt gesehen hat, und dadurch die Aussage im Hauptverhör auf eine strenge Probe zu stellen, so wird erst nach Anstellung dieser Gegenprobe das Zeugniß seinem Inhalt und seiner Bedeutung nach festgestellt. Es liegt dann aber auch abgerundet und abgeschlossen vor und ist gegen später nachgeholte, Alles wieder in Frage stellende Angriffe gesichert.*) Die Richter (Staatsrichter, Geschworene, Schöffen) wissen alsdann, was sie von dem Zeugnisse zu halten haben, und welche Schlußfolgerungen sie daraus herleiten dürfen, und sollten sie selbst über diesen oder jenen Punkt, welcher ihnen für die Bildung ihrer Ueberzeugung erheblich erscheint, noch eine Aufklärung oder bei mangelhaftem Verhör eine Ergänzung wünschen, so bleibt es ihnen unbenommen, auch ihrerseits hierauf bezügliche Fragen zu stellen, und dadurch etwaige Lücken in der Beweisführung der Parteien auszufüllen. Wird diesen nur die Hauptthätigkeit bei Erhebung der Beweise übertragen, so entspricht es durchaus der Stellung des erkennenden Richters, demselben eine ergänzende Thätigkeit in Erforschung des vorgelegten Beweismaterials zuzuweisen.

Die Prozeßleitung des vorsitzenden Richters kommt aber auch erst bei dieser Art der Beweiserhebung zu ihrem vollen Rechte. Als ruhiger Beobachter der vor ihm geführten Verhandlung ist er im Stande darüber zu wachen, daß das Beweisverfahren innerhalb der gesetzlichen Grenzen und des gesetzlichen Zweckes sich halte, die in ihrer Würde ungeschwächte Autorität und das unerschütterte Vertrauen, welches seine über den Parteien stehende Stellung einflößt, kann er jetzt mit bestem Erfolge für ihre Beaufsichtigung verwerthen. Nach der Ansicht der englischen Juristen hängt die hohe Achtung, welche der englische Richter genießt, zum großen Theil mit der Unparteilichkeit zusammen, welche daher rührt, daß er Zeugen und Sachverständige nicht selbst vernimmt. In Uebereinstimmung hiermit bemerkt auch v. Keller,**) daß es zur hohen und würdigen Stellung des Vorsitzenden nicht wenig beiträgt, wenn er, an-

*) v. Tippelskirch in G. A. Bd. 4, S. 5, Sundelin l. c. S. 171.

**) v. Keller Götze l. c. S. 66.

statt sich in das Gewirre der Action zu begeben, nur aufsehend und ergänzend über derselben waltet und dadurch in den Stand gesetzt wird, alle der Ausmittelung der Wahrheit hinderliche und die Würde der Justiz verletzende Ausschreitungen der Parteien zurückzuweisen. In dieser Beziehung hat sich der Staatsanwalt so gut wie der Angeklagte und sein Vertheidiger den Anordnungen des Vorsitzenden zu fügen. Die Stellung der Staatsanwaltschaft als einer selbstständigen Behörde kann damit sehr wohl bestehen, sie schützt dieselbe gegen Eingriffe in das ihr überwiesene Gebiet, die Prozeßleitung ist aber Sache des Richters, und auf diesem Gebiete kann er daher auch von der Staatsanwaltschaft, ihrer berufsmäßigen Selbstständigkeit unbeschadet, eine Unterordnung verlangen. Wenn die amtliche Stellung des Staatsanwalts dem Vorsitzenden gegen ihn gewisse Rücksichten auferlegt, welche er gegen den Vertheidiger in gleichem Maaße nicht zu nehmen braucht, so berühren diese Rücksichten mehr die Form seiner Einwirkung als den Gegenstand derselben.

Indem der Präsident darüber wacht, daß keine Unregelmäßigkeit im Verfahren vorkommt, hat er mit Zustimmung des Gerichtshofs die Benutzung solcher Beweismittel zu untersagen, welche gesetzlich verboten sind, oder deren Inhalt unerheblich oder überflüssig erscheint und aus eigener Machtbefugniß beim Verhör alle rechtlich unzulässigen, augenscheinlich unerheblichen und die Zeugen verwirrenden Fragen abzuschneiden, sowie die Zeugen gegen persönliche Angriffe in Schutz zu nehmen.

Dagegen geht man zu weit*) und über die Grenzen der Prozeßleitung hinaus, welche sich nur in negativer Richtung äußern darf**), wenn man den Präsidenten ermächtigt, sobald die Vernehmung der Zeugen und Sachverständigen in ungehöriger und der Entdeckung der Wahrheit nicht förderlicher Weise geschieht, der betreffenden Partei die Vernehmung zu entziehen und solche selbst zu übernehmen. Höchstens könnte man ihm gestatten, das Verhör zu schließen, wenn dasselbe ein hinlängliches Beweismaterial für seine Ueberzeugung geliefert, und auch von den übrigen zur Aburtheilung berufenen Personen keine weitere Aufklärung verlangt wird; allein eine lediglich von seinem Ermessen abhängende Einmischung in das vielleicht eben erst begonnene Verhör dürfte die ganze besprochene Einrichtung wieder in Frage stellen.

Andererseits kann es den Parteien nicht freistehen, auf die einmal namhaft gemachten Beweismittel mit der Wirkung zu verzichten, dieselben dadurch dem erkennenden Gerichte zu entziehen. So wenig der Staatsanwalt die erhobene Anklage, mit welcher das Gericht einmal befaßt ist, ganz oder theilweise zurücknehmen darf, so wenig dürfen die Parteien das Gericht behindern,

*) v. Bar, Recht nnd Beweis im Geschworenengericht S. 360.

**) Planck l. c. S. 186

einmal vorgelegte Beweise zu erheben, wenn dasselbe deren Aufnahme im Interesse der Wahrheitsermittelung dienlich erachtet. In solchem Falle würde der Richter selbst das Verhör vornehmen müssen, da die Parteien durch ihren Verzicht die Befähigung dazu verloren haben, wie auch in England der Richter die Zeugen vernimmt, welche die Partei hat fallen lassen. Wie aber hiezu nach unserer Gerichtsverfassung ein Beschluß des Richtercollegiums erforderlich sein dürfte, so wird ein solcher auch bei neuen erst in der Hauptverhandlung von den Parteien gestellten Beweisanträgen sich nicht entbehren lassen, weil die dem Gerichte freistehende Ablehnung eines solchen Antrags wegen Unerheblichkeit in gewissem Sinne schon ein Bestandtheil des Endurtheils ist, und die Gewährung des Antrags die Rechte der Partei, gegen welche der Antrag gerichtet ist, in so hohem Grade gefährden kann, daß die Gewährung um diese Rechte zu wahren, meistens zur Vertagung der Verhandlung führen wird, eine Maßregel, welche ihrer Wichtigkeit wegen dem Vorsitzenden allein nicht überlassen werden kann.

Das Verfahren, wonach dem meistentheils von der positiven Theilnahme an der Entwickelung desselben ausgeschlossenen Richter, Ankläger und Vertheidiger ihre Beweise zu erbringen haben, wird in England allgemein als der geeignetste Weg angesehen, auf welchem die Wahrheit sich ermitteln läßt, und auch bei uns haben sich gewichtige Stimmen für die Einführung dieses Verfahrens erklärt*), seitdem die genauere Kenntniß des englischen Rechts die Ueberzeugung befestigt und verbreitet hat, daß das Streben nach materieller Wahrheit das englische Strafverfahren so gut wie das französisch-deutsche kennzeichne, daß aber die lebendige Wechselwirkung zwischen Anklage und Vertheidigung auf dem Gebiete der Beweisaufnahme, unter Beseitigung zahlreicher Mißstände des bestehenden Verfahrens, dem Streben nach materieller Wahrheit günstiger sei, als die einseitige Beweiserhebung in der Hand des vorsitzenden Richters.

Die fragliche Institution erfüllt ihren Zweck aber nicht bloß unmittelbar, sondern auch mittelbar durch ihre Rückwirkung auf andere prozessualische Einrichtungen.

So werden die Wechselvorträge der Parteien nach der Beweisaufnahme einen der sachgemäßen Behandlung des Straffalls entsprechenderen Charakter annehmen. Gegenwärtig bilden sie nach französischem Muster auch

---

*) v. Keller Götze l. c. S. 66; Sundelin im Gerichtssaal 1859 S. 101; Rehm daselbst 1860 S. 11; Glaser im Arch. des Cr. R. 1851 S. 70 und 200; v. Tippelskirch G. A. Bd. 4, S. 4; Dalke G. A. Bd. 9, S. 160; Mittermaier Mündlichkeit S. 220; Zachariä, Strafverfahren Bd. 2, S. 203; v. Bar, Recht und Beweis im Geschworenengericht S. 331; Mittermaier, Englisch-Schottisches Strafverfahren S. 312 und 402.

in Deutschland einen eigenen, sehr einflußreichen, meistens mit besonderer Vorliebe gepflegten Abschnitt des Verfahrens, von dem sich nicht behaupten läßt, daß sein Einfluß durchweg ein günstiger für die Vorbereitung des Geschäfts der Aburtheilung sei, indem die Vorträge bei weitem nicht immer dazu dienen, zu einer richtigen, dem wahren Sachverhalt entsprechenden Ueberzeugung zu verhelfen. Diese Vorträge von ungemessener Länge über den vom Präsidenten erhobenen Beweis mit ihrem oft glänzenden Redeschmuck, mit ihren lebendigen farbenreichen Schilderungen, mit ihren sichtlichen Bemühungen bald Abscheu gegen den Angeklagten, bald Theilnahme für denselben zu erwecken, sind weit mehr darauf angelegt zu überreden, als zu überzeugen, sie wirken mehr auf das Gefühl wie auf den Verstand, sie beschäftigen mehr die Phantasie der Hörer, als daß sie der ruhigen Ueberlegung zur Anleitung dienten. Bei dieser französischen Behandlungsart der Sache im mündlichen Vortrage, deren Anordnung und Ausführung im Einzelnen dem freien Ermessen des Staatsanwalts und Vertheidigers überlassen ist, kommt die strenge Prüfung der Beweise nach den Regeln, welche Logik und Erfahrung an die Hand geben, meistens zu kurz.*) Grade die geschicktesten Plaidoyers verleiten Geschworene und Schöffen, in Einzelheiten und Nebenpunkten maßgebende Momente zu finden und hiebei den vergleichenden und sichtenden Ueberblick über das Ganze zu verlieren. Uebertreibungen und Einseitigkeit der Behauptungen, die gern ergriffene Gelegenheit, Kenntnisse und Gewandheit zu zeigen, führen überdies nicht selten unter den Parteien zu einem heftig erregten Widerstreit der Ansichten, ja selbst zu einem Wettkampf um Beifall, welcher wohl die Hörenden fesselt, aber mit dem Zweck und der Würde des Strafverfahrens sich nicht verträgt. Manche Vertheidiger mögen auch hie und da bei ihrem Vortrage von der beklagenswerthen Auffassung geleitet werden, als ständen sie, wie im Civilprozesse, nur im Dienste ihrer Clienten und gar nicht im Dienste der Wahrheit und des Rechts, eine Auffassung, welche mit einer gewissenhaften, auf sittlichen Grundsätzen beruhenden Vertheidigung schwer vereinbar ist, für welche die Gesetze aber zum großen Theil verantwortlich sind, indem sie den Vertheidiger nicht als ein nothwendiges Glied des den Strafprozeß darstellenden Organismus, sondern als eine Person ansehen, welche nur im Auftrage des Angeklagten das individuelle Interesse desselben wahrzunehmen habe. Geht die Gesetzgebung davon aus, daß der Staat, wie er im öffentlichen Interesse für die Durchführung der Anklage in der Staatsanwaltschaft ein eigenes Organ geschaffen, ebenfalls im öffentlichen Interesse für die Geltendmachung aller wirklich vorhandenen Entlastungsmomente in der Vertheidigung ein selbstständiges Organ zu bilden habe, so wird auch im Vertheidiger das

---

*) Sundelin, Gerichtssaal 1858, S. 402.

Pflichtgefühl seines Berufes gestärkt und damit die Versuchung zum Mißbrauche seiner Stellung durch Irreleitung der Geschworenen und Schöffen und durch Abwendung auch der erwiesenen gerechten Bestrafung beseitigt werden. Die meisten Nachtheile aber, welche diese Plaidoyers nach französischem Zuschnitte mit sich bringen, werden dadurch herbeigeführt, daß das Gesetz im französisch-deutschen Strafverfahren die Parteien bei der Beweisaufnahme zu einer unthätig zuwartenden Rolle verurtheilt und selbst das Hauptgewicht ihrer Thätigkeit auf die nachträglichen Plaidoyers legt. Macht man den Parteien dagegen die Beweisführung zur Pflicht, so sichert diese angemessene und wirksame Thätigkeit gegen die Versuchung, hinterher noch mit anderen Mitteln als mit Beweisgründen zu wirken. Bei ihrer jetzigen beschaulichen Stellung während des ganzen Beweisverfahrens suchen sie aber leicht, wenn sie schließlich zum Worte gelangen, eine bisher entbehrte Geltung zu gewinnen, und ihre Vorträge mit einem unnöthigen, oft schädlichen Zeit- und Kraftaufwande auszustatten. Man hat, um die gerügten Uebelstände abzuwenden, die unmittelbare Verbindung zwischen Beweis und Urtheil durch Beseitigung der Plaidoyers in Vorschlag gebracht und geglaubt, dieselben durch Einreihung der Vorträge als Einleitung, als Programm des Beweises ersetzen zu können.*) Abgesehen davon, daß der unmittelbaren Verbindung von Beweis und Urtheil auch der richterliche Schlußvortrag im Schwurgerichtsprozeß, welcher uns unerläßlich erscheint, aufgeopfert werden müßte, können wir auch überhaupt den gänzlichen Wegfall der Plaidoyers nicht empfehlen. Wir halten es zwar bei einer Beweiserhebung durch die Parteien für geboten, daß jede Partei mit wenigen Worten ihren Beweis einleite, und anführe, welche Thatsachen sie beweisen wolle und welchen Gang die Beweisverhandlung nehmen solle; eine wirksame Erörterung der Beweisregeln, eine Darlegung des Zusammenhangs der Beweise und der daraus zu ziehenden Folgerungen ist aber unthunlich, so lange die Beweise noch nicht in ihrer concreten Anschaulichkeit vorliegen. Auch die Fragestellung im schwurgerichtlichen Verfahren bildet einen so nothwendigen Gegenstand der Discussion unter den Parteien, daß schon um ihretwillen die Plaidoyers nicht zu entbehren sind. Hat man doch neuerdings mit Recht verlangt, daß die Plaidoyers sich enge an die Fragen anschließen und einen fortlaufenden Commentar derselben gewähren sollen. Wie die Vorträge schon hiedurch an Klarheit, Bestimmtheit und Uebersichtlichkeit gewinnen, so werden sie auch im Uebrigen von den nachtheiligen Einflüssen, welche ihnen beizumessen sind, gereinigt und auf ihr richtiges Maaß zurückgeführt werden, sobald die Kräfte der Anklage und Vertheidigung auf dem Gebiete der Beweisführung ihre volle Verwerthung finden. Nach der mühe-

*) Sundelin l. c. S. 414.

vollen aber lohnenden Arbeit, welche ihnen auf diesem Gebiete erwächst, wobei insonderheit auch der berechtigte Trieb der Vertheidigung seine volle Befriedigung finden kann, werden die Parteien wenig geneigt sein, hernach noch glänzende Beweise ihrer Beredsamkeit abzulegen, und ihre ganze der Beweisfrage gewidmete Thätigkeit wird es ihnen nahe legen, sich in ihren Vorträgen auf wenige sachgemäße Bemerkungen zu beschränken.

Die Beweisführung durch die Parteien giebt aber außerdem auch dem Schlußvortrage des Präsidenten im Schwurgericht erst seinen angemessenen Inhalt und seine volle Bedeutung.*) In diesem Vortrage hat der Präsident weniger durch eine ausführliche Wiederholung aller einzelnen Beweise für und wider den Angeklagten dem Gedächtnisse der Geschworenen zu Hilfe zu kommen, die dieser Nachhilfe meistens nicht bedürfen, sondern durch eine kurze aber geordnete und deutliche Zusammenfassung des in Betracht kommenden Beweismaterials, insonderheit beim Indicienbeweise den Geschworenen einen klaren und sicheren Ueberblick über das Beweisergebniß zu gewähren, und sie auf die Punkte hinzuweisen, worauf sie ihre Aufmerksamkeit besonders zu richten haben, in seiner Rechtsbelehrung, welche als bindende Anweisung von den Geschworenen aufzufassen, hat der Richter sodann alle Rechtsbegriffe, deren Kenntniß für die richtige Beurtheilung der Schuldfrage wichtig werden kann, zu erklären, und die rechtlichen Gesichtspunkte zu entwickeln, auf welche es im gegebenen Falle ankommt, so daß die Geschworenen nach dieser Seite hin für die Entscheidung vollständig vorbereitet werden. In der Rechtsbelehrung hat bekanntlich der Schlußvortrag des englischen Richters seine wesentliche Begründung. Er erhält durch das englische Beweisrecht seine besondere Richtung, indem die Anweisung auch eine Beurtheilung des Beweismaterials nach solchen Beweisregeln umfaßt, denen die Natur einer Rechtsregel zukommt. Allein auf diesen nicht übertragbaren Theil der richterlichen Anweisung darf man nicht zu großes Gewicht legen, denn den Charakter einer Rechtsregel haben auch in England bei weitem nicht alle für die Prüfung der Beweise zu verwerthenden Erfahrungssätze. Wo ihnen dieser Charakter fehlt, äußert sich auch der englische Richter im Schlußvortrage nur hypothetisch, er bemerkt, daß nach den Regeln der Erfahrung ein Beweismittel den und den Werth habe, aber er überläßt es den Geschworenen, das Zutreffen des Erfahrungssatzes auf den vorliegenden Fall selbstständig zu prüfen, und zu entscheiden, welchen Werth das Beweismittel nach den concreten Umständen wirklich besitzt. Eine solche nicht mehr bindende, sondern nur anleitende Prüfung des Beweismaterials

---

*) v. Keller, die Staatsanwaltschaft in Deutschland; v. Bar l. c. S. 330 und 361; John über Geschworenengerichte und Schöffengerichte, S. 32 u. f.

nach Maßgabe der Erfahrung eignet sich auch für unseren Prozeß, sie muß nur mit Enthaltung jeder Meinungsäußerung gegeben werden, ob der Angeklagte schuldig ist oder nicht, da die individuelle Schuldbeurtheilung allein Sache der Geschworenen ist. Ein Vortrag in diesem Sinne wird ein organisches Zusammenwirken der Richter und Geschworenen in Bezug auf die Findung des Verdicts herbeiführen, dessen Mangel wir so oft beklagen hören, ohne daß man auch nur den Versuch gemacht hätte mit den Mitteln der Abhilfe, welche das englische Recht zur Verfügung stellt. Es liegt nämlich auf der Hand, daß eine solche Anleitung des vorsitzenden Richters nicht von unseren Assisenpräsidenten ausgehn kann. So lange ihnen die Erhebung der Beweise in der Hauptverhandlung und das Verhör des Angeklagten obliegt, würde mit der Einräumung solcher Befugnisse, wie sie der englische Schlußvortrag gewährt, die Gefahr der persönlichen Eingenommenheit und des fertigen Urtheils für den Inhalt des Verdicts noch wesentlich gesteigert werden. Selbst die übersichtliche Zusammenfassung des Beweisergebnisses setzt die objective ruhige Anschauung der Verhandlungen voraus, welche der Vorsitzende in der anstrengenden Thätigkeit der Beweiserhebung nicht gewinnen kann. Noch weniger ist ihm eine unparteiische Kritik seiner eigenen Arbeit nach den Regeln der Erfahrung zuzumuthen, und die Rechtsbelehrung wird, wie wir dies in allen Ländern des französisch-deutschen Verfahrens wahrnehmen können, durchweg sehr allgemein gehalten bleiben, so lange wir sie nicht in die Hand eines parteilosen Richters legen. Beseitigt man dagegen die Inquirententhätigkeit des Vorsitzenden, so wird man auch von ihm einen Schlußvortrag in der Weise des englischen Verfahrens erwarten dürfen, der seine volle Wirksamkeit nicht verfehlen wird. Insonderheit wird auch die Gefahr, daß im Berathungszimmer der Geschworenen unberechtigte Einflüsse Geltung gewinnen, wesentlich abgeschwächt werden, wenn die Geschworenen durch die richterliche Beihilfe die rechten Mittel zur Lösung ihrer Aufgabe empfangen haben. Wird die Anweisung und Anleitung, deren die Geschworenen voraussichtlich bedürfen, ihnen von einem Manne gegeben, welcher nach der ihm im Verfahren zugewiesenen Stellung ihr volles Vertrauen verdient, so wäre es eine völlig unberechtigte Annahme, daß sie dies Vertrauen ihm nicht auch entgegentragen sollten, nachdem die Gründe beseitigt sind, welche die Entstehung desselben behinderten oder erschwerten. Von dem grundsätzlichen Mißtrauen gegen die rechtsgelehrten Gerichtshöfe, aus dem die französische Jury hervorgegangen, von dem politischen Gegensatz zwischen Volks- und Staatsrichtern finden sich in Deutschland nur noch schwache Nachklänge, welche ganz verstummen werden, sobald man die Mängel beseitigt, mit denen das Richteramt jetzt noch behaftet ist. Dann wird sich auch die Unterordnung unter die Rechtsbelehrung des

Richters aus dem Bedürfnisse der Geschworenen von selbst ergeben, zumal, wenn man ihnen gestattet, einzelne Zweifel über den Sinn der Rechtsbelehrung und der gestellten Fragen noch vor ihrer Berathung zum Austrage zu bringen und wenn das Berichtigungsverfahren nach abgegebenem Schuldspruch in einer Weise geregelt wird, welche die gegenseitige Verständigung beider Factoren verbürgt.

Die verschiedenen Bedenken, welche bisher gegen die Beweisführung durch die Parteien geäußert worden sind, können unserer Ansicht nach ein entscheidendes Gewicht nicht beanspruchen.

Man hat oft eingewendet, die englische Art der Beweiserhebung lasse sich in Deutschland nicht einführen. In England sei sie aus der geschichtlichen Entwickelung hervorgegangen, durch Gewohnheit und Sitte fortgebildet, und wurzele in der dortigen Gerichtsverfassung, bei uns aber, wo andere Elemente und andere Verhältnisse sie erwarteten, gestatte sie keine unmittelbare Anwendung. Diese Gründe mögen der Uebertragung mancher englischer Institutionen entgegenstehen, auf die hier in Rede stehende passen sie nicht. Die fragliche Einrichtung trägt kein rein nationales Gepräge, sie ist keine Eigenthümlichkeit des englischen Volkscharakters, sie beruht vielmehr auf einer richtigen Vertheilung der verschiedenen Functionen des Strafprozesses und ist mit jeder Gerichtsverfassung vereinbar. Warum sollte eine in der organischen Natur des Strafprozesses belegene Institution, welche bei den practischen Engländern sich seit Jahrhunderten bewährt hat, für uns unbrauchbar sein? Es ist freilich hin und wieder behauptet worden, daß die Einrichtung in einem so engen Zusammenhange mit dem englischen Beweisrecht stehe, daß sie für Länder, in denen die freie Beweiswürdigung gelte, sich nicht eigene. Die vielfachen Präsumtionen des dolus, die Ausschließung mancher Beweismittel, die mangelnde Erörterung der Motive der That vereinfache zwar in England die Beweisführung und erleichtere die Auffassung der Geschworenen, allein dies geschehe auf Kosten der Vollständigkeit und Gründlichkeit des Beweises.*) Da man uns nicht zumuthen könne, auf die Voraussetzungen jener Vereinfachung zurückzugehn, so könnten wir auch die englische Art der Beweiserhebung nicht gebrauchen. Wir wollen die Richtigkeit der Prämissen nicht bestreiten; nach den bei uns üblichen Anschauungen über den Beweis in Strafsachen würde derselbe allerdings einen weiteren Umfang als in England in Anspruch nehmen; daß aber mit der Erweiterung des Beweisthemas die Fähigkeit der Parteien zur Beweisführung abnehmen und die Auffassungsgabe der Geschworenen sich vermindern sollte, scheint uns eine wenigstens bis jetzt unerwiesene Behauptung zu sein.

*) Schwarze, das Schöffengericht, S. 40.

So lange dieser Nachweis nicht erbracht ist, können wir einen nothwendigen Zusammenhang zwischen den Mängeln des englischen Beweisrechts und der Beweiserhebung durch die Parteien nicht zugeben.

Es ist zwar richtig, daß das Kreuzverhör bisher in Deutschland sich nicht einzubürgern vermocht hat. Die in Preußen und Baden zu dem Ende unternommenen Versuche sind mißlungen. Bevor man aber hieraus ein die Einrichtung verdammendes Urtheil herleitet, muß man auf die Ursachen des Mißlingens zurückgehn. In Preußen befürchtete man im Jahre 1852, daß die unbeschränkte Einführung des Kreuzverhörs für den Augenblick auf practische Schwierigkeiten stoßen könne, weil weder die Staatsanwälte noch die Vertheidiger mit einem solchen Verfahren aus eigener Anschauung und Uebung bekannt seien, man glaubte deshalb sich damit begnügen zu müssen, vorerst nur die Hindernisse hinweg zu räumen, welche das Gesetz der Möglichkeit der Entwickelung jenes Verfahrens entgegenstelle*). Demgemäß wurde dem Präsidenten im schwurgerichtlichen Verfahren nur gestattet, auf übereinstimmenden Antrag des Staatsanwalts und Vertheidigers das Kreuzverhör zuzulassen: man gab sich dabei der Hoffnung hin, daß der mit solcher Vorsicht zuzulassende Versuch demnächst zu einem sicheren Urtheile darüber führen werde, ob der ausgesprochene Gedanke sich auch bei uns practisch bewähre, und demgemäß weiter anzuwenden sei. Wenn nun die Erfahrung gezeigt hat, daß die Parteien von dem Rechte, die Zeugen selbst zu verhören, weder in Preußen, noch in Baden, wo die gleiche Vorschrift für alle Strafsachen seit 1864 besteht, einen irgendwie nennenswerthen Gebrauch gemacht haben, so könnte daraus leicht die Folgerung gezogen werden, daß jene Art des Verhörs überhaupt nicht geeignet sei, Eingang bei uns zu finden. Allein diese Folgerung wäre voreilig, da bisher nur die gesetzlichen Beschränkungen, unter denen das Kreuzverhör zugelassen worden, es bewirkt haben, daß dasselbe in der Praxis keine Geltung erlangt hat. Schon die gesetzliche Nebeneinanderstellung zweier Verfahrungsarten, welche auf ganz verschiedenen Grundsätzen beruhen, und in einem verschiedenen Geiste gehandhabt sein wollen, läßt, wenn man beide in das Verhältniß von Regel und Ausnahme stellt, erwarten, daß man nicht gern von der Regel abweichen wird, zumal wenn diese schon in alten Gewohnheiten wurzelt und mit lange bestehenden Ansichten in Einklang steht. Dazu kommt aber noch Folgendes: Ein Einverständniß zwischen dem Vorsitzenden, dem Staatsanwalt und dem Vertheidiger über diese Maßregel ist schwer zu erzielen; was der einen Partei in ihrem Interesse rathsam erscheint, stößt schon um deswillen leicht auf den Widerspruch der anderen, dem Staatsanwalt wird überdies die

*) Materialien zum Gesetz v. 3. Mai 1852, S. 103.

Unterordnung unter die Aufsicht des Vorsitzenden widerstreben, und der Präsident wird wenig geneigt sein, ein Verfahren zuzulassen, welches bei seiner nur ausnahmsweisen Geltung leicht als ein Mißtrauensvotum gegen ihn erscheinen kann. Diese Abneigung wird in verstärktem Maaße sich geltend machen, wenn der Vorsitzende durch das Studium der Voruntersuchungsakten auf die Leitung der Hauptverhandlung sich schon vorbereitet hat, eine Arbeit, welche ihm nicht erspart werden kann, so lange es ungewiß bleibt, ob die Parteien ihm das Verhör abnehmen wollen oder nicht. Endlich stellt auch die Bestimmung, daß der Präsident jederzeit das Verhör wieder übernehmen kann, Reibungen und Conflicte unter den Betheiligten in Aussicht, und um solche zu vermeiden, belassen sie es lieber bei dem einmal üblichen Verfahren.

In etwas veränderter Fassung hat die Vorschrift des preußischen Gesetzes vom Jahre 1852 unter Ausdehnung auf alle Strafsachen im Entwurfe der deutschen Strafprozeßordnung Aufnahme gefunden. Der §. 194 desselben lautet nämlich folgendermaßen:

> „Die Vernehmung der Zeugen und Sachverständigen kann der Vorsitzende der Staatsanwaltschaft und dem Vertheidiger überlassen. Hat der eine Theil von dieser Ermächtigung Gebrauch gemacht, so darf eine gleiche Ermächtigung dem anderen Theil nicht versagt werden."

Von einer vorgängigen Einigung der Parteien hat man dabei abgesehn, an einem Einverständnisse zwischen demjenigen, dem die Ermächtigung ertheilt wird, und dem Vorsitzenden aber festgehalten. Die Gründe, welche die Nichtbeachtung der früheren Vorschrift zur Folge hatten, werden daher zum größeren Theil auch unter der Herrschaft des neuen Gesetzes fortbestehen, und dieses wird außerdem für die unvorbereitete Gegenpartei eine mit empfindlichen Nachtheilen verbundene Ueberraschung herbeiführen können. Es ist deshalb mit ziemlicher Sicherheit vorauszusehen, daß von dem Kreuzverhör auch in Zukunft kein Gebrauch gemacht werden wird. Man muß sich für die eine oder andere Einrichtung entscheiden, neben einander können sie nicht gedeihen. Die Motive S. 167 zum oben allegirten §. 194 erkennen nun folgende Vorzüge des Kreuzverhörs an: „Es befreit den vorsitzenden Richter von einer seine sonstigen Aufgaben vielleicht gefährdenden Arbeitslast, und sichert ihm bei vorkommender Meinungsverschiedenheit zwischen dem Staatsanwalt und dem Vertheidiger eine größere Objektivität der Entscheidung. Der Staatsanwalt und der Vertheidiger vermögen ferner bei eigener Vernehmung der Zeugen und Sachverständigen ihre Befugnisse wirksamer wahrzunehmen, während gegen ungebührliche Fragen und mangelhafte Verhöre dadurch Vorsorge getroffen werden kann, daß man dem vorsitzenden Richter eine beaufsichtigende und ergänzende Thätigkeit zur Pflicht macht."

Die empfehlende Aeußerung der Motive ist immerhin beachtungswerth, wenn sie auch unter den Nachtheilen, welche die Inquirententhätigkeit des Vorsitzenden auf die Beweisaufnahme und Aburtheilung übt, nur den der Geschäftsüberbürdung und der mangelhaften Befähigung zur Entscheidung parteilicher Differenzen hervorhebt. Mit Genugthuung aber constatiren wir, daß die Motive ein Hauptbedenken aus früherer Zeit gegen die Einführung des Kreuzverhörs haben fallen lassen, welches darin bestehen sollte, daß es den Staatsanwälten und Vertheidigern an der nöthigen Erfahrung und Uebung fehle, die Vertheidiger auch dem Durchschnitte nach nicht auf der Stufe juristisch-sittlicher Bildung ständen, welche bei Handhabung des Kreuzverhörs vorausgesetzt werden müsse. Es wird uns bei dieser Sachlage wohl erspart bleiben können, auf diesen unberechtigten Einwand weiter einzugehen.

Gegen eine Verwirrung der Zeugen beim Verhör der Parteien und etwaige Vexationen von Seiten derselben gewährt die richterliche Prozeßleitung in der anerkannten Verpflichtung des Vorsitzenden, für eine schonende Behandlung der Zeugen Sorge zu tragen, genügende Sicherheit. Wird hierüber in England hin und wieder Klage geführt, so trägt daran die übergroße Laxheit in der Beobachtung der äußeren Formen, wogegen uns bereits Sitte und Gewohnheit schützen, nicht wenig die Schuld, desgleichen der Mangel einer wohlorganisirten Staatsanwaltschaft, welche zu der Vertheidigung noch immer in einem anderen Verhältnisse steht, als ein Advokat zum anderen.

Indem wir nach Beseitigung dieser Bedenken keinen Anstand nehmen, die Uebertragung der Vernehmung von Zeugen und Sachverständigen auf die Parteien als eine der Strafrechtspflege förderliche Einrichtung zu empfehlen, gehen wir dabei von folgenden Voraussetzungen aus.

1) Das Verhör des Angeklagten im Hauptverfahren muß wegfallen. Die Gründe, aus denen man dasselbe dem Vorsitzenden nicht belassen kann, sind schon oben entwickelt worden. Eine Vernehmung durch den Staatsanwalt würde wohl einzelne Mißstände beseitigen und weniger nachtheilig auf die Ueberzeugung der Urtheiler einwirken, da sein Verhalten und seine Aeußerungen nicht den gleichen Anspruch auf Vertrauen erheben, der dem Richter gebührt, aber mit der Stellung, welche der Staatsanwalt in der Hauptverhandlung dem Angeklagten gegenüber einnimmt, ist die Uebertragung des Verhörs des Angeklagten auf denselben nicht vereinbar, wie auch die Motive S. 166 zum Entwurfe der deutschen Strafprozeßordnung annehmen. Schon hieraus würde sich ergeben, daß es an einem geeigneten Organ für die Vornahme des Verhörs fehlt, auch sahen wir bereits, daß die Parteistellung des Angeklagten der Verhörsform überhaupt widerstrebt. Er hat seinerseits einen Anspruch auf rechtliches Gehör und dieser läßt sich vollkommen befriedigen, wenn nach Mittheilung der Anklage der Vorsitzende

3*

dem Angeklagten das Wort ertheilt, damit er, falls es in seinem Interesse liegt, eine freie Erklärung auf die erhobene Beschuldigung abgeben kann. Wenn man meint, daß der Angeklagte in vielen Fällen seinem Bildungsstande nach nicht befähigt sein würde, seiner Absicht gemäß sich auszudrücken, so wird die Mitwirkung des Vertheidigers bei Abgabe dieser Erklärung den Mißstand leicht beseitigen. Ein dabei abgelegtes Schuldbekenntniß würde dann um so werthvoller sein, weil es die Vermuthung für sich hätte, aus eigenem Antriebe des Angeklagten entsprungen zu sein, wenn wir demselben auch nicht die Bedeutung beilegen möchten, die Beweisaufnahme entbehrlich zu machen, da nur dem Geständniß, welches mit allen sonst ermittelten Umständen in Einklang steht, volle Beweiskraft beiwohnt, und diese richterliche Prüfung nicht nach den Ergebnissen der Voruntersuchung, sondern nur nach denen der mündlichen Verhandlung sollte vorgenommen werden dürfen. Wenn dennoch das Verhör des Angeklagten über den Gegenstand der Anklage als ein schädlicher Bestandtheil des Hauptverfahrens zu beseitigen ist, so kann die Vernehmung desselben über seine persönlichen Verhältnisse dem Vorsitzenden gern überlassen bleiben, ihm auch bei etwaiger Prüfung der Zurechnungsfähigkeit die dazu nöthige Vernehmung übertragen werden, da in beiden Fällen ein näheres Eingehen auf das dem Angeklagten zur Last gelegte Verbrechen nicht erforderlich ist.

2. Die Vertheidigung muß auch bei Verhandlung der Straffälle mittlerer Ordnung für obligatorisch erklärt werden, und der Staat die Verpflichtung übernehmen, einen Vertheidiger eventuell von Amtswegen zu bestellen und ihn im Unvermögensfalle des Angeklagten zu honoriren. Dies hält der Entwurf der deutschen Strafprozeßordnung*) für unthunlich und darin liegt für ihn der entscheidende Grund, aus welchem er auf eine Nachahmung des englischen Verfahrens verzichten zu müssen glaubt. Weshalb der Entwurf aber dann nicht das Kreuzverhör für alle Straffälle höherer Ordnung vorschreibt, welche auch ihm zufolge ohne Mitwirkung eines Vertheidigers nicht verhandelt werden dürfen, ist nicht abzusehen, da hier der angeführte Grund gar nicht zutrifft und im Uebrigen ja die Vorzüge des Kreuzverhörs in den Motiven ausdrückliche Anerkennung gefunden haben. Allein die praktische Unmöglichkeit, dem Angeklagten in allen Fällen einen Vertheidiger zur Seite zu stellen, können wir auch höchstens für die Straffälle unterster Ordnung anerkennen, wo wir die empfohlene Einrichtung dahin modificirt sehen möchten, daß zwar der öffentliche Ankläger die Belastungszeugen abzuhören hätte, das Gegenverhör aber, wenn der Angeklagte

*) Motive S. 167.

ohne Vertheidiger erschienen, ihm nur unter Mitwirkung des Vorsitzenden zu überlassen wäre, welcher seinerseits auch die etwaigen Entlastungszeugen unter Zulassung der Gegenfragen des Anklägers zu vernehmen haben würde.

Für alle wichtigeren Straffälle, wo das den Angeklagten möglicherweise treffende Strafübel nicht geringe ist, und die Entscheidung der Schuldfrage oft die nämlichen Schwierigkeiten bietet, wie im Schwurgericht, bedarf derselbe durchweg der gründlichen Vorbereitung und Ueberlegung, um den richtigen Weg seiner Vertheidigung einzuschlagen, was ohne Rechtskunde und Rechtserfahrung nicht wohl bewirkt werden kann; noch mehr ist die Führung der Vertheidigung in der Hauptverhandlung durch Eigenschaften bedingt, welche meistens dem Angeklagten mangeln, und es besonders wünschenswerth erscheinen lassen, daß er dort nicht unberathen auftrete. In einem Verfahren aber, welches unserem Vorschlage gemäß die richterliche Bevormundung beseitigen und den Richter von Geschäften befreien will, welche seine Unbefangenheit beeinflussen oder doch den Schein einer solchen Beeinflussung erwecken, ist es unseres Erachtens vollends unerläßlich, die Wahrnehmung der Rechte des Angeklagten einem rechtskundigen Vertheidiger anzuvertrauen.

Man hat wohl hin und wieder in der Heranziehung einer größeren Zahl von Rechtsanwälten eine zu große Belästigung derselben gefunden, so lange die Advokatur noch nicht freigegeben sei; allein diese Maßregel dürfte in naher Aussicht stehen, und damit das erwähnte Bedenken schwinden. Dagegen liegt allerdings eine Belästigung und zwar eine übergroße in der verschiedenen Behandlung der Vertheidigungskosten und der sonstigen Untersuchungskosten. Daß der Rechtsanwalt als erwählter oder bestellter Vertheidiger sich wegen seiner Gebühren in Strafsachen nur an den Angeklagten und die für ihn haftbaren Personen halten kann, in unzählbaren Sachen daher gar keine Gebühren bekommt und nur die Erstattung baarer Auslagen aus dem Criminalfond verlangen kann, ist eine große Härte und um so unbilliger, wenn man die Vertheidigung, wie solches doch schon jetzt in Schwurgerichtssachen geschieht, dergestalt für nothwendig erklärt, daß sie auch gegen den Willen des Angeklagten vom Gericht angeordnet werden muß. Bei einer Ausdehnung der nothwendigen Vertheidigung über das Gebiet der Schwurgerichtssachen hinaus würde die bestehende Maßregel ganz unhaltbar sein. In Braunschweig*) wird seit lange dem Angeklagten, wenn er arm ist, ein Vertheidiger im Schwurgericht und neuerdings auch in Fällen, in denen eine Freiheitsstrafe von längerer als zweijähriger Dauer zu erkennen sein würde, auf Staatskosten bestellt; was dort ausführbar ist, wird auch im übrigen Deutschland ohne zu starke Belästigung der Staatskasse

*) Str.-Pr.-Ordnung §. 7; Gesetz v. 22. Dec. 1870, §. 9.

durchzuführen sein. Hat man den Grundsatz aber einmal anerkannt, so wird die Anwendung desselben auch genau die Grenzen der nothwendigen Vertheidigung inne halten müssen. Wenn man bedenkt, daß selbst in unserem alten Inquisitionsprozesse die Vertheidigung vom Staate unter Vorbehalt seines Regresses gegen den Angeklagten und meistens sehr anständig bezahlt wurde, so sollte der Kostenpunkt in einem Strafprozesse keine Schwierigkeiten machen dürfen, wo man von der Thätigkeit des Vertheidigers einen weit größeren Erfolg für die Strafrechtspflege erwartet, wo man ihn zu einem unentbehrlichen Organ des Strafprozesses macht, und wo er im öffentlichen Interesse die Einseitigkeit, Ungenauigkeit und Unvollständigkeit des Beweisverfahrens abzuwenden berufen ist. Ein stärkerer Andrang zu den mit der Vertheidigung verbundenen Geschäften, und ein größerer Eifer in Besorgung derselben würde die unmittelbare Folge der von uns in Aussicht genommenen Maßnahmen sein, und beides den im Strafverfahren angestrebten Zwecken in hohem Grade förderlich werden.

3. Die Hauptverhandlung darf nur in Gegenwart des Angeklagten stattfinden.

So lange auch in Abwesenheit des Angeklagten, mag dieser nun der Ladung nicht gehorcht haben, oder mittelst ordentlicher Ladung nicht zu erreichen gewesen sein, zur Verhandlung um Urtheilsfällung geschritten werden darf, liegt in solchem Verfahren ein erhebliches Hinderniß für die durchgängige Beweiserhebung durch die Parteien. Die deutschen Gesetze lassen meistens ein Ungehorsamsverfahren unter den beiden obigen Voraussetzungen zu, indem sie und wieder für die fehlende Gegenwart des Angeklagten zum Theil einen Ersatz in der Zuziehung eines Vertheidigers sehen*). Allein auch ein solches Ersatzmittel kann nicht allgemein empfohlen werden, weil bei dem Werthe, den die Gesetzgebung darauf legen muß, daß der Angeklagte die in Frage gestellten unveräußerlichen Güter selbst vertheidige, eine Stellvertretung im Strafprozesse der Regel nach unzuläßig erscheint, und ein Vertheidiger daher eigentlich nur mit ihm zusammen auftreten kann.

Anderweitige Einschränkungen des Contumacialverfahrens enthalten die Strafprozeßordnungen von Baden**) und Württemberg***), wogegen der Entwurf der deutschen Strafprozeßordnung sich auf den von der Wissenschaft†) schon lange vertretenen Standpunkt stellt, daß kein Angeklagter ungehört verurtheilt werden dürfe, und in Uebereinstimmung hiermit im §. 185 bestimmt:

---

*) Lübecker Strafprozeßordnung vom 26. November 1862, §. 219, Abs. 3.

**) Vom 18. März 1864, §. 253.

***) Vom 17. April 1868, §. 282.

†) Planck l. c. S. 181.

„daß gegen einen ausgebliebenen Angeklagten eine Hauptverhandlung nicht stattfinde“,

und im §. 223:

daß gegen einen Abwesenden eine Hauptverhandlung und Urtheilsfällung nicht stattfinde.

Mit Freuden begrüßen wir die uns hiernach eröffnete Aussicht, daß in Zukunft aus der Abwesenheit des Angeklagten kein Bedenken mehr gegen das Kreuzverhör wird hergeleitet werden können. Macht man von dem Erforderniß der Anwesenheit des richtig geladenen Angeklagten in der Hauptverhandlung für geringfügige Straffachen eine Ausnahme, so wird hiebei das Verhör durch die Parteien nur in ähnlicher Weise zur Ausführung kommen können, wie oben für die nämlichen Fälle beim Mangel eines Vertheidigers angerathen wurde, es sei denn, daß man hier mit dem Entwurfe §. 189 einen Vertheidiger als Stellvertreter zulassen will, wo dann das Auftreten eines solchen die ordentliche Durchführung des Kreuzverhörs ermöglichen würde.

4. Die Beschaffung der Beweismittel muß allein in die Hände der Parteien gelegt werden.

Voraussichtlich wird diesem Vorschlage von Manchen widersprochen werden, welche darin die Einführung einer mit der Natur unseres Strafprozesses unverträglichen Verhandlungsmaxime finden. Es ist nicht zu leugnen, daß in diesem Vorschlage ein Bruch mit alten Gewohnheiten und verjährten Traditionen liegt. Ich habe selbst früher geglaubt, daß sich in diesem Punkte die inquisitorische Thätigkeit des Gerichts mit dem Kreuzverhöre vereinigen lasse. Die Möglichkeit soll auch jetzt noch nicht bestritten werden, allein wenn sich nachweisen läßt, daß das Bedürfniß zu jener amtlichen Thätigkeit des Gerichts nicht mehr obwaltet, so dürfte es doch rathsam erscheinen, ein Verfahren abzuschaffen, welches leicht zum Nachtheil der neuen Einrichtung gemißbraucht werden kann, und in ihrem Geiste nicht gelegen ist. Wenn wir den Gang der Gesetzgebung im französisch-deutschen Strafverfahren betrachten, so kann uns die Wahrnehmung nicht entgehen, daß die schrankenlose Untersuchungsgewalt, welche der französische Prozeß mit dem Namen des pouvoir discrétionnaire bezeichnet, wonach dem Präsidenten gestattet ist, sich, so oft es ihm zur Ermittelung der Wahrheit dienlich erscheint, über die zur Sicherung des Verfahrens geschaffenen Förmlichkeiten und die zum Schutze des Angeklagten gewährten Vertheidigungsmittel hinwegzusetzen, der deutschen Rechtsanschauung von Anfang an widerstrebt hat. Manche deutsche Gesetze folgen zwar auch in diesem Punkte wortgetreu dem französischen Vorbilde, allein die deutsche Praxis hat die Härten des Gesetzes vielfach gemildert, und verschiedene neuere Gesetze stellen die Befugniß des

Vorsitzenden zur Beschaffung von Beweismitteln vor der Hauptverhandlung, wie im Laufe derselben, wenigstens insofern unter die Controlle des Gerichtshofs, als die Vernehmung von Zeugen und Sachverständigen, welche der Vorsitzende von Amtswegen hat laden lassen, im Widerspruchsfalle von einem Beschlusse des erkennenden Richtercollegiums abhängig gemacht wird*).

Alle diese Gesetze halten freilich noch an dem Grundsatze fest, daß da das Gericht von Amtswegen die Wahrheit zu erforschen habe, es bis zum Schlusse der Hauptverhandlung ebenso berechtigt wie verpflichtet sei, aus eigenem Antriebe neue Beweise zu beschaffen und zu erheben. Auch der Entwurf der deutschen Strafprozeßordnung**) nimmt zwar prinzipiell noch den nämlichen Standpunkt ein, gelangt aber doch aus practischen Gründen schon zu dem Satze, daß die Beschaffung der Beweismittel zur Hauptverhandlung wesentlich dem Ankläger und dem Angeklagten zu überlassen und ihnen die Befugniß zu gewähren sei, ohne Vermittelung des Gerichts Zeugen und Sachverständige laden zu lassen. Die wirkliche Durchführung dieser Regel würde dann nur noch für eine richterliche Ergänzung in der Stoffsammlung ausnahmsweise Raum gewähren. Allein mit der Befolgung dieser Vorschrift scheint es denn doch wieder so ernstlich nicht gemeint zu sein. Soll nämlich die Beschaffung der Beweismittel durch die Parteien eine Wahrheit werden, so muß ihnen dies Recht unverkürzt gewährt werden, und dies thut der Entwurf nicht, wenn er den Angeklagten hinsichtlich seiner Entlastungszeugen zunächst unter die Controlle des Staatsanwalts und des Vorsitzenden stellt, der er sich nur dadurch entziehen kann, daß er die Zeugen aus seinen Mitteln im Voraus für Reisekosten und Versäumniß entschädigt, eine Bestimmung, welche für den mittellosen Angeklagten das Recht der unmittelbaren Vorladung ganz werthlos macht***). Es ist gewiß nur zu billigen, wenn der Entwurf die Vorprüfung der Erheblichkeit der Entlastungsbeweise durch ein Richtercollegium ausschließt, so lange diese Prüfung nur auf Grund der Acten vorgenommen werden kann, da nur die mündliche Verhandlung und nicht die Acten einen genügenden Anhalt zur Beurtheilung der Erheblichkeit oder Unerheblichkeit der vorgeschlagenen Beweise bieten. Aber wie will man unter dieser Voraussetzung es rechtfertigen, die nämliche Vorprüfung denn doch wieder für die überwiegende Mehrzahl der Fälle in die Hände des Staatsanwalts und des Vorsitzenden zu legen. Hält man es für erforderlich, und dazu dürfte wohl Veranlassung vorliegen, der leichtfertigen Beschaffung von Beweismitteln von Seiten des Angeklagten vorzubeugen, so möge man für diese Maßregel den Vertheidiger in der Weise

*) cf. Strafprozeßordnung von 1867; §. 221, 239, 250, 251.

**) Motive S. 147 und 149.

***) Entwurf §. 176. Abs. 2, Motive S. 149.

verantwortlich machen, daß er, wenn eine überflüssige Häufung von Beweismitteln vorgekommen, oder die Vernehmung von Zeugen wegen augenscheinlicher Unerheblichkeit nach Befinden des erkennenden Gerichts unterbleibt, für die den Zeugen zu gewährende Entschädigung zunächst und vor dem Angeklagten haftet. Mit dieser Maßgabe würden wir die Ladung in das freie Ermessen der Parteien stellen.

Soll denn aber, so wird man uns entgegnen, das Gericht genöthigt sein, das etwa mangelhaft vorgelegte Beweismaterial als alleinige Grundlage des Urtheils anzuerkennen? Die Berechtigung für Ausfüllung einer solchen Lücke, welche sich unserer Ansicht nach nur selten zeigen wird, in angemessener Weise Sorge zu tragen, wollen auch wir dem Gerichte nicht absprechen. Wir glauben indessen, daß die Sache in einer principiell richtigen Weise nur durch Vermittelung der Parteien sich regeln läßt. Wenn die staatliche Gesetzgebung selbst die Parteien in den Organismus des Strafprozesses aufnimmt, und ihnen im öffentlichen Interesse die Sammlung und Vorlegung des Stoffs überträgt, so liegt ja auch in dieser Thätigkeit eine active Betheiligung des Staats an der Strafrechtspflege, und es ist dann eine bloße Zweckmäßigkeitsfrage, ob noch darüber hinaus eine eingreifende Thätigkeit des Gerichts für die nämlichen Zwecke nöthig ist. Diese Frage aber möchte zu verneinen sein. Erkennt der Richter im Laufe der Verhandlung das Bedürfniß, neue Beweise zu erheben, so wird die Aufnahme derselben doch entweder im Interesse der Anklage oder der Vertheidigung liegen, und es kann nicht fehlen, daß wenn er die eine oder andere Partei hierauf aufmerksam macht, der betreffende Beweisantrag gestellt werden wird, wobei dann nur noch das Recht der Gegenpartei auf Bewilligung einer Frist zur Einziehung von Erkundigungen über die Glaubwürdigkeit des Abzuhörenden in geeigneter Weise zu wahren ist.

Eine Ausnahme wäre vielleicht in Ansehung der Sachverständigen zu machen, so weit sie nicht blos als sachverständige Zeugen, sondern als Gehilfen des Richters zur Entscheidung technischer Fragen erscheinen, wo das richterliche Interesse unter Umständen von dem beider Parteien abweichen kann, und deshalb dem Richter die Möglichkeit eigener Auswahl und die Veranlassung einer neuen Begutachtung zu sichern wäre, wenn ihm die abgegebenen Gutachten nicht genügen.

Mit Beziehung auf vorstehende Ausführung beantworten wir die gestellte Frage dahin:

> daß im Strafverfahren das Kreuzverhör dem Verhör durch den Präsidenten vorzuziehen sei.

II.

Gutachten des Herrn Hofrath Professor Wahlberg zu Wien

über die Gesetzgebungsfrage:

„Soll im Falle der Freisprechung eines Angeklagten Entschädigung für die erlittene Untersuchungshaft gewährt werden?"

Die zu beantwortende Frage hat eine staatsrechtliche und eine strafprozessualische Seite. Nach beiden Seiten ist die Rechtsanschauung über das Subjektionsverhältniß des beschuldigten Staatsbürgers eine andere und richtigere geworden. Nicht mehr ist der Inquisit ein der Tortur der Untersuchungshaft unterworfenes Untersuchungsobjekt, und in der Regel heiligt der Zweck der bloßen Erleichterung der Ueberweisung des Beschuldigten nicht mehr ohne Weiteres das Mittel der Untersuchungshaft. Immerhin ist manches Ueberbleibsel des früheren inquisitorischen Strafprozeßrechts stehen geblieben.

Das geltende Recht versagt dem Freigesprochenen die Entschädigung für eine erlittene Untersuchungshaft, die es dem Verurtheilten zugesteht.

Ein Ersatzanspruch an den Staat für die dem freigesprochenen Gefangenen von Seiten der öffentlichen Organe der Strafrechtspflege nach Maßgabe des Gesetzes zugefügten Untersuchungsübel, ist bisher legislativ noch nicht anerkannt worden, obgleich diese Consequenz in dem Rechtsatze enthalten ist, daß Eingriffe in das Einzelrecht der Privaten nach

Maßgabe des Gesetzes, insoweit sie als eine Forderung der Gesammtinteressen gegenüber dem Einzelrechte begründet sind, Entschädigung erfordern.

Bekanntlich bewilligen die Strafprozeß-Gesetze den Zeugen, den Geschworenen u. a. m., die von Tag- oder Wochenlohn leben, für ihre Aufopferung von Zeit und Erwerbsthätigkeit, zu Gunsten der an der Strafrechtspflege interessirten Gesammtheit, bestimmte Vergütungen.

Von diesem Ausgangspunkte des Gutachtens kommt man zu der Bejahung der gestellten Frage unter gewissen Voraussetzungen, welche die Individualisirung der verschiedenen Veranlassungsgründe und Fälle der Untersuchungshaft an die Hand giebt.

Es lassen sich Fälle der Untersuchungshaft mit und ohne prozessualische Schuld des Gefangenen unterscheiden. Hierbei ist nicht von jener prozessualischen Schuld die Rede, welche nach der Theorie der s. g. Ungehorsamsstrafen des älteren Inquisitionsprozesses in Lügen, chikanöser Verstellung, Vorschützung erdichteter Beweismitel zum Behufe der Vereitelung der Ueberweisung des Beschuldigten bestanden hat, vielmehr nur von der prozessualischen Schuld durch Ungehorsam, Contumacia, Widerstand gegen richterliche Befehle. Ersteren Begriff der prozessualischen Schuld hat das Reichsstrafgesetz im § 60 mit Grund bei der Anrechnung einer erlittenen Untersuchungshaft auf erkannte Strafen ausgeschlossen. Um so mehr muß dieser antiquirte Begriff bei der Frage nach der Entschädigung des freigesprochenen Gefangenen wegfallen. —

Die Fälle der Untersuchungshaft ohne prozessualische Schuld in der angegebenen Bedeutung sind: wenn der Beschuldigte der Flucht oder Kollusionen bloß verdächtig ist. Diese Fälle der Haft beruhen auf einer Präsumtion des prozessualischen Ungehorsams oder Widerstandes, welche so weit geht, daß der Fluchtverdacht keiner weiteren Begründung bedarf, wenn die dem Beschuldigten zur Last gelegte That mit schwerer Freiheitsstrafe von mehr als fünf Jahren bedroht ist.

In diesem Falle ist die Untersuchungshaft kein an sich durch den Untersuchungszweck im Anklageprozesse schlechthin gebotenes und berechtigtes unvermeidliches Uebel, kein nothwendiges gerichtliches Zwangsmittel gegen Ungehorsame, vielmehr nur eine auf Zweckmäßigkeitsrücksichten gegründete gerichtspolizeiliche Vorsichtsmaßregel. Hier wird die härteste Zwangsmaßregel der Strafrechtspflege zu Gunsten der sicheren Herrschaft des Gerichtszwanges und der leichteren Ueberweisung des Beschuldigten verhängt und es stellt sich in diesen Fällen der bloßen Präsumtion der prozessualischen Schuld des Ungehorsams und des Widerstandes die Vorsichtsmaßregel der Untersuchungshaft als eine zwangsweise dem Gesammtinteresse an der wirksameren Untersuchung gebrachtes Opfer der persönlichen Freiheit eines in Verdacht gerathenen Staatsbürgers dar. Der Staat darf nur dort ausnahmsweise das verfassungsmäßig verbürgte Recht der persönlichen Freiheit antasten, wo der Zwang gegen das Freiheitsrecht des Einzelnen eine unabweisbare Bedingung der Verwirklichung seines Strafrechts bildet, und dies ist nicht dort der Fall, wo die Präsumtion einer Flucht- oder Kollusionsgefahr besteht, eine erweisliche prozessualische Schuld des Beklagten nicht vorliegt.

Hier hat sich der Staat im allgemeinen Interesse Vortheile ohne rechtlich zwingende Gründe der Nothwendigkeit, lediglich aus Zweckmäßigkeitsgründen, auf Kosten des persönlichen Freiheitsrechtes eines Einzelnen verschafft. In diesem Falle stände die Beraubung des Rechtsgutes der persönlichen Freiheit einer Enteignung ohne Entschädigung gleich. Nach dem oben erwähnten anerkannten Rechtssatze muß auch die Aufopferung des Rechtsgutes der Freiheit des Einzelnen zu Gunsten der Gesammtheit, die durch keinerlei prozessualische Schuld begründet ist, einen Preis haben, entschädigt werden.

Ich sehe davon ab, daß die Freisprechung des Gefangenen in der Regel der Fälle faktisch die Wirkung einer Verdachtsstrafe hat und im Geltungsverhältnisse einer erstandenen Gefängnißstrafe steht, zumal die unterschiedliche Behandlung der Untersuchungsgefangenen und der leichteren Strafgefangenen im Allgemeinen noch wenig in die Augen fällt. Ich sehe davon ab, daß der freigesprochene Gefangene im Falle der Zahlungsfähigkeit nicht nur die Summe der moralischen, socialen, wirthschaftlichen Untersuchungsübel, sondern auch die Kosten der Vertheidigung zu tragen hat.

Wie hierüber die öffentliche Meinung denkt, zeigen neuerlich die Vorgänge in der Affaire des Dr. Hassel nach seiner Entlassung aus dem Clerkenweller Untersuchungsgefängnisse und ein Antrag in der 27. Sitzung des österreichischen Herrenhauses vom 19. Februar 1873, alle Geldstrafen zur Unterstützung der freigesprochenenen Untersuchungsgefangenen zu verwenden.

Ganz anders verhält es sich mit den Fällen der durch die prozessualische Schuld des Ungehorsamen begründeten Untersuchungshaft. Dort, wo der Beschuldigte bereits Anstalten der Flucht oder der Kollusion getroffen, sich des Ungehorsams oder Widerstandes gegen richterliche Befehle schuldig gemacht hat, ist die Untersuchungshaft prozeßrechtlich eine unvermeidliche Nothwendigkeit, ein gebotenes gerichtliches Zwangsmittel, strafrechtlich eine verwirkte Ungehorsamsbuße. Daß hier jeder rechtliche Grund eines Ersatzanspruches fehlt, ist eben so einleuchtend, als daß hierher auch der Fall einer Untersuchungshaft gezählt werden darf, wenn der Gefangene erweislich die Verhängung oder Verlängerung derselben durch seine Veranstaltung bezweckt hat. Ich sehe hier von den erst nach Feststellung des Princips zu erörternden Detailfragen ab, — ob die erlittene Untersuchungshaft ohne prozessualische Schuld des Freigesprochenen, nach einem festen Tagessatze zu entschädigen sei, ob Rückfällige oder mit Zustimmung der Kammer verhaftete Kammermitglieder oder zum Zwecke der Auslieferung verhaftete Ausländer, oder die Erben des Freigesprochenen von einem solchen Ersatzanspruche auszuschließen wären, ferner, ob der Angeklagte, welcher wegen einiger Verbrechen verurtheilt, aber wegen des seine Haft begründenden Verbrechens freigesprochen wurde, die Entschädigung für die erlittene Haft beanspruchen können u. s. w.

Aus dem Gesagten folgt das Gutachten:

Nicht jede erlittene Untersuchungshaft verpflichtet den Staat im Falle der Freisprechung zur Entschädigung.

Nur in den angegebenen Fällen der auf bloßer Präsumtion des prozessualischen Ungehorsams oder Widerstandes beruhenden Vorsichtsmaßregel der Untersuchungshaft soll auf Verlangen des Freigesprochenen eine Entschädigung für die aus Zweckmäßigkeitsrücksichten erzwungene Aufopferung des Rechtsgutes der persönlichen Freiheit, zu Gunsten der Gesammtinteressen des Staats an einer wirksamen Strafrechtspflege, von Seite des Staats gewährt werden.

III.

Gutachten des Herrn Ober=Appellationsgerichtsraths v. Beaulieu=Marconnay zu Oldenburg

über die Gesetzgebungsfrage:

„Ist es wünschenswerth und ausführbar, das eheliche Güterrecht für ganz Deutschland durch ein einheitliches Gesetz auf der Grundlage der „Güterverbindung“ zu codificiren?“

Die große Frage der Erweiterung der Competenz des Reiches über das gesammte bürgerliche Recht hat seit dem 2. April d. J. aufgehört, eine Frage zu sein. An diesem Tage gab der Präsident des Reichskanzleramtes im Reichstage eine officielle Erklärung über die Stellung des Bundesrathes zu der Sache ab, nach welcher die Competenz-Erweiterung als gesichert betrachtet werden darf.

Bis dahin hatte die Frage so gelegen, daß ihre Gegner ihr nicht absolut widersprachen, sondern daß sie die Gesetzgebung des Reiches immer nur stückweise, nur so weit zugestehen wollten, als das Bedürfniß nach einheitlicher Gesetzgebung bei einzelnen Rechtsmaterien anerkannt sein würde.

Diese Parteigruppirung wird sich voraussichtlich in ähnlicher Weise wiederholen, wenn es sich nun bald darum handeln wird, in welcher Ausdehnung das Reich von seiner erweiterten Competenz Gebrauch zu machen habe. Der Forderung eines vollständigen Civilgesetzbuchs wird die Bekämpfung der Einmischung des Reichs in solche Materien entgegentreten, bei welchen das Bedürfniß nach einheitlicher Gesetzgebung nicht vorliege.

Sucht man den eigentlichen Differenzpunkt dieser entgegenstehenden Ansichten genauer zu präcisiren, so findet sich, abgesehen vom Obligationenrecht, auf welches der Streit sich unzweifelhaft gar nicht, oder nur in entgegengesetztem Sinne*) beziehen wird, das auch beim Sachenrecht die Codification einer ernstlichen Opposition schwerlich begegnen würde. Dem Immobiliar-Credit ist jetzt nicht mehr mit der Durchführung der Publicität und Specialität der Hypotheken allein gedient, er bedarf der Möglichkeit, sich in den Hypotheken negociable Papiere zu verschaffen, und das Publikum, welches Hypotheken sucht, wird immer solche am liebsten nehmen, bei welchen neben völliger Sicherheit zugleich prompte Zinszahlung gewährt ist, und das Kapital nicht so fest liegt, daß es nur schwer und langsam flüssig gemacht werden kann. Der Grundbesitz wird immer mehr dahin gedrängt, zur Befriedigung seines Creditbedürfnisses das Kapital mittelst solcher Formen anzulocken, welche den Verkehr mit Hypotheken vereinfachen, und neben der älteren Form der Association in den landschaftlichen Pfandinstituten u. dgl. wird auch die neuere Form der Actiengesellschaft diesem Streben voraussichtlich fernerhin dauernd dienen. Damit aber ist das Bedürfniß eines allgemeinen deutschen Hypothekenrechts gegeben. Die großen Credit-Institute streben nach Erweiterung ihres Verkehrsgebietes, der Grundbesitzer sucht das nöthige Geld möglichst wohlfeil zu erhalten. Er kann das aber nur dann vollständig erreichen, seine Creditwürdigkeit nur dann vollständig ausnützen, wenn eine gleiche Gesetzgebung die Beurtheilung der Sicherheit erleichtert. Nur dann kann der süddeutsche Landwirth in Berlin, der norddeutsche z. B. in Mannheim Anleihen zu erhalten hoffen, also auch unter den verschiedenen vorliegenden Geld-Angeboten das vortheilhafteste ungehindert für sich auswählen. Gleiches Hypothekenrecht aber setzt wieder gleiche Grundsätze über die Uebertragung des Grundeigenthums voraus und zwar müssen diese auf der consequenten Durchführung der Auflassung beruhen, wie sie sich in dem neuen preußischen Gesetz über Erwerbung des Grundeigenthums vom 5. Mai 1872, aber auch nur in diesem, findet. — Wenn aber das Bedürfniß sich geltend macht, wenn dieses durch wesentliche Anlehnung an das vorhandene Gesetz verhältnißmäßig ohne Mühe befriedigt werden kann durch ein Gesetz, welches schon jetzt in ganz Preußen trotz aller Verschiedenheit der in den einzelnen Provinzen bestehenden allgemeinen Rechtszustände durchgeführt ist, so läßt sich leicht voraussehen, daß und wie dieser wichtigste Theil des Sachenrechts in nicht zu langer Zeit durch ein allgemeines Gesetz für das Reich geordnet werden wird. — Für das Eigenthum an Mobilien wird sich

*) Nämlich so, daß die Anhänger des Gesetzbuchs sich der abgesonderten Codification des Obligationenrechts als einem unmöglichen, jedenfalls unheilvollen Beginnen widersetzen möchten.

schon bei der Bearbeitung des Obligationenrechts, im Anschluß an manche im Handelsgesetzbuch anerkannte Grundsätze, die Nothwendigkeit ergeben, dasselbe unter Annäherung an das alte „Hand muß Hand wahren" einheitlich neu zu construiren. Von nicht so augenfälliger Bedeutung, aber darum nicht minderer Wichtigkeit ist die practische Neugestaltung der persönlichen Servituten, oder vielmehr des Nießbrauchs, sowohl nach seinem Gegenstande, als nach der Stellung des Nießbrauchers zum Proprietar, und daß hierbei die Gesetzgebung des Reiches nicht beanstandet werden wird, ist wohl um so weniger zu bezweifeln, als diese ganze Lehre auch jetzt schon wesentlich auf dem gemeinen Rechte ruht. Höchstens in der Lehre von den dinglichen Real-Rechten könnten sich die mannigfaltigen Gestaltungen, deutsche Erbpacht-, Erbzins-, Meier- u. dgl. Verhältnisse gegen einheitliche Beordnung spröde erweisen. Es würde sich fragen, ob nicht alle solche Fälle unvollkommenen Eigenthums einfach gestrichen werden könnten, wie das vielfach ja schon geschehen ist, wenn das aber auch nicht durchführbar sein sollte, so könnte ja leicht dadurch geholfen werden, daß das Reich den Landesgesetzgebungen hier den erforderlichen Spielraum zur gesetzlichen Regelung der betreffenden Verhältnisse selbst, wie der damit zusammenhängenden Ablösungen, Entschädigungen u. dgl. vorbehielte.

Es bleibt also das Familien- und Erbrecht als eigentlicher Brennpunkt des Gegensatzes übrig. Wollte man genauer darauf eingehen, so würde sich wohl auch innerhalb dieser Materien das Streitgebiet noch weiter einengen. Das würde aber hier zu weit führen. Uns beschäftigt das eheliche Güterrecht, sowohl unter Lebenden, als das damit verbundene Erbrecht. Und gerade dieses dürfte zu denjenigen Lehren gehören, welche einer einheitlichen Neugestaltung am wenigsten zugänglich sich zeigen. Bei der äußerst verschiedenartigen Gestaltung dieser Rechtsmaterie in Deutschland bietet ihre legislative Behandlung bedeutende Schwierigkeiten, sie ist auch nicht ohne tiefe Eingriffe in altgewohnte Anschauungen und dadurch bedingte Lebensverhältnisse ausführbar. Es ist daher natürlich, daß die Gegner allgemeiner Codification gerade hier Erhaltung wohlberechtigter Eigenthümlichkeiten verlangen werden, für welche sie sich dann ja unzweifelhaft auch darauf berufen können, daß schon von jeher die besonderen Stammes-Eigenthümlichkeiten in dieser Materie sich geltend gemacht haben. Dazu kommt noch, daß das Bedürfniß der Rechtseinheit in einer Lehre, welche die engen Kreise der Familie beherrscht, weit weniger dringend sich geltend macht, als in denjenigen Materien, welche den allgemeinen Verkehr regeln. Es tritt daher im Streben nach Codification gerade hier vorzugsweise die politische Seite der Forderung in den Vordergrund. In Wirklichkeit aber fehlt diese politische Seite der ganzen Codificationsfrage durchaus nicht. Es ist ganz klar, daß eben so wie im

Anfang des politischen Aufschwunges, nach den Freiheitskriegen der Ruf nach einem nationalen Gesetzbuch zuerst auftauchte, der nämliche Ruf jetzt bei der politischen Neugestaltung des Reiches auch auf's neue, und mächtiger als zuvor erschallen mußte. Es ist eben so klar, daß seine Erfüllung von den größten Folgen sein wird für die innere Kräftigung des Reiches. Aber es existirt kein Gegensatz zwischen dieser politischen Bedeutung der Codification und ihrer juristischen Rechtfertigung. Nur ungern enthalte ich mich eines nähern Eingehens auf den innern Zusammenhang von Politik und Recht, eines Rückblicks auf die Frage nach unserm heutigen „Beruf zur Gesetzgebung". Aber ein solcher Rückblick würde, wenn auch schwerlich in jeder Beziehung überflüssig, doch an diesem Orte allzu theoretisirend sich ausnehmen. Ich begnüge mich daher mit der kurzen Bemerkung: Alles Recht wurzelt in der Nation, es ist das Leben des Volkes selbst, in seinen rechtlichen Beziehungen angeschaut, dies politisch-ethische Element des Rechts ist durch den Eintritt des Römischen Rechts in seiner organischen Entwickelung gestört worden, es ist ein Bruch eingetreten, gleich wie in unserer ganzen Cultur-Entwicklung der nämliche Bruch sich zeigt. Unter der Beihülfe der traurigen politischen Geschichte Deutschlands trat jenes ethische Element des Rechtes immer mehr zurück und wich der rein technischen Gedanken-Operation in gelehrter oder scheinbar gelehrter, scholastischer Form. Dieser Zustand, dessen historische Berechtigung man in vollem Maaße anerkennen mag, kann nicht der letzte sein, nicht auf ewige Dauer rechnen. Die politisch neu konstituirte Nation kann die Rechtseinheit nicht auf die Dauer entbehren, und die Rechtsentwicklung kann nicht gedeihen ohne die Wiedererweckung des ethischen Elementes im Recht, wozu das erste ist, daß das Recht nicht länger der eignen Sprache entbehre. So ist die politische Forderung zugleich juristisch gerechtfertigt, und darin liegt die Legitimation gerade der Gegenwart zur Codifikation. Der Stand, den die Rechtswissenschaft im Laufe dieses Jahrhunderts erreicht hat, besonders auch ein Blick auf die wissenschaftliche Behandlung des Rechts in Preußen unter der Herrschaft des Landrechts darf uns dafür bürgen, daß wir den Gefahren der Codifikation uns gewachsen zeigen werden, daß der wissenschaftliche Geist, wie wir ihn der historischen Schule zumeist verdanken, nicht erlahmen, daß wir namentlich nicht vergessen werden, dem Studium des Römischen Rechts den ihm gebührenden Platz auch fernerhin zu bewahren.

Aber es ist nicht blos das Römische Recht, welches dem neuerwachten Leben im Staat gegenüber sich in seiner bisherigen Geltung nicht behaupten kann, es werden auch die partikularrechtlichen Rechtsentwicklungen vor dem Areopag der Nation über ihre innere Berechtigung sich auf's Neue auszuweisen haben. Hiermit aber haben wir es besonders zu thun, wenn wir uns jetzt zu dem eigentlichen Gegenstande der zu beantwortenden Frage wenden.

Es steht als Resultat der neueren und neuesten Forschungen wohl fest, daß das römische Recht gerade in der Materie des ehelichen Güterrechts, in den intimen Verhältnissen der Familie überhaupt, es nicht vermocht hat, die alten deutschen Anschauungen ganz zu verwischen. Bei den Römern wie bei den Deutschen erscheint das Verhältniß der Gatten in den ältesten Zeiten der Art, daß in der Ehe sich die Gewalt des Vaters über die Kinder abspiegelt. Aber diese Gewalt war eine ganz andere in Rom als in Deutschland. In Rom beruhte sie auf dem Gedanken der Einheit des rechtlichen Willens. Nur der pater familias ist eines solchen fähig, seine Kinder sind im alten Recht wie sein Eigenthum, den Sclaven ähnlich. Und auch später können sie in der Regel nichts für sich erwerben, den Vater nicht ohne seinen Willen durch ihre Handlungen verpflichten u. s. w. Und das alles lediglich im Interesse des Vaters, bei dessen Lebzeiten das Gewaltverhältniß nur mit seinem Willen enden konnte. Der Haussohn konnte als römischer Bürger seine öffentlichen Rechte ausüben, er konnte die höchsten honores erwerben, privatrechtlich blieb er der abhängige filius familias. So sehr überwog diese äußere, rechtliche Seite des Verhältnisses, daß das Wort pater familias gar nicht mehr „Familienhaupt" bedeutet, sondern den homo sui juris, sei es auch ein unmündiger Knabe. Trotz aller Abschwächungen, welche dies starre System im Laufe der Zeiten erfahren hat, ist es doch principiell niemals überwunden, selbst nicht in der Gesetzgebung Justinians.

Ganz anders in Deutschland. Roh genug mag auch hier das Recht des Vaters in seinen einzelnen Aeußerungen ursprünglich erschienen sein. Aber es beruhte gleichwohl stets, soweit man zurückgehen kann, auf dem natürlichen Schutzbedürfnisse des Schwächeren. Daher seine Benennung als mundium, väterliche Vormundschaft, daher sein natürliches Ende mit dem Ende der Schutzbedürftigkeit. Es erscheinen in diesem Verhältniß Recht und Pflicht als durchaus correlate Begriffe, eine Auffassung, die sich auch sonst im germanischen Rechtsleben gar vielfältig als wirksam erkennen läßt.

Ganz derselbe Gegensatz findet sich nun auch in der römischen und deutschen Ehe. In Rom trat bei der alten strengen Ehe die Frau ganz in die Stelle einer Haustochter, in Deutschland trat sie unter die eheliche Vormundschaft. In Rom verlor sie ihr Vermögen, welches auf den Mann überging, in Deutschland wurde ihr die Last der Verwaltung abgenommen, wogegen der Mann die Einkünfte für sich erwarb, auch den Dispositionen der Frau zuzustimmen das Recht gewann. — In der freien römischen Ehe, justae nuptiae, blieb die Frau in der Gewalt des Vaters, bezw. sui juris, sie ging durch die Verheirathung nur einen rein privatrechtlichen Vertrag ein. Die Folge war, daß die Ehe an sich ohne jeden Einfluß auf das Vermögen blieb und der Mann nur in so weit Rechte daran erwarb, als ihm eine dos bestellt war. Das Erbrecht schloß sich dem Verhältniß unmittelbar an: in der strengen Ehe Erbrecht als Tochter, in der freien Ehe kein Erbrecht, mit Ausnahme eines ganz eventuellen, unde vir et uxor.

Dieses Dotalsystem ist nun, so wurde sonst einhellig, und wird noch heute vielfach, ja gewöhnlich, gelehrt, in Folge der Reception des Corpus Juris auch gemeines deutsches Recht geworden, neben welchem den Erscheinungen des deutschen Rechts die Stellung von provinziellen oder örtlichen Gewohnheitsrechten angewiesen wurde. Deren Schematisirung als modificirtes Dotalrecht, ususfructus maritalis, allgemeine oder spezielle Gütergemeinschaft, bestimmte sich vorwiegend nach dem Schicksal des Vermögens bei Auflösung der Ehe. Erst Eichhorn erkannte den gemeinsamen Grundzug der Abhängigkeit der Vermögensrechte von der sittlichen Auffassung der Ehe und dem persönlichen Verhältniß der Gatten. Er fand in dem System des Sachsenspiegels die ursprünglich allgemeine deutsche Rechtsform als Trennung des beiderseitigen Vermögens mit Nießbrauch des Ehemanns, und sah in den Formen der Gütergemeinschaft wesentlich Juristenrecht, ein Product irriger Auslegung und Romanisirung von Instituten, bei denen das Recht des Ehemanns unter dem Einfluß äußerer Umstände, namentlich in den Städten, nach Inhalt und Umfang sich über das frühere Maaß hinaus erweitert hatte. Heutigen Tages ist diese Ansicht nach zwei Richtungen modificirt und näher präcisirt. An die Stelle des mundium setzt man nach Kraut's Vorgang das natürliche Hausherrnrecht und schließt jeden Gedanken an eine Veränderung des Rechtssubjects in Folge der Ehe aus, so daß jeder Ehegatte Eigenthümer seines eingebrachten und während der Ehe ihm zugefallenen Vermögens bleibt. Nur hat der Ehemann kraft seiner hausherrlichen Gewalt ein persönliches Recht der Verwaltung und Benutzung des zum Zweck des ehelichen Lebens in seiner Hand vereinigten Vermögens. In Folge dessen ist die Frau in der einseitigen Dispositionsbefugniß über das von ihr eingebrachte Vermögen beschränkt. Der Mann dagegen darf allerdings, wenigstens in der Regel, über die bewegliche Habe der Frau, welche unmittelbar der Lebensgemeinschaft und dem Hauswesen dient, frei verfügen, auch dient diese oft den Gläubigern des Mannes als Executionsobject, weil sie äußerlich unter die Herrschaft des Mannes gestellt ist und von Dritten für dessen Eigenthum gehalten werden darf. Das so in den Hauptzügen bezeichnete Verhältniß nennt man bekanntlich nach Gerber das System der „Gütereinheit", oder auch nach Bluntschli der „Güterverbindung".

Immer mehr wagt sich nun aber auch die Behauptung hervor, daß dieses System nicht nur das alte gemeine Recht Deutschlands darstelle, sondern daß dasselbe, nicht aber das römische Dotalrecht, auch als heute geltendes gemeines Recht angesehen werden müsse. Die entgegengesetzte, auf die Theorie von der Reception des römischen Rechts gestützte Ansicht hat die practische Bedeutung, daß das römische Recht die Präsumtion der Geltung für sich habe, so daß, wenn einmal die Erhaltung deutschen Rechtes im Einzelfalle bestritten sein sollte, diese Erhaltung nachgewiesen werden müßte.

Diese Auffassung wird aber jetzt selbst von Romanisten bestritten, so von Kierulf, der den Inhalt des Corpus juris überhaupt nur so weit gelten lassen will, als er mit den Resultaten der selbstständig operirenden Wissenschaft übereinstimmt. Mit dieser extremen Ansicht, welche die formell bindende Bedeutung der Reception gänzlich leugnet, stimmt Bluntschli (D. P. R. §. 3) im Wesentlichen überein; er verneint denn auch consequent die Subsidiarität des Dotalrechts (das. S. 386). — Gerber (D. P. R. §. 2) hält zwar an dem Gedanken der Reception fest, versteht diese indeß wesentlich anders. Er verwahrt sich dagegen, daß damit eine Reception wie die eines modernen Gesetzbuches gemeint sei. Der Ausdruck solle nur negativ bedeuten, daß das römische Recht nicht stückweise, d. h. in einzelnen Rechtsinstituten, recipirt sei, sondern als ein lebendiges Ganze, „das die Möglichkeit einer Veränderung in sich trage". Die Arbeit solcher Veränderung aber übernimmt außer dem derogirenden Gewohnheitsrecht, und abgesehn von einzelnen Gesetzen, die Gerber nicht im Auge haben kann, die Wissenschaft. Diese untersucht, welche Institute etwa von der Reception ausgeschlossen sind, wie das z. B. Savigny in seinem „System" von der Infamie ausführlich nachgewiesen hat. Besonders aber ist es das Studium des deutschen Rechtes, welches sein Gebiet immer mehr erweitert, indem es im heutigen Recht immer mehr solche Elemente erkennt, welche mit ihren Wurzeln in die Zeit vor der Aufnahme des römischen Rechtes hinabreichen. In diesem Sinne schwebt gar mancher Streit, z. B. über die Peculientheorie, über unitas personarum u. dgl. Hier aber wird durch die ältere Auffassung von der Präsumtion für das römische Recht die freie Entwicklung der Wissenschaft überall gehemmt, ja abgeschnitten. Allerdings beschränkt sich diese Lehre selbst durch die Bedingung: „daß der Gegenstand ein zur Anwendung des römischen Rechtes geeigneter sein müsse" — so u. A. Runde, Ehel. G. R. §. 4 — und wenn nur diese entscheidende Frage nicht selbst wieder etwa durch eine Präsumtion für die Anwendbarkeit gelöst werden soll, so wird der ganzen Lehre dadurch allerdings die gefährliche Spitze abgebrochen. Was aber die Ehe anbetrifft, so gehört sie selbst gewiß nicht zu den Gegenständen, auf welche das römische Recht angewendet werden kann. Steht es aber fest, daß das eheliche Güterrecht bei uns mit der sittlichen Auffassung der Ehe stets in enger Verbindung gestanden hat, so dürfte schon diese abstracte Betrachtung die Anwendbarkeit des Dotalrechts auf die deutsche Ehe mindestens zweifelhaft machen.

Speziell aber beschäftigt sich mit dieser Frage Rathmann:

„Einige Worte über das eheliche Güterrecht nach heutigem gemeinen Recht in Deutschland. 1859."

Diese kleine Schrift gewinnt unter sorgfältiger Berücksichtigung der Doctrin und Praxis des 17. bis 19. Jahrhunderts das Resultat: Die Individualität des deutschen ehelichen Güterrechts habe, der entgegengesetzten Individualität des römischen Rechtes gegenüber, eine solche Lebenskraft behauptet, daß die Annahme, das Dotalsystem sei gemeines Recht geworden, nicht mehr auf die Thatsache der Reception des C. J. in complexu gebaut werden könne. Das Dotalrecht sei aber auch nicht durch spezielle Anwendung practisch geworden; fast sämmtliche Zeugnisse, auch viele der gewöhnlich dafür angeführten, sprächen deutlich für das Gegentheil. Vielmehr habe sich das System der Gütereinheit in Deutschland als gemeines Recht erhalten. (Vergl. S. 66, 81, 86.)

Dieser Entwicklung hat sich seitdem auch Gerber in den neuesten Ausgaben seines Lehrbuchs (§. 226, Note 14) angeschlossen.

Genau betrachtet ist auch Runde in seinem ehel. G. R. kaum anderer Ansicht. Im §. 2 und 3 schildert er den Gegensatz des römischen und deutschen Rechts in ganz treffender Weise. Er hebt dabei ausdrücklich die Gütervereinigung, mit eben diesem Worte, als den Charakter des deutschen Rechtes hervor, und im §. 4 giebt er zu, daß bei weitem der größeste Theil der Bewohner Deutschlands im deutschen Güterverhältnisse lebe. Wenn er dennoch das Dotalrecht das gemeine Recht in Deutschland nennt, so ist es wenigstens eine recht unfruchtbare Theorie, daß ein Rechtssystem als formell recipirt angesehen wird, welches materiell nur als verschwindende Ausnahme Geltung hat.

Als dem römischen Dotalrecht unterworfen werden bekanntlich vielfach die Personen angesehen, welche eines privilegirten Gerichtsstandes genießen oder früher genossen haben. Sollte es aber wohl vielen Personen dieser Classen klar sein, daß sie, um diesem Recht concretes Leben zu verleihen, eine dos bestellen müssen, und daß die Aussteuer etwas ganz anderes ist? Sollten sie wissen, daß der Mann das Eigenthum der dos gewinnt, daß aber die Frau alles andere Vermögen zur eigenen Nutzung und freien Disposition für sich behält? Regelmäßig wird vielmehr beiden Ehegatten ihr gegenseitiges Verhältniß in der Art vorschweben, welche wir als Gütereinheit bezeichnen. An reines Dotalrecht ist sicher nicht zu denken. Die

Modification desselben durch den „Nießbrauch" des Mannes ist es ja eben, worin die deutsche Grundidee durchscheint, ähnlich wie sich neben der römischen Lehre von der **patria potestas** das urdeutsche Recht in der **emancipatio tacita** Luft verschaffte.

Wie es sich aber auch hiermit verhalte, so viel steht fest, daß diese unklare Stellung des römischen Rechts in unserer Materie bei der Codification beseitigt werden muß, daß also die Codification sich nicht nur auch auf das eheliche Güterrecht zu erstrecken hat, sondern daß dieselbe auch von dem Gedanken der Vereinigung des Vermögens in der Hand des Mannes zum Zwecke des ehelichen Lebens ausgehen muß. Damit ist noch nicht die Frage beantwortet, daß die Gütereinheit allein im neuen Gesetzbuch Berücksichtigung verdiene, und wie dasselbe sich zu den verschiedenen Formen der Gütergemeinschaft zu verhalten habe. Diese Frage soll weiter unten im Zusammenhange besprochen werden.

Halten wir uns hier zunächst daran, daß das Hausherrnrecht aller der bunten Gestaltung des ehelichen Güterrechts in den verschiedenen Gauen Deutschlands als verbindender Gedanke zum Grunde liegt, welchem gegenüber die vielen particularen Modalitäten als zufällige Entwicklungen erscheinen, auf welche theils der mannigfache Einfluß des fein ausgearbeiteten römischen Dotalrechts, theils veränderte rechtliche und öconomische Verhältnisse in den verschiedenen Provinzen verschieden eingewirkt haben, Ursachen, auf welche die gemeine Meinung auch die Formen der Gütergemeinschaft wesentlich zurückführt. Ein Centralpunkt für gleichartige Entwicklung des Rechtes hat uns beständig gefehlt, der mächtige Trieb des Verkehrs nach Rechtsgleichheit, der sich im Obligationenrecht durch das römische Recht wesentlich gefördert sah, konnte im Familienrechte nicht ergänzend eintreten. Jedes Territorium, jede Provinz, und besonders jede Stadt, sah sich hier auf sich selbst angewiesen und ordnete die Sache, bei der sich die still wirkende Kraft des Gewohnheitsrechts allein unzureichend erwies, mehr oder weniger vollständig im Wege der particularen oder statutarischen Gesetzgebung. Daß dabei nun das Resultat, die letzte Zuspitzung der Bestimmungen, also eben das, worin der Unterschied der einzelnen Rechte besteht, ganz von der größern oder geringeren Befähigung der mitwirkenden Personen, besonders auch von ihrer mehr oder weniger romanistisch gefärbten Bildung abhing, ist klar, und eben so, daß die Entwicklung der Particularrechte durch die Praxis nach der verschiedenen Besetzung der Gerichte einen gar verschiedenen Gang nehmen mußte. Es ist eine durch nichts gerechtfertigte Tradition, daß die Mannigfaltigkeit des ehelichen Güterrechts ein Product des eigensten Provinzialgeistes sei, welches geschont und gepflegt werden müsse, um durch die Befriedigung im kleinsten Kreise, in den nächsten Interessen, die Liebe zum Vaterlande, die Anhänglichkeit an den Staat zu wecken und zu kräftigen. Dieser an sich sehr berechtigte Gedanke findet seine Lösung auf einem ganz andern, dem politischen Gebiete, dadurch nämlich, daß eine gute Gemeindeordnung Gelegenheit biete, im kleinen Kreise das Interesse an öffentlichen Dingen handelnd zu bethätigen. Die Details des Privatrechtes haben mit der Belebung des öffentlichen Geistes gar wenig zu thun. Im Gegentheil, die Buntscheckigkeit des ehelichen Güterrechts wird immer lebhafter als eine unleidliche Plage empfunden. Nicht blos bei den Gerichten, denen dadurch eine Menge Arbeit erwächst, deren Schwierigkeit zu ihrem Nutzen für das öffentliche Leben oft in umgekehrtem Verhältniß stehen dürfte, sondern auch in den betheiligten Kreisen selbst. Zwar, bei bestehender Ehe tritt das weniger zu Tage. Unsere sittlichen Zustände sind im großen Ganzen noch so beschaffen, daß Vermögensstreitigkeiten unter Eheleuten zu den Seltenheiten gehören, und daß sie, wo sie vorkommen, ein Symptom einer schon innerlich zerrütteten Ehe bilden. In gesunden Ehen werden diese Dinge regulirt, ohne daß dabei die Grenzen der beiderseitigen Rechte scharf bestimmt werden, also auch ohne wesentlichen Einfluß der kleinen localen Modificationen derselben. Aber bei Auflösung der Ehe, hauptsächlich durch den Tod, treten die Streitigkeiten hervor. Die Zeit ist vorbei, in welchem sich früher, bei einfacheren Verhältnissen, die Auseinandersetzung in patriarchalischer Weise vollziehen mochte. Jetzt drängt hier alles mehr nach rechtlicher Lösung. Dahin wirkt schon der Staat mit seiner geregelten Pflege der Minderjährigen, die sich mit einer gemüthlichen Regelung „unter Brüdern" selten verträgt. Dahin drängt noch mehr der erweiterte Verkehr. Während in frühern Zeiten ganze Classen der Bevölkerung, besonders der ländlichen, darauf angewiesen waren, ihr Leben von der Geburt bis zum Grabe innerhalb der nämlichen Gemarkung abzuspinnen, und dies vom Vater auf den Sohn sich fortsetzte, eine Gebundenheit, welche selbst bei den beweglicheren Classen häufig genug nicht weiter unterbrochen wurde, als durch einige Jahre des Studiums oder der Wanderschaft, wird heute der Regel nach jeder junge Mann durch die allgemeine Wehrpflicht der heimathlichen Scholle entzogen, und findet durch das Leben in einer Stadt, durch soldatische Schulung und Unterweisung seinen Blick erweitert und auf die Erfassung einer Gelegenheit zu selbstständiger Lebensführung hingerichtet. Mit dem gesteigerten Selbstgefühl wirkt auch der natürliche Trieb, sich auf sich selbst zu stellen mächtiger, die vielfachen künstlichen Hemmungen freier Bewegung sind gefallen, nichts hält den jungen Mann an der Scholle fest. Aber indem sich so der Sohn vom Vaterhause gänzlich löset, verschwinden auch die Motive des Familienbandes, welche sonst bei den Auseinandersetzungen mit bestimmend waren. Wer sich selbstständig in den Kampf des Lebens begiebt, der mag auch von den Mitteln nichts einbüßen, welche ihm das Recht zur Ausrüstung für diesen Kampf zusprechen mag. So wird in den Erbschaftsregulirungen Alles mehr und mehr auf die Schneide des Rechtes gestellt, und hier tritt denn die Unerträglichkeit der Rechtszersplitterung lebhaft hervor. Je kleiner der Bezirk eines Gewohnheitsrechts, um desto mehr erscheint seine besondere Rechtsbildung als unverstandene Willkür den Nachbarbezirken gegenüber, das Mißbehagen der Ungleichheit des Rechts macht sich geltend, und wird durch die Erfahrung der Ungewißheit desselben verschärft. Im kleinen Bezirk ist die Ausbildung des Rechts ins Detail hinein nothwendig unvollkommen, jeder einzelne Fall hat seine besondere thatsächliche Gestaltung, dessen rechtliche Analyse nicht in unmittelbarem Bewußtsein des betheiligten Publikums sich vorfindet. Die Erbschaftssachen führen deshalb häufig zu Prozessen, welche viel Zeit und Geld kosten, und deren Entscheidung auch der Richter nur selten in der localen Gewohnheit selbst findet, sondern meistens in freier Gedanken-Operation, aus der Gewohnheit der Nachbarn, aus dem gemeinen Recht, aus Rechtsanalogie, erst schöpfen, also das Recht für den vorliegenden Fall erst neu bilden muß, worin dann auch die Betheiligten nur selten den Ausdruck ihres eigenen lebendigen Rechtsgefühls finden können. Welche Rechtsunsicherheit aus dem ungehemmten Ueberwuchern particularer Gewohnheiten im Eherecht folgt, welch ergiebige Prozeßquelle darin vorliegt, wie langwierig und kostbar diese Prozesse besonders durch die leidigen Erforschungen von Gewohnheitsrechten, mögen sie von Amtswegen oder in der Form von Partei-Beweisführungen geschehen, nicht selten werden können, das hat meine Heimath in früherer Zeit in hohem Grade zu erfahren Gelegenheit gehabt. Hier findet sich, im nördlichen Theil, einem Gebiet von 57 Quadratmeilen, neben statutarischer Gütergemeinschaft in zwei Städten, römisch gefärbte Gütereinheit mit Errungenschaftsgemeinschaft im Stad- und Butjadingerland (zwischen Weser und Jade) auf Grund eines im 17. Jahrhundert zuletzt redigirten Statuts, — ein dem preußischen Landrecht nachgebildetes Gesetz von 1806 in der Herrschaft Jever; der Rest (die größere Hälfte) lebt nach der Parömie „längst Leib längst Gut", hier zu Nießbrauch, dort zu Eigenthum, jedoch mit mannigfachen Schattirungen. Die Befugnisse des Ehemanns in Beziehung auf das Frauengut, seine Ersatzverbindlichkeit deswegen, das Verhältniß der Frau zu den Gläubigern des Mannes, die Rechte des Ueberlebenden am Nachlaß des Verstorbenen haben sich gar verschieden entwickelt, mit dem letzten Gegenstande steht denn auch die verschiedene Gestaltung des bäuerlichen Grunderbrechts in naher Verbindung. Man findet: Nießbrauch des Ueberlebenden bis zur Majorennität des Grunderben, bis zur Wiederverheirathung, auf Lebenszeit, fortgesetzte Gemeinschaft auf

Gedeih und Verderb, Allein-Erbrecht des überlebenden Gatten. Dazu kommt in den 1803 dem Herzogthum zugelegten Bezirken des Bisthums Münster die Münstersche Gütergemeinschaft, wieder mit Modificationen, je nachdem die Münstersche Polizei-Ordnung, bezw. die Erbpacht- oder Eigenthums-Ordnung in Anwendung zu bringen ist. — In diesen Wirrwarr brachte Runde's Monographie über das eheliche Güterrecht einiges Licht, indem es die verschiedenen Rechte wissenschaftlich gruppirte und durch ein seit langer Zeit sorgfältig angesammeltes Material die Praxis einigermaßen feststellte. Die Gerichte athmeten auf und man hörte wohl die Aeußerung, diese Arbeit sei vice legis. Aber in nicht wenigen Fällen bestand das neue Licht nur in der klaren Erkenntniß der Lückenhaftigkeit, Inconsequenz und innern Haltlosigkeit der Rechtsbildungen und theils aus diesem Grunde, theils weil die anfängliche große Autorität des Werkes sich auf die Dauer natürlich nicht in gleichem Maaße behaupten konnte, krankte auch fernerhin die Rechtsprechung an mancher Unsicherheit, und haben namentlich auch die Beweisaufnahmen über örtliche Gewohnheiten keineswegs ganz aufgehört. Runde wollte aber mit seiner Arbeit nicht blos eine günstige Einwirkung auf die oldenburgische Praxis üben, sondern außerdem auch die Ueberzeugung von dem Bedürfniß einheitlicher Codification des ehelichen Güterrechts verbreiten und vertiefen, er fügte ihr daher den Entwurf eines solchen Gesetzes an, welcher auf dem System der Güter-Einheit beruhte. Diesen letzten Zweck hat er vollkommen erreicht, das Bedürfniß ist bei uns immer dringender empfunden worden, in der Bevölkerung nicht minder wie im Stande der Juristen. Es ist seit 1848 auf den Landtagen wiederholt zur Sprache gebracht worden und würde schon längst seine Befriedigung gefunden haben, wenn nicht, neben Hindernissen mehr äußerlicher Natur, die innige Verbindung dieser Materie mit dem bäuerlichen Grunderbrecht und dadurch mit der Frage der Theilbarkeit des Bodens, die Sache verzögert hätte. Jetzt endlich sind diese Hindernisse überwunden und es ist ein Gesetz über das eheliche Güterrecht für das Herzogthum Oldenburg in diesem Frühjahr verkündet worden, welches sogar mittelst gewisser Uebergangsbestimmungen auch auf die bereits bestehenden Ehen anwendbar gemacht ist. Dieses Gesetz soll sich zwar noch erst in der Praxis bewähren, aber es wird allseitig als eine wesentliche Besserung des bisherigen kaum noch erträglichen Zustandes begrüßt. Dem deutschen Juristentage darf man freilich nicht zumuthen, daß er auf seinem Standpunkte den Gesetzgebungsarbeiten eines der kleineren Länder besonderes Interesse zuwenden solle. Dennoch habe ich mir erlaubt, hiervon einiges zu erzählen, weil mir die Sache als ein Beispiel, ein Vorgang zur Beleuchtung der Möglichkeit und Räthlichkeit einer deutschen Gesetzgebung über das eheliche Güterrecht nicht unwichtig erscheint.

An sich ist die Gesetzgebung der Einzelstaaten die wenigst wünschenswerthe Weise der Lösung unseres verwickelten Rechtszustandes. Es fehlt in den einzelnen Ländern, je kleiner sie sind, um so fühlbarer, an den unerläßlichen gesetzgeberischen Kräften. Die wissenschaftliche Vorbildung erhebt sich beim Einzelnen selten über ein gewisses Mittelmaaß, die zum lebendigen Fortleben mit der Wissenschaft unentbehrlichen literarischen Hilfsmittel stehen ihm selten hinreichend zu Gebote, und so erlahmt unter dem einseitigen Gewicht des täglichen Geschäftslebens das wissenschaftliche Interesse unvermerkt. Der praktische Blick, auf ein kleines Feld beschränkt, entbehrt der weiten, principiellen Gesichtspunkte, ihm werden die besonderen Verhältnisse des einzelnen Ländchens von überwiegender Bedeutung; er betrachtet leicht die ihm entgegentretenden Rechtserscheinungen als ganz eigenthümliche, selbstständige Producte dieser besonderen Verhältnisse, während sie doch dem erweiterten Blick wie der eindringenden Wissenschaft nur als zufällige Spielarten von Gattungen sich darstellen, welche viel weiter verbreitet sind. Im ehelichen Güterrecht speciell sind allerdings die leitenden Grundzüge kaum zu verfehlen. Sie haben schon im preußischen Landrecht Anerkennung gefunden, auf ihnen beruht auch das neue königlich sächsische Gesetzbuch, und ebenso liegen sie dem neuen oldenburgischen Gesetz zum Grunde, bei dessen Redaction ja auch jene beiden Vorgänger nicht unbeachtet bleiben konnten. Diese Grundzüge gestatten aber einen gar verschiedenen Ausbau im Einzelnen. Die Grenzen der Verfügungsgewalt des Mannes, seine Ersatzpflicht, die Sicherung der Frauenrechte, das Verhältniß zu den Gläubigern, die Stellung des überlebenden Gatten — alle diese eminent praktischen Fragen lassen eine verschiedene Beantwortung zu, und hier liegt das Feld, auf welchem die particularen Anschauungen wuchern, so lange die Gesetzgebung den Einzelstaaten verbleibt. Und doch sind die besonderen Verhältnisse des einzelnen Landes für diese Detail-Bestimmungen von untergeordneter Bedeutung. Was dabei entscheidet, ist theils der Zusammenhang mit anderen Rechtsmaterien, mit dem Erbrecht, dem Pfand- und Concursrecht u. dgl., insofern manches nur deshalb einer particularen Beordnung bedarf, weil jene Rechtsmaterien noch dem Particularrecht angehören, so daß das Bedürfniß mit der allgemeinen Codification von selbst erlischt — theils aber entscheidet in solchen Einzelfragen ganz die äußere Zweckmäßigkeit, und auch diese richtet sich meist nach allgemeinen Rücksichten, nur ausnahmsweise wirklich nach den besonderen Zuständen des einzelnen Landes. Man versuche es nur, die Sache vor das Forum der Organe des Reiches zu bringen, und man wird bald erfahren, wie die festgehaltenen „berechtigten Eigenthümlichkeiten" wie Nebel vor der Sonne verschwinden, wie sich zeigen wird, daß sie ihre Berechtigung nur in Gewohnheit und Schlendrian oder auch im selbstgefälligen Glauben an die besondere eigene Weisheit finden. Und wo sich im Einzelnen zeigen sollte, daß das besondere Recht mit der besonderen Lage eines Landes, einer Provinz, in innerem Zusammenhange steht, daß jenes nicht ohne Gefährdung berechtigter ökonomischer Interessen geändert werden könnte, da tritt die schon im Eingang kurz berührte Aushilfe ein, daß die Reichsgesetzgebung in solchen Einzelfragen den einzelnen Staaten das Recht ergänzender Gesetzgebung vorbehalten kann. Es ist nicht eben nöthig, daß im Reich alles Recht uniformirt sei, wohl aber verlangt die Rechtseinheit, daß das Reich, und nur das Reich die Bestimmung darüber habe, wie weit die particulare Rechtsbildung zu erhalten oder ferner zu gestatten sei.

Auch das neue oldenburgische Gesetz trägt gewiß die Spuren seiner particularen Entstehung und Natur hinreichend an sich, und nach dem Gesagten werde ich nicht im Verdacht stehen, es zu überschätzen. Aber es war nicht blos nothwendig, weil wir auf das zu hoffende Reichsgesetz nicht länger warten konnten, sondern es wird auch, wenn endlich ein solches erscheint, den Uebergang wesentlich erleichtern. Daß ich aber dieses Gesetz als ein Beispiel für die Möglichkeit einer einheitlichen Reichsgesetzgebung bezeichnet habe, dafür liegt die Rechtfertigung darin, daß in diesem Gesetz der Versuch gemacht ist, das Princip der Gütereinheit auch auf Bezirke auszudehnen, in welchen bis jetzt allgemeine Gütergemeinschaft gilt, nämlich auf die Städte Oldenburg und Delmenhorst und auf den ehemals Münsterschen Obergerichtsbezirk Vechta. Dieser Versuch, der im Landtage kaum ernstlichen Widerspruch gefunden hat, soll freilich die Probe der Erfahrung noch bestehen, aber bei der günstigen Aufnahme, die er gefunden hat, bei den geringen Sympathien, welche für das alte Münstersche Recht sich bei dieser Veranlassung geäußert haben, darf man wohl erwarten, daß die Probe günstig ausfallen werde.

Ich komme hiermit auf die oben zurückgestellte wichtige Frage zu sprechen: „Wie hat sich ein deutsches Gesetz über eheliches Güterrecht zur Gütergemeinschaft zu stellen?“

Drei verschiedene Methoden sind hier denkbar:

1. Die Methode des preußischen Landrechtes: Neben dem System der Gütereinheit wird ein solches der Gütergemeinschaft, der allgemeinen sowohl als der particulären, aufgestellt, jedoch nur als subsidiäres Recht, so daß die bestehenden Rechte erhalten bleiben unter dem Vorbehalt der besonderen Codification, und weiter unter dem Vorbehalt, die Geltung des Gesetzbuchs bis nach erfolgter derartiger Codification gänzlich zu suspendiren. Die besondere Codification dürfte dabei wohl von vornherein nicht als eine solche aufzufassen sein, welche alle einzelnen Gewohnheitsrechte respectiren müsse, sondern als eine nach Provinzen oder sonst nach Gruppen zusammenfassende.

2. Man stellt ein umfassendes System der Gütergemeinschaft auf, welchem die bisher geltenden Provinzial- und Local-Gesetze, Gewohnheiten, Statuten

gänzlich weichen müssen, soweit sie nicht in Einzelnheiten ausdrücklich beibehalten oder ihre Materien der Landesgesetzgebung überlassen werden.

3. Man stellt lediglich das System der Gütereinheit als gesetzliches Recht hin, und überläßt es dem Publikum, Gütergemeinschaft vertragsweise festzusetzen. Das Gesetz bestimmt aber, welcher Inhalt einem solchem Vertrage so lange und so weit beizulegen sei, als nicht im Vertrage selbst einzelne Abweichungen von dem gesetzlichen Inhalt bestimmt verabredet sind. Es ist dies die Methode, mittelst welcher der Code civile neben seiner gesetzlichen Mobilien-Gemeinschaft den andern Formen des Güterrechts eine Thür offen gelassen hat.

Die Methode des preußischen Landrechts scheint mir nun für den heutigen Standpunkt ganz verwerflich. Man weiß, wie die Codification der Provinzialrechte in Preußen gar langsame Fortschritte gemacht hat. Für die Provinz Westphalen z. B. ist erst im Jahr 1860 ein Gesetz über die Gütergemeinschaft gegeben, obgleich hier der Rechtszustand unleidlich genug gewesen sein mag. Es gab — nach Welter, Handbuch der ehelichen Gütergemeinschaft in Westphalen, 1861 — in den vier Appellationsgerichtsbezirken Münster, Paderborn, Hamm und Arnsberg nicht weniger als 23 Bezirke, in welchen die Gütergemeinschaft mit geringeren oder größeren Besonderheiten, jedenfalls so weit in jedem eigenthümlich geartet auftrat, daß W. eine gesonderte Darstellung des Rechts nothwendig findet, ungerechnet noch die Localstatuten einer nicht geringen Anzahl von Städten. Die Abweichungen betrafen theils die Subjecte der Gütergemeinschaft, indem sie hier allgemein galt, dort nur mit Ausschluß der Personen eximirten Gerichtsstandes oder auch des Adels, in andern Gegenden wieder nur für die Colonatbesitzer — theils auf den Inhalt, sowohl unter Lebenden als auf den Todesfall. So z. B. wirkte im Bezirke A. die Schichtung als Todtheilung, im benachbarten Bezirke B. aber nicht u. dgl. In andern nicht unbedeutenden Theilen der Provinz galt Dotalrecht, womit auch hier natürlich, wenigstens der Regel nach, das bezeichnet wird, was wir als Gütereinheit auffassen würden. Zu alle dem kommt dann noch der verwirrende Einfluß, den die französische Occupation durch die Einführung des Code civil und darauf die Wiederherstellung der alten Rechte übte, und der bis in die Gegenwart hineinreicht. Lange Zeit hat man den Gedanken festgehalten, hier durch Codification aller einzelnen Rechte Klarheit zu schaffen, hat aber endlich doch gefunden, daß dies nicht nur unmöglich sei, sondern daß es auch den Wirrwarr nur verewigen würde. So kam man zu dem Entschluß eines für die ganze Provinz gemeinsamen Gesetzes. Für Preußen war das die einzig mögliche Lösung. Das preußische Landrecht war einmal von vornherein darauf angelegt, nur subsidiäres Recht zu sein. Die Frage, ob ein ganz allgemeines Gesetz über die Gütergemeinschaft nicht vorzuziehen sein möchte, konnte daher kaum aufgeworfen werden, weil das die gänzliche Umarbeitung des Landrechts bedeutet haben würde, eine Aufgabe, welche Preußen, so lange es seine frühere politische Stellung unverändert beibehielt, kaum im Ernst an sich stellen konnte. Heute aber, wo es uns vergönnt ist, eine deutsche Gesetzgebung ins Auge zu fassen, stehen wir auf einem andern Standpunkte. Wir können den Weg nicht wieder einschlagen, ein bloß subsidiäres Gütergemeinschaftsgesetz einzuführen. Die Codification der einzelnen Landesrechte neben demselben würde doch den Einzelstaaten überlassen werden müssen, und da würden außer den vorhin erwähnten Bedenken, welche aus der zweifelhaften Befähigung derselben zur Gesetzgebung sich ergeben, noch ganz neue politische Gegenströmungen in Bewegung gesetzt werden. Die Wirkung dieser vereinigten Kräfte würde voraussichtlich eine Vertagung der Arbeit ad calendas graecas sein. Das subsidiäre Reichsgesetz würde auf diese Weise für eine nicht zu berechnende Zeit und für einen ganz unbestimmten, aber gewiß bedeutenden Theil des Reiches ganz in der Luft schweben. Da wäre es denn doch am Ende vorzuziehen, man überließe die ganze Materie der Particular-Gesetzgebung und sparte sich die Mühe, die Grundzüge eines Zukunftsrechts für das Reich zu entwerfen.

Sehr viel mehr Beachtung verlangt die zweite Methode, nach welcher Gütereinheit und Gütergemeinschaft coordinirt neben einander stehen, beide bestimmt, geltendes Recht in Deutschland zu sein, und zwar so, daß die Gütergemeinschaft überall conservirt bliebe, wo sie sich jetzt findet, auch im Ganzen so conservirt bliebe, wie sie jetzt gilt, d. h. als allgemeine oder als particulare, und hier vielleicht noch wieder als Mobiliar- und als Errungenschafts-Gemeinschaft, unter Aufhebung aber aller einzelnen Modificationen und Nüancen der gegenwärtigen Gewohnheiten und Statuten. Das Gesetz würde zugleich die geographischen Bezirke, in welchen die eine oder andere Form der Gütergemeinschaft gelten solle, entweder selbst zu bestimmen haben, oder diese Bestimmung den Einzelstaaten überlassen können.

Von der gemeinen Meinung wird die Entstehung und Ausbildung der Gütergemeinschaft bekanntlich wesentlich auf Ursachen solcher Art zurückgeführt, welche dem Wesen der Ehe gegenüber als äußerliche bezeichnet werden müssen. Das Verschwinden des Rechts der Familie am Erbgut und die zunehmende Wichtigkeit des beweglichen Vermögens in den Städten haben im Verein mit der Abhängigkeit des weiblichen Geschlechts bewirkt, daß das Recht des Ehemanns am Frauenvermögen sich immer mehr kräftigte, daß er namentlich auch Immobilien der Frau frei veräußern konnte, woraus sich dann von selbst ergab, daß er dies auch zur Bezahlung eigener Schulden thun konnte. Daraus entwickelte sich denn leicht das Recht des Gläubigers des Mannes, sich auch an das Vermögen der Frau zu halten. Der günstige

Einfluß dieser Lehre auf den Credit machte dieselbe in den Städten sehr beliebt, so daß sie sich leicht von einer Stadt über eine größere Anzahl anderer Städte verbreitete. Während in diesem Verhältniß immer noch das Princip der Gütereinheit, nur mit sehr ausgedehnter Schuldenhaft, erkennbar blieb, soll die eigentliche, innere Gütergemeinschaft die rechtliche Verschmelzung des beiderseitigen Vermögens zu einer Masse daher rühren, daß es bei der tiefgreifenden Verfügungsgewalt des Mannes zwecklos, ja oft unmöglich gewesen sei, bei Beendigung der Ehe das gesammte Gut in seine ursprüngliche Bestandtheile wieder zu zerlegen. So habe sich, als ein Versuch der Juristen, die wahrgenommenen Erscheinungen zu construiren, der Begriff der Gütergemeinschaft ausgebildet. Das weitere Verhältniß des überlebenden parens zu den Kindern entsprach dann im Allgemeinen der strengen Unterordnung der Kinder unter die Eltern in der Familie, die Verschiedenheit dieses Verhältnisses aber, je nachdem der Vater oder die Mutter überlebte, stellte wieder die untergeordnete Stellung des Weibes dar.

Heutiges Tages nun sind die Verschiedenheiten von Stadt und Land sehr in den Hintergrund getreten. Rechte der Familie am Erbe sind, wo sie nicht, wie in Oldenburg, gänzlich verschwunden sind, doch dem Aussterben nahe.*) Handel und Gewerbe sind nicht mehr auf die Städte beschränkt, der Betrieb der Landwirthschaft hat zum Theil einen industriellen oder merkantilischen Charakter (Branntwein, Rübenzucker, Viehzucht), auch andere industrielle Unternehmungen siedeln sich auf dem platten Lande an, das Capital- und Mobiliar-Vermögen gewinnt beim Landmann immer größere Bedeutung, umgekehrt legen Stadtbürger ihre Ersparnisse in ländlichem Grundbesitz an u. s. w. Jene einfachen Verhältnisse der ländlichen Bevölkerung, da die Frau in der Regel dem Manne nur eine Natural-Aussteuer mitbrachte, oder da umgekehrt der Abfindling mit seiner geringen Abfindung auf die Stelle einer Grunderbin hinauf heirathete, beschränken sich immer mehr auf die sog. kleinen Leute. So weit eine Verschiedenheit noch besteht, wird sie in nicht ferner Zeit bei weiterer Ein- und Durchführung der neuen preußischen Grundbuchordnung, der Tendenz der Gegenwart, das Immobile zu mobilisiren, weichen müssen. Mit diesem wirthschaftlichem Umschwunge verbreitet sich das Bedürfniß des Personal-Credits über immer weitere Kreise.

Faßt man diese Verhältnisse ins Auge, so wirft sich nicht etwa blos die Frage auf, ob die Gütergemeinschaft als berechtigt erhalten werden müsse, sondern die viel weiter gehende, ob nicht der Weg, welchen die Geschichte in den Städten vorgezeichnet, jetzt allgemein einzuschlagen, also auch die

*) Ob dies auch von den Familien-Fideicommissen des Adels gilt, mag hier dahin gestellt bleiben. Ich glaube es allerdings, und in Oldenburg sind sie aufgehoben.

Gütergemeinschaft, nicht die Gütereinheit, zum Princip der neuen Gesetzgebung zu erheben sein möchte. Fehlt es doch auch keineswegs an Stimmen, nach welchen das Recht in seiner Entwicklung zur Gütergemeinschaft eben die Form gewonnen habe, welche dem idealen Wesen der Ehe am besten, ja allein, entspreche. — Ich kann mich in Betreff dieser Frage nur der Ausführung anschließen, welche Gerber, in seinen und Jherings Jahrbüchern Bd. 1 S. 239 ff., gegeben hat. Die Gütergemeinschaft ist weder principiell berechtigt, noch bildet sie eine praktisch brauchbare Grundlage für die moderne Gesetzgebung.

Man darf nicht übersehen, daß bei ihrer Ausbildung, wie die gemeine Meinung diese sich vorstellt, die untergeordnete Stellung der Frau, nicht als Ehegattin, sondern um ihres Geschlechts willen, wesentlich mitgewirkt hat. Diese Stellung hat sich völlig geändert. Wir kennen keine Geschlechtsvormundschaft mehr, das Weib steht in Rechts- und Handlungsfähigkeit dem Manne vollkommen gleich, nur vereinzelte Reste der früheren Unterordnung finden sich hie und da noch in Geltung, auch diese aber werden bei einer neuen Gesetzgebung verschwinden müssen. Nur bei der Individual-Erbfolge wird der Vorzug des männlichen Geschlechts sich so lange erhalten müssen, wie diese besondere Erbfolge selbst noch besteht. — Wenn nun neben dieser Gleichberechtigung des Weibes in der Ehe noch eine Unterordnung desselben anerkannt wird, so darf man doch den innern Grund derselben nicht mehr in der vormundschaftlichen, sondern muß ihn in der hausherrlichen Stellung des Mannes finden. Sie beruht nicht auf der rechtlichen Unselbstständigkeit des Weibes, sondern folgt aus der Verschiedenheit der Aufgaben, welche Mann und Weib in der Ehe naturgemäß zu erfüllen haben. Der Mann, welcher seinen Beruf neben der Familie hat, und diese nach außen vertritt, soll es auch als seine Aufgabe ansehen, die Vermögensangelegenheiten der Frau zu verwalten, und die Frau soll dies, im Princip, anerkennen, wobei es denn nur auf die hier zu ziehenden Grenzen ankommt. Umgekehrt lasse der Mann die Frau, welche ihren Beruf in der Familie erfüllt, im Innern des Hauses schalten, und werde daher auch aus den Geschäften, welche sie zur Führung des Haushalts eingeht, direct und allein verpflichtet. So entspricht es der allgemeinen Sitte. Die in der Gütergemeinschaft eintretende Veränderung im Rechtssubject dagegen ist völlig unmotivirt, und es ist geradezu Unrecht, wenn das Gesetz die Frau zwingt, ihr Vermögen den Erwerbsunternehmungen des Mannes, auf deren Betrieb sie keinen Einfluß hat, zu überlassen und die ganze Gefahr mit zu übernehmen. Daher darf auch die Rücksicht auf den Credit nicht entscheidend ins Gewicht fallen.

Man wird schwerlich nachweisen können, daß der Credit jemals als ein die Richtung des Güterrechts bedingendes Motiv mitgewirkt habe.

Vielmehr war die Einwirkung auf den Credit zunächst nur eine Folge der aus andern Gründen hervorgegangenen Ausdehnung der Dispositionsrechte des Ehemanns, und diese Beobachtung mag dann allerdings auf die weitere Entwicklung und besonders auf die Ausbreitung der Gütergemeinschaft von Stadt zu Stadt ihren Einfluß geübt haben. Die heutige Gesetzgebung darf den innigen Zusammenhang des ehelichen Güterrechts mit dem Credit gewiß nicht ignoriren. Aber sie hat jetzt keinen Grund mehr, die Städte dabei anders zu behandeln, als das Land. Sie wird vielmehr gleichmäßig bestrebt sein müssen, den Anforderungen des Credits innerhalb des Raumes, den die Gütereinheit bietet, gerecht zu werden. Und zwar wird das nach zwei Richtungen hin geschehen können. Erstens dahin, daß dem Gläubiger, der dem Manne traut, nach Möglichkeit erkennbar werde, in wie weit das in seines Schuldners Hand befindliche Vermögen nicht ihm, sondern seiner Frau gehöre, und zweitens so, daß nicht die Ehe zu simulirten und andern betrüglichen Geschäften zum Nachtheil der Gläubiger mißbraucht werde.*)

Gegen die gemeine Meinung über die Entstehung und Ausbildung der Gütergemeinschaft hat sich nun aber eine andere Ansicht erhoben. Diese bestreitet durchaus, daß die Gütergemeinschaft nicht viel anderes sei, als eine Verunstaltung der Gütereinheit. Dieselbe habe sich vielmehr aus dem urdeutschen Verfangenschafts- und Theilrecht herausgebildet. Es sei unhistorisch, aus dem sächsischen Recht gemeines deutsches Recht zu machen, es stände dem sächsischen Recht das Verfangenschafts- und Theilrecht in Franken und Schwaben gleichberechtigt gegenüber und gelte sogar innerhalb des sächsischen Rechts in Westphalen. Vgl. Roth in Bekker's und Muther's Jahrbüchern III. Nr. 13.

Es kann mir natürlich nicht in den Sinn kommen, in diesem Streit der Gelehrten hier ein Urtheil abgeben zu wollen. Den Juristentag interessirt derselbe ja auch nicht weiter, als er etwa auf die Gesetzgebungsfrage von Einfluß sein möchte. In diesem Sinne muß aber die Ansicht Roth's allerdings hier besprochen werden. Denn eine organische Entwicklung alt-deutschen Rechts tritt uns mit ganz anderer Autorität entgegen als das verunglückte Erzeugniß des Juristenrechts. Und daß die Roth'sche Ansicht nicht etwa historisch und wissenschaftlich verwerflich erscheint, dafür birgt uns die achtungsvolle Weise, in welcher Gerber in der neunten Auflage seines Privatrechts dieselbe bespricht. Ich darf die bescheidene Bemerkung hinzufügen, daß bei

*) Der Entwurf des neuen oldenburgischen Gesetzes bestimmte in diesem Sinn, daß den Gläubigern des Mannes das im Haushalt vorhandene Mobiliar als Executionsgegenstand diene, ohne Rücksicht darauf, was davon etwa der Frau gehöre. Dieser Gedanke ist vom Landtage indessen nicht angenommen worden, sondern nur eine weit weniger durchgreifende Bestimmung zur Verhinderung betrüglicher Uebertragungen von Mobilien an die Frau an die Stelle getreten.

der entscheidenden Bedeutung, welche städtischen Verhältnissen für die Ausbildung der Gütergemeinschaft von der gemeinen Meinung beigelegt wird, sich die Frage nicht zurückweisen läßt, welchen besondern Ursachen die Verbreitung des Instituts über das platte Land, namentlich die Provinz Westphalen beizumessen sei, daß aber eine Antwort auf diese Frage m. W. nirgends gegeben wird. Die Roth'sche Ansicht, welche nicht von einem Gegensatz zwischen Stadt und Land ausgeht, sondern von dem Gegensatz der Stämme, bedarf einer solchen Erklärung gar nicht, weil ihr die Erscheinung nichts Auffallendes hat.

Treten wir nun aber der Bedeutung dieser Ansicht für die Gesetzgebung näher, so ist es auch nach Roth unzweifelhaft, daß dem Ehemann in den Gebieten des Verfangenschaftsrechtes die hausherrliche Gewalt nicht minder zustand als im sächsischen Recht und daß er über die Mobilien, selbst ohne spätere Ersatzverbindlichkeit, verfügen konnte. — Roth a. a. O., S. 318. — Hiermit ist aber das wesentlich Charakteristische des Gütereinheitssystems gegeben, und eben so wenig ist in dem Recht bezüglich der Immobilien ein Gegensatz gegen dieses zu erkennen. Ueber die Immobilien konnten allerdings nur beide Ehegatten gemeinschaftlich verfügen. Aber weil diese Beschränkung der Verfügungsgewalt eine wechselseitige war, auch den Ehemann traf, so kann man darin nicht sowohl eine wesentlich abweichende Auffassung des ehelichen Vermögensrechtes als vielmehr nur eine Beschränkung des Rechtes der nächsten Erben am Erbe erblicken, deren sonst erforderliche Einwilligung in die Veräußerung durch die Einwilligung des Ehegatten ersetzt wurde. Im Uebrigen aber beziehen sich die besondern Gestaltungen dieses Rechtssystems auf das Erbrecht. Die Mobilien blieben dem überlebenden Gatten allein, die Immobilien waren den Kindern verfangen, der überlebende parens konnte nicht einseitig darüber verfügen, selbst nicht über die, welche von ihm selbst herkamen, er konnte sie nicht in eine zweite Ehe bringen, mit seinem Tode verfielen sie den Kindern erster Ehe allein, welche dagegen an den sonstigen Nachlaß des parens Kindern zweiter Ehe gegenüber keinen Anspruch hatten. Durch das Theilrecht, die Schichtung, erhielt der parens an seinem Antheil die freie Verfügung zurück.

Alles dieses steht nun aber mit dem Rechte der nächsten Erben in unverkennbarem Zusammenhange, wobei es immerhin richtig sein mag, daß dies Recht nicht ausreicht, den *ganzen* Inhalt des Erbrechts der Kinder zu erklären, dafür vielmehr auf den Geist, in welchem das Band der Familie aufgefaßt wurde, zurückgegangen werden muß.

Das römische Recht hat nun auf dieses System bedeutend eingewirkt. Es hat die einzelnen Erscheinungen auf den Begriff des Miteigenthums zurückgeführt. Je nachdem sich das Verfangenschafts- und Theilrecht erhalten hat, oder unter dem Einfluß theils des römischen Rechts, theils veränderter wirthschaftlicher Bedingungen, sich erhalten hat oder nicht, ist daraus allgemeine oder particuläre (Fahrniß- oder Errungenschafts-) Gemeinschaft geworden. Diese Umwandlung zu ignoriren, und in einem modernen Gesetz das alte reine Verfangenschafts- und Theilrecht herzustellen, würde denn doch ein absolut verkehrtes und unmögliches Unternehmen sein. Geht man aber von der modifizirten heutigen Gestaltung aus, um diese gesetzlich zu ordnen, so entsteht für den Gesetzgeber dieselbe unabweisliche Nothwendigkeit, mit welcher die bisherige wissenschaftliche Behandlung sich abgemüht hat, ein den Erscheinungen zu Grunde liegendes, sie regulirendes Prinzip festzustellen. Dies Bedürfniß kann man nicht damit beseitigen, daß man solche Constructionsversuche für bedeutungslos erklärt, — Roth, Seite 355 — man muß vielmehr durch die Vergeblichkeit derselben zu dem Resultat gelangen, daß die Gütergemeinschaft in ihrer heutigen Gestaltung sich gegen eine consequente, practisch befriedigende Beordnung im Gesetz durchweg spröde verhält. Da aber, wie gesagt, die Gebiete des Verfangenschaftsrechtes von jeher auch die hausherrliche Gewalt des Ehemannes anerkannt haben, so ist es nicht unhistorisch, wenn diese in ihrer sittlichen Bedeutung hochberechtigte Idee ganz allgemein der Gesetzgebung zu Grunde gelegt und dann die weitere Frage gestellt wird, ob diese hausherrliche Gewalt etwa da, wo bisher Gütergemeinschaft gilt, weiter ausgedehnt werden könnte, als im Allgemeinen gerechtfertigt sein würde. Das kommt dann aber für das Güterrecht unter Lebenden practisch darauf hinaus: ob die Schuldengemeinschaft gesetzlich angeordnet werden solle? Im alten Verfangenschaftsrecht liegt diese nicht, denn das Recht des Ehemannes zur Verfügung über die Mobilien und sein Recht, auch die Immobilien im Fall echter Noth zu verkaufen, ist doch längst nicht unsere unbedingte Haftung für die Schulden. Diese historisch zu erklären, wird man doch wieder, so scheint es, auf die von der gemeinen Meinung vorgetragene Entwickelung der Gütergemeinschaft zurückgewiesen. So trifft denn aber auch alles zu, was weiter oben gegen die Berechtigung der allgemeinen Gütergemeinschaft angedeutet, und von Gerber längst besser und kräftiger ausgedrückt ist.*)

*) Anm. Im Münsterschen Recht hat sich das Erforderniß beiderseitiger Einwilligung zu Verfügungen über die Immobilien dahin entwickelt, daß jeder der beiden Gatten einseitig und allgemein durch seine Rechtshandlungen den andern mit verpflichtet. Hierin ist denn freilich jede Spur von mundium oder hausherrlicher Gewalt verschwunden, und es stimmt damit die Sitte, daß in Prozessen die Frauen regelmäßig mit den Männern, oder auch wohl allein, vor Gericht erscheinen und bei Instructions-Verhandlungen u. dgl. das Wort führen. — Daß obiger Rechtssatz und diese Sitte auf gesetzliche Sanction keinen Anspruch haben, versteht sich wohl von selbst.

Was sodann das Schicksal des Vermögens bei Auflösung der Ehe betrifft, so ließe sich allerdings der Nebenpunkt besprechen, ob etwa dem überlebenden Gatten die gesammte Fahrniß zufallen solle. Einen innern Grund, diese alte Sitte beizubehalten, finde ich freilich eben so wenig, wie ich der Conservirung des Begriffs der Gerade das Wort reden möchte. Alle solche Gesammtheiten müssen denn doch wohl auf die alte Natiur-Wirthschaft zurückgeführt werden; in unserer Geldwirthschaft machen sie den Eindruck von Bruchstücken, die sich nirgends fest einfügen lassen, und eine einfache prosaische Nachlaßquote dient dem ökonomischen Interesse weit besser. Was aber die Errungenschafts-Gemeinschaft betrifft, so muß man mit Gerber dabei beharren, daß dieselbe eine Schöpfung der romanisirenden Jurisprudenz ist. Dies wird nicht nur durch Roth's Ausführungen nicht widerlegt, sondern sogar durch Wächter's Darstellung der Entstehung dieser Gütergemeinschaft aus dem Verfangenschafts- und Theilrecht in Württemberg, im Wege der Codification durch römisch gebildete Juristen, direct bestätigt. Und wie ausgesucht unzweckmäßig diese Theilung des Ehevermögens ist, darüber nach Gerber's Ausführungen in Ihering's Jahrbüchern noch etwas zu sagen, darf ich wenigstens um so weniger versuchen, als mir über diese Form des Güterrechts jede praktische Erfahrung fehlt. Im Butjadingerlande, wo sie sich, wie oben angegeben, statutarisch vorfindet, ist sie doch kaum in Uebung, da man der Wittwe dort testamentarisch in der Regel mehr zuwendet, als sie gesetzlich erhalten würde. Ich werde daher auf die particuläre Gütergemeinschaft nicht mehr zurückkommen.

Was aber die allgemeine Gütergemeinschaft mit ihrer Schichtung betrifft, so läßt sich auch diese heutigen Tages nicht mehr rechtfertigen.

Es ist schon oben kurz angedeutet worden, daß in der Grundlage des ehelichen Güterrechts, der sittlichen Bedeutung der Ehe entsprechend, sich eine Correlation von Recht und Pflicht findet. Die nämliche Correlation muß sich auch in der Ordnung der Rechtsverhältnisse von Todeswegen wirksam erweisen. Ganz allgemein entspricht es deutscher Anschauung, daß mit der Ehe irgendwie ein Recht des Ueberlebenden am Nachlaß des Verstorbenen verbunden sei, welches um so stärker ist, je entfernter dem Verstorbenen seine natürlichen Erben stehen, welches aber stets theilweise die Natur eines Pflichttheilsrechtes hat. Am schwächsten würde dieses Erbrecht also bei beerbter Ehe sein. Hier aber tritt die Rücksicht ein, daß der Ueberlebende die Familienverbindung mit den Kindern fortsetzen soll, so lange deren Schutzbedürftigkeit dauert, oder bis die Zeit kommt, in der sie einen selbstständigen Beruf ergreifen, eine eigene Familie gründen können und wollen. Dieser Zweck erfüllt sich am einfachsten dadurch, daß das häusliche Leben einstweilen, und so weit es die thatsächlichen Verhältnisse gestatten, so fortgesetzt werde.

wie es bisher geführt wurde, daß also der Hausvater sein bisheriges Hausherrnrecht fortführe, die Mutter aber die Stelle einnehme, welche bisher der Vater versah. Also: Benutzung des Vermögens des Verstorbenen zur Fortführung des Familienlebens. Diese Benutzung wird hier allerdings, im Gegensatz zu der Verwaltung während der Ehe, als wirklicher, dinglicher Nießbrauch aufgefaßt werden müssen, weil der Ueberlebende, dem minderjährige Kinder zur Seite stehen, einigermaßen selbstständiger gestellt sein muß als der Mann neben der Frau. Aber schon der mit der Gütereinheit häufig verbundene lebenslängliche Nießbrauch verstößt gegen diesen sittlichen Zweck und setzt ein selbstnutziges Recht des Ueberlebenden, welches mit dem berechtigten Anspruch der erwachsenen Kinder, ihre Mittel zur Gründung eines eigenen Lebenskreises zu benutzen, in Conflict tritt, dadurch die Familieneintracht gefährdet und wegen seines lähmenden Einflusses auf die Entwicklung der jugendlichen, frischen Arbeitskräfte auch volkswirthschaftlich verwerflich ist. Weit schroffer noch erscheint dieser Widerspruch im System der Gütergemeinschaft. In der alten Verfangenschaftslehre wird allerdings das Recht der Kinder sorgfältig gewahrt, und ist in derselben somit auch die Correlation von Recht und Pflicht deutlich zu erkennen. Aber was dort für den **parens** eine Schranke war, das ist verloren gegangen und eine Verfügungsgewalt desselben an die Stelle getreten, welche denselben häufig, wo nicht gewöhnlich, wie im Münsterschen Recht, zu jeglicher onerosen Verfügung unter Lebenden ermächtigt — **plenissima administratio** — und welche ihre Grenze nur in der unter Umständen, namentlich bei zweiter Ehe, eintretenden Pflicht der Schichtung findet. Diese **plenissima administratio** ist eine historisch ganz unberechtigte, praktisch durchaus mißbräuchliche Ausdehnung des Rechts, bei welcher die Reflexion auf die Pflicht ganz verschwunden ist und welche deshalb in einer neuen Gesetzgebung nicht conservirt zu werden verdient.

Was dann aber die Schichtung selbst betrifft, so war es freilich ganz consequent, wenn diese in Verbindung mit der Verfangenschaft die Wirkung hatte, daß der **parens** seinen Schichttheil frei in die zweite Ehe hinüber nahm, und die Kinder erster Ehe auch von jedem Erbanspruch daran, Kindern zweiter Ehe gegenüber, ausgeschlossen waren. Denn die zweite Ehe hatte dieselben rechtlichen Wirkungen wie die erste, und mit der in ihr gleicherweise eintretenden Verfangenschaft vertrug sich das Erbrecht der ersten Kinder gar nicht. Weil aber dafür gesorgt war, daß die Immobilien, auf welche die Schichtung sich allein bezog, nicht vorher veräußert werden konnten, so mochten sich die Kinder auch durch die Schichtung genügend abgefunden erachten. Nichts desto weniger mag schon im alten Recht die durch das System jedenfalls sehr beförderte Ungleichheit in den Verhältnissen der Kinder aus mehreren Ehen häufig als eine beleidigende Unbilligkeit empfunden worden sein, und sich so das Institut der Einkindschaft ausgebildet haben, durch welches die Möglichkeit gegeben war, solcher Unbilligkeit vorzubeugen. Aber wie es sich damit auch verhalten haben mag: wenn heutigen Tages der **parens** die Macht hat, im Wege der **plenissima administratio** den Bestand des Vermögens durch nachtheilige Geschäfte zum Schaden der Kinder erster Ehe zu verändern, und dann auch noch die Schichtung die Wirkung der Todtheilung hat, so schlägt das allen unsern Vorstellungen vom natürlichen Erbrecht der Kinder so in's Gesicht, daß wir nicht mehr im Stande sind, die wohlberechtigte Consequenz des altdeutschen Instituts darin zu erkennen, sondern eine rein egoistische Bevorzugung des **parens**, eine nicht zu duldende Gefährdung der Kinder, darin erblicken müssen. Darum hat denn auch das neue preußische Gesetz von 1860 über das eheliche Güterrecht in der Provinz Westphalen die Todtheilung gänzlich abgeschafft. Das ist nun freilich wiederum nur dadurch möglich geworden, daß man nach dem Vorgange des Landrechts den Gedanken durchgeführt hat, daß mit dem Ende der Ehe durch Tod sofort eine Beerbung des Verstorbenen stattfinde, und hierin liegt ein weiterer Widerspruch gegen das alte Institut. Diesem war solche Sonderung nach Quoten fremd (Roth, S. 350 f.), und daraus ist nicht nur jenes wunderliche Produkt der construirenden Juristen, das Consolidationsprincip, herzuleiten, sondern wohl auch die weit verbreitete Sitte, daß, nachdem das Recht der Testamente sich längst auch in diese Lehre eingedrängt hat, für welche es eigentlich nicht im mindesten paßt, doch von Ehegatten nur wechselseitige Testamente errichtet zu werden pflegen. Das neue westphälische Gesetz hat diese Sitte zum Gesetz erhoben und darin eine Erinnerung an längst vergangene Zeiten geachtet. Es ist aber bekannt, wie diese Testamente, besonders als correspective, in ihrer Construction eine wahre **crux** der Juristen sind.*) In der Praxis werden darum auch die vielfältigen, ihrer Giltigkeit sich entgegen stellenden Klippen gar häufig nicht vermieden. Nach meiner praktischen Erfahrung setzen sich die Eltern meistens nicht gegenseitig als Erben ein — darin liegt ja auch eine directe Verletzung des Notherbenrechts der Kinder — sondern gehen vielmehr von der dunkeln Vorstellung aus, daß mit der Beendigung der Ehe sich in dem Rechte des Ueberlebenden eigentlich nichts ändere, daß erst mit dessen Tode ein Erbfall eintrete. Sie ordnen danach die Verhältnisse, disponiren über das geeinte Gut nach dem Moment des Todes des Ueberlebenden, und da kann es denn nicht fehlen, daß sie gar häufig gegen die römischen Grundsätze, namentlich über das Notherbenrecht, verstoßen, daß sie gerichtlich umgestoßen oder in einer Weise

*) Vergl. u. A. Hasse im Rhein. Museum Bd. 3, S. 239 ff.; Mühlenbruch in Glück's Pand. Bd. 35, S. 60 ff. Bd. 38, S. 218. ff.; Buchka, Zeitschrift f. d. R. 12 n. 6; Hartmann, Erbverträge S. 142, 147, 169; Windscheid Pand. III. §. 568.

ausgelegt werden müssen, welche der Meinung der Eltern von ihrer Berechtigung zu den getroffenen Verfügungen, und ihrer dadurch bestimmten Absicht gar wenig entspricht.

Kurz, es ist aus der trüben Vermischung altdeutscher Sitten und romanisirender Theorien ein Zerrbild hervorgegangen, welches, nicht deutsch, nicht römisch, nur zu oft an den Satz mahnt:

Vernunft wird Unsinn, Wohlthat Plage!

Aber wenig verschlägt es, sich zu ereifern über solche verderbliche Einwirkung der Juristen auf gesunde deutsche Rechtsinstitute. Das ist nun einmal der Gang unserer Rechts- und Staats-Entwicklung gewesen, dem wir auch unendlich viel Gutes und Förderndes zu verdanken haben, und der legislative Werth der Gütergemeinschaft, wie sie nun einmal heute existirt, ändert sich durch solche Klagen nicht. Zurück zur alten Verfangenschaft können wir aus vielen Gründen nicht, und so kommen wir aus der Verquickung auf keinem andern Wege heraus, als dadurch, daß wir die Gütergemeinschaft als coordinirtes Object der Gesetzgebung vollständig fallen lassen und die Rechte des Ueberlebenden ganz allgemein nach dem System der Gütereinheit rationell ordnen. Wollen wir für das berechtigte Interesse der Kinder genügend sorgen, so können wir dem Ueberlebenden außer seinem Erbtheil nur den Nießbrauch am Nachlaß der Minderjährigen gewähren, nie und nirgends mehr; thun wir aber das, so hat es keinen Sinn und keine Bedeutung mehr, als solchen Nachlaß eine Quote des innerlich geeinten Ehevermögens anzusehen, und demgemäß eine Schichtung beizubehalten, sondern wir können dann bei beerbter Ehe eben so gut die Unterscheidung der ursprünglichen Bestandtheile des Vermögens beibehalten, wie das ja gewöhnlich bei unbeerbter Ehe auch in den Districten der Gütergemeinschaft immer noch geschieht.

Und so bleibt uns denn nur die dritte Methode für die Behandlung der Sache übrig. Der Gesetzgeber, welcher die Gütergemeinschaft um ihrer praktischen Unbrauchbarkeit willen aus seinem System hinausweist, kann nicht meinen, noch beabsichtigen, damit zugleich die altgewohnte Sitte auszumerzen. Er hat im Gegentheil die unabweisliche Aufgabe, sie auch ferner zu achten und ihre Uebung insoweit zu ermöglichen, als diese Sitte nicht etwa in einzelnen Gestaltungen solchen wesentlichen Grundlagen des Systems widersprechen sollte, die als dem öffentlichen Recht angehörig durch Privatverträge nicht geändert werden können. Diese Aufgabe ist aber nicht durch einfache Erlaubniß, die Gütergemeinschaft vertragsmäßig einzuführen, gelöst. Denn das Gesetz wird den allgemeinen Grundsatz in sich aufnehmen müssen, daß alle Eheverträge einen ganz bestimmten Inhalt haben müssen. M. a. W. das Gesetz muß verbieten, in Verträgen das bisher im betreffenden Bezirk bestandene Recht in allgemeinen Ausdrücken aufrecht zu erhalten. Denn die Macht der Gewohnheit würde solche Verträge sehr beliebt machen, sie würden das Einleben der allgemeinen Sitte in das Gesetz ungemein erschweren und verzögern, und mit der Gewohnheit zugleich alle ihre Lücken und Widersprüche in das Recht eben dieser Ehe hineintragen, zu deren Beseitigung doch gerade das Gesetz erlassen ist. Ja, es würden sich eine unbestimmte Menge neuer Controversen bilden, weil das jetzt bestehende Verhältniß des Gütergemeinschaftsrechtes zum gemeinen Rechte nicht einfach auf das Verhältniß des künftigen Gütergemeinschaftsvertrages zum neuen Gesetzbuch würde angewandt werden können. Wenn es z. B. heut zu Tage unbedenklich ist, das römische Notherbenrecht in solchen Bezirken nicht zur Anwendung zu bringen, wo es sich etwa mit dem ehelichen Güterrecht nicht verträgt, so würde es doch sehr fraglich sein, ob man künftig auch der Meinung wäre, die Ehegatten könnten durch den Vertrag, daß das alte Güterrecht in ihrer Ehe gelten solle, auch das Notherbenrecht des neuen Gesetzbuchs beseitigen. — So würden denn solche allgemein gefaßte Verträge auch regelmäßig zum Nachtheil des Publikums ausschlagen, es würde damit der Samen innerer Zwietracht in die Familien getragen werden. Je mehr aber im Laufe der Zeiten sich die Anschauung des frühern Rechtszustandes bei den Gerichten verdunkeln würde, um so gefährlicher würde diese Klippe werden. Diejenige Generation von Juristen, welche bei der Publikation des neuen Gesetzbuchs eben im Amt ist, würde sich noch leidlich in solchen Verträgen zurecht finden. Ihr steht dafür die unmittelbar praktische Kenntniß der bisherigen Particularrechte zu Gebote. Aber schon mit dem ersten Wechsel des Personals würde sich das ändern. Nach zwanzig Jahren schon sind die Gerichte in der Majorität mit jüngern Leuten besetzt, welche ihre Bildung an der Hand des neuen Gesetzbuchs erlangt haben. Sie würden sich die erforderliche Kunde der mehr und mehr der Verschollenheit verfallenen Partikularrechte nur auf dem Wege gelehrter Forschung verschaffen können, würden sich immer mehr dem Wege zugedrängt sehen, die Auslegung des Vertrages durch eine Beweisauflage über den Inhalt des darin stipulirten alten Gewohnheitsrechts vermitteln zu müssen.

Das Verbot solcher allgemein lautenden Verträge ist also unerläßlich. Das Publikum aber würde sich, solchem Verbote gegenüber, in der schwierigen, ja ganz aussichtslosen Lage befinden, in jedem einzelnen Vertrage das Gewohnheitsrecht, welches darin conservirt werden soll, in seinen einzelnen charakteristischen Zügen zu beschreiben und festzustellen, die Lücken zu ergänzen, die Widersprüche zu entfernen, alle möglichen Eventualitäten zu berücksichtigen, und das alles mit derjenigen Präcision und Unzweideutigkeit des Ausdrucks, wie ein Vertrag diese erheischt. M. a. W. jeder Vertrag müßte ein kleines

System des betreffenden Gewohnheitsrechtes in sich aufnehmen, und das würde unmöglich sein.

Aus diesem Dilemma giebt es keinen anderen Ausweg als den, daß allgemeine Verträge gestattet werden, daß aber das Gesetz selbst den Inhalt derselben normirt. Das Gesetz muß ein System der Gütergemeinschaft aufstellen, mit der Bedeutung, daß ein Vertrag über Gütergemeinschaft nach diesem gesetzlichen System ausgelegt und beurtheilt werden, wobei es jedoch unbenommen bleibt, im Einzelnen bestimmte Abänderungen dieses gesetzlichen Systems zu verabreden. Auf diesem einfachen Wege wird alles erreicht, was man durch die vorhin besprochene zweite Methode zu erreichen wünschen könnte; man gestattet dem Publikum, sich der gewohnten Rechtsformen auch fernerhin zu bedienen, so weit diese nicht mit höher berechtigten Grundsätzen des Rechts im Widerspruch stehn, man zwingt es aber nicht, auch nicht indirect dazu, und vermeidet den widerwärtigen Dualismus in der Gesetzgebung, den jene zweite Methode mit sich führt. Will die Frau ihr Vermögen ganz dem Geschick und dem Glück des Mannes überlassen, wie das in der unbedingten Schuldenhaft geschieht, so mag sie das gern thun. Wenn aber das Gesetz davon ausgeht, daß solches Verhältniß nicht im Wesen der Ehe liegt, wenn es also die Frau im Allgemeinen freier stellt, so kann es nicht ohne inneren Widerspruch auch wieder diese Freiheit davon abhängig machen, daß die Frau sich solche ausdrücklich ausbedinge.

Auf einen Gewinn, der mit der einheitlichen Codification des Eherechts erreicht wird, möchte ich hier noch kurz hinweisen, auf den nämlich, daß auf diese Weise die bekannte Controverse über Stetigkeit oder Veränderlichkeit des ehelichen Güterrechts für das ganze deutsche Reich ihr Object verliert und nur noch hinsichtlich der vom Ausland Einziehenden gesetzlicher Regelung bedarf. Wie bedeutend dieser Gewinn bei der jetzigen Freizügigkeit sein wird, das liegt auf flacher Hand.

Eine recht schwierige Arbeit wird es allerdings sein, den vom Gesetz zu fixirenden Inhalt solcher Verträge über die Gütergemeinschaft in befriedigender Weise zu umgrenzen. In Oldenburg, wo man die particuläre Gütergemeinschaft einfach ignoriren konnte, hat sich das Gesetz dafür entschieden, daß weder die abnorme Berechtigung beider Ehegatten, durch einseitige Rechtshandlungen über Stücke des gemeinen Vermögens den Andern zu verpflichten, geduldet, noch die bestehenden Rechte des Ueberlebenden, weil sie dem berechtigten Interesse der Kinder, namentlich der Minderjährigen, zuwider laufen, aufrecht erhalten werden könnten. Die vertragsmäßig gestattete Gütergemeinschaft beschränkt sich also auf eine dem gesetzlichen Verhältniß gegenüber erweiterte Befugniß des Mannes zu Verfügungen über das Vermögen der Frau und auf Schuldengemeinschaft. Diese Auffassung der Sache fand sich schon im

Entwurf, sie hat bei der Berathung im Landtage keinen Widerspruch gefunden, und steht daher zu hoffen, daß das Gesetz sich auch in den Landestheilen, wo bisher Gütergemeinschaft galt, recht bald einbürgern werde.

Dabei soll aber keinesweges geleugnet werden, daß sich auch eine ausgedehntere Beibehaltung der Gütergemeinschaft vertheidigen lasse. Es läßt sich z. B. darüber streiten, ob das gemeinrechtliche Notherbenrecht eine undurchdringliche Schranke für alle Gestaltungen des ehelichen Güterrechts bilden müsse, sowie darüber, ob die staatliche Sorge für Minderjährige wirklich überall eingreifen müsse, ob sie nicht vielleicht auch dem überlebenden parens mit ausgedehnter Befugniß zur Vermögensverwaltung vertrauensvoll überlassen werden könne, so lange nur derselbe nicht eine zweite Ehe eingeht. — Umgekehrt wird, wenn das eheliche Güterrecht als Theil eines Gesetzbuches, also auch im Zusammenhang mit dem gesammten Familienrecht, neu geordnet wird, auch die Frage, die man in Oldenburg absichtlich nicht berührt hat, zur Erörterung und Entscheidung kommen müssen, ob nicht auch die Lehre von der väterlichen Gewalt auf ihrer alt germanischen sittlichen Grundlage der väterlichen Vormundschaft neu auferbaut werden müsse, und ob dann nicht nach dem Beispiel Sachsens nicht blos der Wittwe, sondern auch dem Wittwer ein Vormund zur Seite zu setzen sein möchte, der die Erhaltung der Substanz des Vermögens der minderjährigen Kinder zu controlliren berufen wäre.

Mehr als diese Andeutungen zu geben, ist hier nicht der Ort. Für die Gesetzgebung wird es nothwendig sein, daß sich recht viele Stimmen aus allen Theilen Deutschlands über diese Materie hören lassen. Da werden sich gar verschiedene Ansichten und Bedürfnisse hervorthun, allein diese werden, davon bin ich überzeugt, nicht in dem Maaße verschieden ausfallen, daß eine Verständigung und eine Vereinigung zu einer gleichmäßigen Behandlung der Gütergemeinschaft sich als unausführbar erweisen würde. Für diese Hoffnung darf ich mich wohl auf den im Jahr 1867 erschienenen „Entwurf eines Gesetzes über das eheliche Güterrecht, auf Grund der baierischen Statutarrechte," von Frh. von Völderndorff, beziehen. Auch dieser Entwurf ruht auf dem Princip der Gütereinheit und normirt daneben die Gütergemeinschaft als Object von Eheverträgen. Im ersten Theil ist er dem oldenburgischen Gesetz, welches ganz unabhängig von ihm entstanden ist, sehr nahe verwandt, im zweiten conservirt er zwar von der Gütergemeinschaft weit mehr, als man bei uns für zulässig gehalten hat, aber wenn man gleich beim ersten Schritt im Nordwesten und im Süden von Deutschland, unter Bevölkerungen von abweichender Confession, von weit auseinandergehenden Sitten, von sehr verschiedenen ökonomischen Bedürfnissen, sich ungesucht so nahe kommt, so darf man darin allein gewiß eine werthvolle Bürgschaft dafür finden, daß alle Abweichungen, die sich noch weiter ergeben mögen, sich als von untergeordneter Bedeutung ausweisen und dem Drange der Nation nach Rechtseinheit auch auf diesem Gebiet ein ernstliches Hinderniß nicht bereiten werden. Das wird sich zeigen, sobald die Behandlung der Sache dem engen Gesichtskreise der particulären Gesetzgebung entzogen und von den Organen des Reichs in Angriff genommen sein wird.

Also zum Schluß: Ich bin der Ansicht, daß die Codification des Rechtes im Reich sich auch auf das ganze Familienrecht, speziell auf das eheliche Güterrecht, erstrecken muß, ich halte es auch nicht nur für wünschenswerth und ausführbar, sondern für allein möglich und nothwendig, daß dem ehelichen Güterrecht ganz ausschließlich das System der Gütereinheit zu Grunde gelegt werde, so jedoch, daß durch Formulirung eines Systems der Gütergemeinschaft, beziehungsweise verschiedener Systeme allgemeiner und particulärer Gütergemeinschaft, dem Privatwillen Gelegenheit geboten werde, abweichend vom gesetzlichen Recht, Gütergemeinschaft innerhalb gewisser vom Gesetz zu ziehender Grenzen, vertragsweise festzusetzen.

IV.

Gutachten des Herrn Professor Dr. Göppert zu Breslau

über die Frage:

„Ist es wünschenswerth und ausführbar, gleichmäßige Vorschriften für die theoretische und praktische Ausbildung aller Richter, Advocaten und Staatsanwälte des deutschen Reichs zu geben?"

Die theoretische und praktische Ausbildung der Juristen wurde in Deutschland zuletzt Gegenstand der öffentlichen Besprechung, als es sich 1868/69 um Herstellung einheitlicher Einrichtungen für den gesammten preußischen Staat handelte und die unmittelbare Uebertragung der altländischen Institutionen auf die neuen Provinzen ohne Reform sich als unthunlich darstellte. Im Einheitsstaate ist in der That die Gleichförmigkeit der Vorbildung für einen bestimmten Berufskreis, dessen Functionen von fundamentaler Bedeutung für das gesammte öffentliche Leben und den privaten Rechtsverkehr sind, und aus welchem der Staat einen erheblichen Theil seiner Organe entnimmt, selbst dann nicht zu entbehren, wenn in den Landestheilen verschiedenes Recht gilt. In einem Bundesstaate, wie das deutsche Reich, würde eine ähnliche volle Nothwendigkeit nur bestehen, wenn die Justiz überhaupt der Sphäre der Einzelstaaten entrückt und zur Reichssache erhoben wäre. Wird nun, obgleich dies nicht der Fall ist, nichtsdestoweniger die Frage aufgeworfen, ob für Deutschland die Unificirung dieser Institutionen angestrebt werden soll, so mag man zunächst auf die unzweifelhafte Thatsache hinweisen, daß auf dem in Rede stehenden Gebiet die Mannigfaltigkeit an sich selbst gewiß nicht den geringsten Vortheil vor der Gleichförmigkeit bietet. Indessen würde dieser negative Grund für den Wunsch nach Vereinfachung des Zustandes kein ausreichendes Motiv sein, und wäre er der einzige, so dürfte man den Particularismus ruhig fortbestehen lassen: eine gewisse beschränkte Uebereinstimmung wird ohnehin für einen mehr oder weniger beträchtlichen Theil Deutschlands regelmäßig durch die herrschende Richtung der Anschauungen herbeigeführt, und im Allgemeinen dürfen wir ja auf den Stand der Fachbildung unseres Juristenstandes mit Befriedigung hinblicken. Man wird also von uns den Nachweis verlangen, daß wirklich gewisse Mißstände durch die jetzige Buntheit der Einrichtungen erwachsen, oder daß die Unificirung ihrerseits gewisse positive Vortheile zu gewähren verheißt.

Einen solchen Vortheil wird man geneigt sein vor Allem in der zu erwartenden Vorzüglichkeit der neuen Vorschriften für ganz Deutschland zu hoffen. Dabei wird verzeihlicher Weise Jeder zunächst seinen Blick auf seine engere Heimath richten, deren Verhältnisse ihm unmittelbar vor Augen liegen und aus eigener Erfahrung bekannt sind, und ich gestehe, daß ich ganz besonders an Preußen denke. Wer bei uns mit dem aus den damaligen Verhandlungen hervorgegangenen Gesetze vom 6. Mai 1869 vollkommen zufrieden ist, wird die Anregung einer einheitlichen Regelung vielleicht in der Erwartung freudig begrüßen, daß der durch jenes geschaffene Zustand allgemeine Aufnahme finden werde. Ich erkläre offen, daß ich umgekehrt gerade deshalb von vornherein für die Bejahung der gestellten Frage eingenommen bin, weil ich eine genügende Lösung des schwierigen Problems in jenem Gesetze nicht zu finden vermag.

Der damals gegenüber den ältern preußischen Einrichtungen gemachte Fortschritt reducirt sich schließlich in der Hauptsache auf die Beseitigung des alten zweiten zwischen die Eintritts- und die Endprüfung eingeschobenen Examens; die eigentlich fundamentalen Punkte sind im Wesentlichen unberührt geblieben.

Ich meine vor Allem die Frage, welche zugleich fast eine Lebenssache für die juristischen Facultäten in ihrer Eigenschaft als Unterrichtsanstalten bildet, die nämlich, welche Wichtigkeit dem Universitätsstudium beigemessen werden soll. Sie läßt sich praktisch auch formuliren als Frage nach der Prüfung beim Uebergange von der Universität in die Praxis, da deren Einrichtung das einzige Mittel ist, durch welches von Seiten des Staats auf die Ernstlichkeit des Universitätsstudiums wirksamer Einfluß geübt werden kann. Soll, wie es wenigstens in Preußen immer noch geschieht, nur das leichteste Gepäck juristischen Wissens, welches allenfalls genügt, um sich im praktischen Dienst nothdürftig zurechtzufinden, gefordert werden, indem man es dem jungen Praktikanten vertrauensvoll überläßt, erst zwischen Protokolliren und Referiren sich das volle Maaß von Fachkenntnissen zu erwerben, welches sein Beruf erheischt? Oder soll in unserm, wie längst in allen andern gelehrten Fächern, verlangt werden, daß die Universitätsjahre wahrhaft als Studienzeit benutzt werden, und daß der abgehende Candidat für den Richter- und Advocatenberuf ganz ebenso den Erwerb einer vollen Fachbildung nachweise, wie vom Arzt, Philologen, Theologen erwartet wird?

Ueber die Situation, welche durch die erstere Einrichtung den Universitäten bereitet wird, ist seitens dieser selbst schon viel geklagt worden und haben sich noch in der jüngsten Zeit zwei angesehene Rechtslehrer (Stintzing und Muther) bitter genug ausgesprochen. Aber ich denke, daß nicht bloß der Standpunkt des akademischen Lehrers, der seinen Beruf herabgesetzt, seine einzige officielle Thätigkeit in ihrem Nutzen wesentlich beeinträchtigt sieht, diese Verhältnisse als verkehrt erscheinen läßt. Die Natur der Jurisprudenz sollte man aufhören dafür anzuführen. Theoretische Rechtskenntnisse erwirbt man, wenn man sie in die praktische Berufs-Uebung noch nicht mitbringt, nicht durch die Praxis, sondern neben der Praxis, und speziell der junge Jurist, dem es am inneren Triebe zur Wissenschaft fehlt, entweder gezwungen zum Bücherstudium durch die Rücksicht auf das letzte Examen, oder in Folge der Anregung, welche einzelne Fälle ihm für diese oder jene Materie geben. Die Praxis ihrerseits verleiht nur Uebung und Gewandtheit in der Anwendung erworbener Kenntnisse und kann deren Vertiefung fördern. Ein sonstiger greifbarer Grund für die Herabdrückung der Anforderungen an das Wissen der Rechtscandidaten scheint mir bisher noch nicht gefunden, außer der langjährigen Gewöhnung und der Thatsache, daß es ja bisher auf diesem Wege leidlich gegangen. Dem gegenüber will ich nicht sowohl auf die Möglichkeit hinweisen, daß es auf anderm Wege noch besser gehen werde, als vielmehr darauf, daß es nur gegangen ist im Zusammenhange mit einer in keinem andern Beruf erhörten Ausdehnung der Ausbildungszeit, der Unselbstständigkeit und der unentgeltlichen Arbeit des Aspiranten, welche gegenwärtig doppelt in das Gewicht fällt bei den durchaus veränderten Erwerbsverhältnissen und der Verringerung der Anziehungskraft, welche der Beamtenstand bisher als eine sociale Aristokratie besaß.

Entschließt man sich, dem juristischen Universitätsstudium eine ähnliche Wichtigkeit zuzuerkennen, wie dem medicinischen, philologischen, theologischen, so steht man sofort dem praktischen Vorbereitungsdienst ganz anders gegenüber. Unter allen Umständen würde er erheblich abgekürzt werden können: man dürfte statt der 4 Jahre, welche er jetzt in Preußen währt, getrost ein bis zwei Jahre acceptiren, welche anderwärts schon längst als ausreichend gelten;

sie genügen gewiß zur Orientirung in der Praxis; ein wirklicher Praktiker wird man ja doch nicht als Referendarius, Praktikant, Auditor, Accessist, sondern immer erst in selbstständiger Thätigkeit und Stellung. Die bisherige Länge konnte nur durch die Erwägung entschuldigt werden, daß es sich außer der praktischen Ausbildung gerade auch noch um das nebenhergehende theoretische Lernen, das Nachholen dessen handelte, wozu naturgemäß die Universitätszeit bestimmt sein müßte.

An sich freilich wäre ich geneigt, noch weiter zu gehen und geradezu die Frage aufzuwerfen, ob wir überhaupt an dieser obligatorischen Einrichtung eines besonderen Vorbereitungsdienstes festhalten sollen. Wird überall dafür gesorgt, daß künftig der junge Jurist die Universität in seinem Fach ganz in dem Maaße ausgebildet verläßt, wie der Arzt, Lehrer, Geistliche, so erscheint doch wohl der Gedanke nicht mehr so unerhört, ebenso wie es früher allgemein geschah und noch jetzt hier und da vorkommt, auch wieder allgemein dem jungen Juristen anheim zu geben, sich nach Absolvirung seiner Studien selbstständig im Leben zu versuchen, — es versteht sich in der Advocaten-Thätigkeit, an deren Freigabe doch nicht gezweifelt werden kann. Von selbst übrigens würde der junge Jurist meistens Anschluß an einen ältern Anwalt suchen. Der Staat würde sich seine Richter oder Staatsanwälte einfach aus den jungen Anwälten auszuwählen haben, denen es gelungen, sich eine gewisse Anerkennung zu erwerben. Möchte er auch immerhin für diejenigen, welche von vornherein auf die richterliche Laufbahn Bedacht nehmen, eine gewisse Vorschule oder Probezeit bei den Gerichten einrichten. Auf den ersten Blick sehr radical aussehend, enthielte diese Beseitigung des jetzigen Vorbereitungsdienstes doch nur den Bruch mit einer kaum hundertjährigen Gewöhnung und die Rückkehr zu naturgemäßen, übrigens niemals völlig verschwundenen Verhältnissen gegenüber einer bureaukratischen Umbildung des Juristenberufs, der ich eine gewisse historische Bedeutung und Nützlichkeit nicht absprechen will, wohl aber die innere Nothwendigkeit und die Heilsamkeit für ewige Zeiten. Es handelt sich um die Herstellung derselben Einrichtung, an welcher bei dem ärztlichen Beruf Niemand Anstoß nimmt, obgleich ein ungeschickter Arzt mindestens nicht weniger gefährlich ist, als ein ungeschickter Advocat. Der übliche Hinweis auf die praktische Ausbildung des Mediciners in den Kliniken trifft bei der rein intellectuellen Natur der juristischen Thätigkeit nicht zu, welche keine Uebung der Sinnesorgane im Auffassen physischer Erscheinungen fordert. Ueberdies besteht seitens der Universitäten keine Abneigung gegen die Aufnahme praktischer Uebungen, sobald darunter Exerciren von Curialien nicht verstanden wird.

Indessen ich wage nicht zu hoffen, daß schon jetzt dieser Schritt in denjenigen Ländern Anklang finden würde, welche nun einmal an die entgegengesetzte Einrichtung gewöhnt sind. Die wenigen Bezirke, welche ein solches Referendariat bisher nicht gekannt haben, werden sich voraussichtlich seiner Einführung unterwerfen müssen. Ich würde dann wenigstens in der Abkürzung des Vorbereitungsdienstes, wo er das oben bezeichnete Maaß bisher übersteigt, eine erhebliche Verbesserung sehen. Außerdem aber wünschte ich dringend eine erneuete Prüfung, ob nicht dieser Vorbereitungsdienst mehr und mehr von den rein mechanischen Theilen befreit werden kann, und vor Allem, ob er nicht einer wesentlichen Umwandlung bedarf, sobald unser Prozeß, wie voraus- zusehen, das Mündlichkeits-Princip consequent durchführt, indem der Schwer- punkt dann in die bisher noch immer, wenigstens in Preußen, aber auch wohl anderwärts, in zweiter Linie stehende Beschäftigung bei einem Rechtsanwalt gelegt werden muß.

Diese und mancherlei mehr untergeordnete Fragen, auf die ich hier nicht spezieller eingehen will, müßten bei der Normirung des juristischen Bil- dungswesens für ganz Deutschland erwogen und nicht tanquam ex vinculis, sondern mit voller Freiheit von den Traditionen der Particularstaaten zum Austrage gebracht werden. Das Zusammenwirken von Sachkundigen aus allen Theilen Deutschlands giebt die Wahrscheinlichkeit guten Erfolgs. Die Vorurtheile, welche von verschiedenen Seiten für das in der Heimath Ge- wohnte mitgebracht werden, würden durch ihr Zusammentreffen unschädlich werden und sich gegenseitig paralysiren, während die wechselseitige Kritik und der Austausch der gemachten reellen Erfahrungen eine allseitig unbefangene Prüfung erleichtern.

Aber die Hoffnung, daß das Resultat der für ganz Deutschland gemein- samen Arbeit der eigenen Meinung entsprechen könnte, ist nicht der einzige Grund, der mich veranlaßt, für die einheitliche Regelung zu stimmen. Indem ich vielmehr diese Hoffnung ganz zurückdränge, und selbst auf die Gefahr hin, daß das Geschaffene mir ganz unsympatisch ausfallen möchte, nur in der Voraussetzung, daß dadurch jedenfalls die Vorbildung der jungen Juristen für ganz Deutschland auf das höchste Niveau gebracht werde, welches sie jetzt in irgend einem Particularstaate erreicht, erkläre ich die Unificirung nicht blos für wünschenswerth, sondern sogar für ein dringendes Bedürfniß von dem Augenblicke an, wo wir ein einheitliches Civil- und Criminalverfahren erhalten.

Geschähe letzteres nicht, so würde jene entbehrlich sein. Denn bei der einzigen jetzt schon gemeinsamen Justizinstitution, dem Reichsoberhandelsgericht, ist durch §. 6 des bezüglichen Reichsgesetzes zusammen mit dem kaiserlichen Ernennungsrechte allen Uebelständen vorgebeugt, welche an sich durch die Zusammensetzung eines Gerichts aus verschieden ausgebildeten Kreisen wohl denkbar wären. Eher möchte man vielleicht auf die Unbilligkeit hinweisen, welche durch §. 10 des Gesetzes in Betreff der Zulassung zur Advocatur für die Juristen aus den Ländern entsteht, welche für die Anwaltsthätigkeit strengere Anforderungen als andere stellen. Uebrigens besitzt wohl auch das Rechtshilfegesetz, bei dessen Berathung man hauptsächlich nur die aus Competenz-Vorschriften sich ergebenden Schwierigkeiten berücksichtigt hat, so lange einen gewissen Rest von Bedenklichkeit, als nicht eine gewisse Garantie für die Qualificirung der fremden Richter besteht, deren Jurisdiction jeder Staat seine Unterthanen rückhaltslos zu unterwerfen genöthigt ist, ohne seinen eigenen Organen irgend welche Nachprüfung, selbst nur der Zuständigkeit, zu gestatten.

Ein wirkliches Bedürfniß entsteht doch wohl erst mit der künftigen Prozeßeinheit, mit dieser aber meines Erachtens ganz unabweislich.

Die verschiedenen Prozeßsysteme unterscheiden sich unter Anderm auch grade durch das Maaß der Anforderungen sehr wesentlich, welche sie an die Intelligenz und Kenntniß des bei den Gerichten fungirenden Personals erheben. Man vergleiche z. B. die Stellung eines englischen Richters im Geschworenengericht mit der des deutschen Schwurgerichts-Präsidenten oder gar seiner unglücklichen vier Beisitzer (Votanten nach dem bezeichnenden österreichischen Ausdruck). Selbst die Frage, wie man im Civilverfahren die Bagatellprozeß- oder die Appellations-Summe normiren soll, kann eigentlich gar nicht ohne genaue Rücksicht auf die Qualität der richterlichen Personen beantwortet werden, denen man die Stellung des Einzelrichters und die Macht endgültig zu entscheiden anvertrauen soll. Es liegt ferner zu Tage, daß ein behaglich dahinschleichendes schriftliches Verfahren zu recht guten Ergebnissen führen kann mit praktisch und theoretisch weniger gewandten Richtern und Advocaten, als die tüchtige Handhabung eines rein mündlichen Prozesses erheischt. Der durchschnittliche Ausbildungsgrad, welcher dort leidlich ausreicht, wird in diesem vielleicht vollkommen ungenügend und kann den Grund zu gänzlichem Scheitern der neuen Institutionen geben. In vollem Maaße wird sich dies freilich nur bei der Uebertragung der Prozeßeinrichtungen von einem Volke auf das andere bei erheblicher Differenz des allgemeinen Culturgrades zeigen. Aber schon bei den Unterschieden in der Durchschnitts-Gelehrsamkeit und -Gewandtheit des Juristenstandes, welche durch Verschiedenheit der Studieneinrichtungen herbeigeführt werden können, würden die Ergebnisse der neuen Prozeß-Institutionen — und ich glaube, daß alle bisher publicirten Projecte sehr hohe Anforderungen an Richter und Advocaten stellen — in den verschiedenen Staaten sehr ungleich befriedigen. In den obern und obersten Instanzen wird sich natürlich der Einfluß ungeeigneter oder minder geeigneter Studien-Ordnungen verhältnißmäßig wenig oder sogar gar nicht mehr fühlbar machen, mit voller Kraft aber in dem Verfahren erster Instanz, welches zu einem guten Theil in die Hände jüngerer Praktiker gelegt werden muß, welchen noch nicht ein längeres Berufsleben die Möglichkeit gegeben hat, die durch die Fehlerhaftigkeit der officiellen Vorbildung bedingten Mängel ihrer Tüchtigkeit auszugleichen und zu überwinden.

Auf einen besondern Nutzen möchte ich noch hinweisen, den ich für die Zukunft von der Durchführung des Vorschlags erhoffe.

Solange die gegenwärtige Mannigfaltigkeit der in Deutschland geltenden Privatrechte dauert, besteht nothwendig eine territoriale Abgeschlossenheit des Juristenstandes, welche sogar innerhalb der einzelnen Staaten ohne Einheit der Gesetzgebung nur ausnahmsweise durchbrochen werden kann. Man darf jedoch sagen, daß die Tage dieser Zersplitterung gezählt sind, und daß wir in einer freilich wohl nicht allzukurz anzunehmenden Zahl von Jahren zu einem gemeindeutschen Gesetzbuch gelangen werden. Dann kann aber eine übereinstimmende Studienordnung für den Juristenstand als solchen von ganz besonderer Bedeutung werden. Allerdings ist auch dann eine völlige Gemeinschaft des Personals der Gerichte und der Staatsanwaltschaft nicht in Aussicht zu nehmen etwa nach Art der Universitätslehrer; mindestens die größeren Staaten werden mit Recht schon wegen ihrer Particular-Institutionen als Regel festhalten müssen, daß sie in ihre Amtsstellen nur solche berufen, welche speziell in ihren Justizdienst getreten sind, in ihm die Ausbildung genossen und bei ihren Prüfungsbehörden die Examina abgelegt haben. Aber eine gleiche Exclusivität würde demnächst für die Zulassung zur Advocatur nicht mehr gerechtfertigt sein, wenn die Befähigung dafür in ganz Deutschland nur nach den gleichen Normen erworben werden kann. Es würde ein gleiches Verhältniß möglich werden, wie es hinsichtlich des ärztlichen Berufs bereits besteht, zu dessen Ausübung im ganzen Reiche die Ablegung des Staatsexamens bei irgend welcher Prüfungsbehörde berechtigt. Dadurch würde dann (wie Muther es kürzlich ausdrückte) für den deutschen Juristen dem Reichsbürgerrecht erst der rechte Inhalt verliehen werden; er erhielte endlich ebenfalls die Freizügigkeit und die Unbeschränktheit der Wahl des Arbeitsfeldes, welche wir banausischer Gewerbethätigkeit längst gewährt haben und der geistigen Arbeit durchweg gewähren sollten. Der Angehörige des größern Staates empfindet weniger die Beschränkung, welche ihm für die Nutzbarmachung seiner Kenntnisse und Tüchtigkeit und für seine freie Bewegung gezogen sind; anders aber muß die Einsperrung in einen engern und engsten Kreis und die unabänderliche Unterwerfung unter dessen Verhältnisse wirken, aus welcher ohne Preisgabe des bisherigen Lebensberufs nicht zu entfliehen ist. —

Mag dies als eine zu weit gehende Speculation angesehen werden; jenes durch die Prozeßeinheit gegebene Bedürfniß nach der einheitlichen Ordnung der Studien wird in naher Zeit an uns herantreten. Eben diese Prozeßeinheit wird auch dazu helfen, manche Hindernisse zu beseitigen, welche vielleicht im Augenblicke noch der Herstellung gemeinsamer Studien-Einrichtungen im Wege stehen möchten. An der Ausführbarkeit derselben darf im Uebrigen nicht gezweifelt werden; gewisse Schranken für die Wirksamkeit der einheitlichen Institution, welche im Einheitsstaate vermieden werden können, müssen freilich hingenommen werden, sind aber erträglich, gerade weil es sich nicht um eine Schöpfung für einen Einheitsstaat handelt.

Zunächst ist eine erhebliche formelle Schwierigkeit nicht zu verkennen. Unsere Materie gehört der Gerichtsorganisation an. Letztere ist durch die Reichsverfassung der Beaufsichtigung und Gesetzgebung des Reichs nicht unterstellt; auch der bekannte Antrag Lasker und Gen. in den Reichstagssessionen von 1872 und 1873 auf Erweiterung der Reichscompetenz hat sich auf das bürgerliche Recht beschränkt und die Gerichtsorganisation fortgelassen, welche von seinem Vorgänger von 1871 eingeschlossen worden war. Bliebe deshalb für unsere Materie nur der Weg der Vereinbarung unter den Staatsregierungen über Erlaß übereinstimmender Einzelgesetze übrig, so würde nicht blos das Zustandekommen höchst zweifelhaft sein, sondern auch die Garantie dauernden Bestandes fehlen. Indessen ist die eigene innere Logik der Dinge hinreichend mächtig gewesen, um die Ueberzeugung allgemein zu machen, daß eine einheitliche Civil- und Criminal-Prozeßordnung unmöglich ist ohne einheitliche Ordnung der Organe, welche sie handhaben sollen. Wir wissen, daß in der That eine gemeinschaftliche Gerichtsordnung in Vorbereitung ist; der einzige Unterschied von ihrem Erlaß aus der allgemeinen Competenz des Reichs wird der sein, daß jetzt nicht die gesammte Organisation in dem Reichsgesetz erledigt wird, sondern nur diejenigen Theile und Punkte, bei welchen die Gleichförmigkeit sich der nothwendigen Ueberzahl der Regierungen als unbedingt erforderlich oder ganz besonders wünschenswerth darstellt. Wer diese Nothwendigkeit oder Nützlichkeit auch bei unserm Gegenstande annimmt, wird getrost hoffen dürfen, daß die gleiche Ueberzeugung, soweit sie noch nicht herrschend ist, sich weiter ausdehnen und zu praktischen Erfolgen führen wird, wenn nicht bereits bei der jetzt unmittelbar in Aussicht stehenden gesetzgeberischen Action, so doch in längerer oder kürzerer Frist. Eine besondere Empfindlichkeit eines Opfers an der freien Selbstbestimmung kann ich gerade bei dieser Materie nicht herausfühlen, sobald nur die Unificirung nicht zu einer Centralisirung übertrieben wird. Einstweilen wissen wir freilich aus den öffentlichen Blättern, daß der in den Ministerialconferenzen berathene preußische Entwurf in seinem Abschnitt über das richterliche Amt auch Vorschriften über Studium, Vorbildung und Prüfung der Richter enthalten hat, daß aber gerade dieser Abschnitt in den Conferenzeu auf Widerspruch gestoßen und gefallen ist.

Von den sachlichen Voraussetzungen der gemeinsamen Ordnung liegen am klarsten und einfachsten die hinsichtlich des Universitätsstudiums.

Aus den eigenen Einrichtungen und Verhältnissen der deutschen Universitäten kann kein Anstoß erwachsen. Sie sind ohnehin niemals specifisch Landesanstalten gewesen, und der freie Austausch des Lehrpersonals zusammen mit der freien Bewegung der Lernenden hat ganz von selbst auch in unseren Facultäten eine fast vollständige Uniformität der Lehrmethode und der Lehrgegenstände herbeigeführt, so daß nur die eine Vorlesung über das particuläre Privatrecht und in den Collegien über Staatsrecht und Prozeß die anhangsweise Berücksichtigung der Sonderinstitutionen eine eben nicht tiefgreifende Variation hervorbringt. Die Qualität aber der Leistungen ist mehr nach den Personen, als nach den Orten verschieden, und die Durchschnittsgüte ist längst officiell dadurch anerkannt, daß die einzelnen Staaten ihren künftigen Beamten, sei es für die ganze, sei es es für einen erheblichen Theil der Studienzeit, die Wahl der Universität freistellen. Beiläufig müßte es der hier erörterte Plan mit sich bringen, daß die letzten Beschränkungen, welche zu Gunsten der Landesuniversitäten in dieser Beziehung etwa noch gelten, beseitigt werden, wie in Preußen bereits durch das Gesetz vom 6. Mai 1869 geschehen.

Eine nicht geringe Verschiedenheit besteht dagegen wohl noch in den Vorschriften über die Benutzung des dargebotenen Unterrichts durch die Studirenden: Dauer der Studienzeit, Collegienfreiheit oder -Zwang, letzterer unter Differenzen in Betreff der Auswahl der vorgeschriebenen Vorlesungen u. a. m. Dies sind Nebenfragen, worüber abweichende Meinungen, jede mit einer gewissen innern Berechtigung bestehen, und über deren gleichmäßige Beantwortung man sich wird schlüssig machen müssen; aber diese Entschließung ist wenn sie für ein größeres Gebiet stattfinden soll, nicht schwerer oder unsicherer, als für ein kleineres. Die einheitliche Entscheidung ist auch ganz gut möglich ohne Eingriff in die Unterrichtsverwaltung der Staaten, welche Universitäten besitzen. Die juristischen Facultäten werden ganz von selbst und ohne Weiteres sich den neu an sie herantretenden Anforderungen fügen, nicht mehr begehrte Vorlesungen aufgeben und diejenigen neuen Collegien und Uebungen einführen, deren die Studirenden für die Zulassung zu den Staatsprüfungen nach den neuen Vorschriften etwa bedürfen sollten; alldies macht sich durch die bestehende freie Wettbewerbung unter den Universitäten ganz von selbst. Besonders bereitwillig würden sie, glaube ich, durch geeignete Einrichtungen eine Verlängerung des Cursus auf ein Quadriennium und eine geforderte Vertiefung des Studiums zu unterstützen suchen.

Ich müßte es sogar, um dies nicht unerwähnt zu lassen, beklagen, wenn man den Versuch machen wollte, durch das Reichsgesetz oder einzelne vereinbarte Verordnungen in den Universitäts-Unterricht direct reglementirend einzugreifen.

Daß die jetzige Gestalt desselben nicht die absolut beste ist und gewisser Umänderungen bedarf, wird der größte Theil unserer Docenten bereitwillig zugestehen. Aber die Ansichten darüber sind noch viel zu wenig geklärt, als daß man hoffen dürfte, schon jetzt eine gute Reform von oben herab decretiren zu können; besteht doch nicht einmal Klarheit und Einigkeit über den eigentlichen Grund der in den akademischen Kreisen selbst gefühlten Unzufriedenheit mit dem Hergebrachten, und noch weniger können manche neuerdings von ältern und jüngern Praktikern geäußerte Ansichten als wohl begründet betrachtet werden. Ueberhaupt aber ist dies kein Gegenstand, der von Obrigkeitswegen regulirt werden kann und darf. Auch bisher haben die Universitäten und insbesondere unsere Facultäten ihre Lehrmethoden nicht von Außen empfangen; ihre eigene innere Entwickelung hat sie zu ihrer heutigen Weise gefördert, welche geraume Zeit befriedigend gewirkt hat, und wird sie in der gegenwärtigen Krisis — wenn wir von einer solchen überhaupt schon sprechen dürfen — zu dem Richtigen mit Sicherheit hinleiten.

Auch für die Prüfung bei dem Uebertritt in die Praxis würde eine ähnliche Leichtigkeit der Unificirung bestehen, wenn man sich entschließen wollte, sie ganz in die Hände der Facultäten zu legen, oder die Commissionen ausschließlich durch Mitglieder der akademischen Lehrerschaft zu besetzen, wie es außerhalb Preußens bereits mehrfach mit gutem Erfolge geschieht. Will man aber Mitbetheiligung oder umgekehrt ausschließliches Examen praktischer Juristen, so würde die Einheit der Ordnung auch bei diesem Punkte sogar ohne Einheit der Gerichtsverfassung unschwer durchzuführen sein; es käme ja doch für die Auswahl hauptsächlich die persönliche Tüchtigkeit der zu designirenden in Betracht. Dasselbe gilt auch noch von der Zusammensetzung der Commissionen für die Prüfung am Schluß des praktischen Vorbereitungsdienstes, wenn anders dieser oder jene, welche nun einmal im überwiegenden Theile Deutschlands bestehen, beibehalten werden. Aber die Einrichtung dieses Vorbereitungsdienstes selbst ist durchaus abhängig von der Gestalt des Gerichtswesens überhaupt, so daß vor dem Bestehen eines gemeinsamen Civil- und Criminalverfahrens an die Schaffung uniformer Vorschriften für jenen besser noch nicht gedacht wird. Käme es nur darauf an, durch Fixirung einer bestimmten Zeit zu verhüten, daß die jungen Juristen gar zu frisch von der Universität weg selbstständig und anstellungsfähig werden, oder ihnen eine geräumige Frist zum Nachstudiren zu gewähren, oder dem Staate zwangsweise unentgeltliche Hilfsarbeiter zu verschaffen, so könnte man sich natürlich mit der Anordnung begnügen, daß sie so und so lange sich bei den Gerichten oder beim Advocaten aufhalten sollen, dahingestellt, was ihnen in diesem oder jenem Lande an Beschäftigung dargeboten wird. Aber eine gewisse Berechtigung kann für den Vorbereitungsdienst doch nur dann in Anspruch genommen werden, wenn er als ein Bildungsmittel betrachtet wird, durch dessen gezwungenen Gebrauch ein bestimmtes Resultat für die praktische Qualification der Candidaten erzielt werden soll, während man es für gefährlich oder für unsicher hält, ihnen den selbstständigen Erwerb dieser Qualification zu überlassen. Danach aber genügt es nicht einfach, die Dauer des Vorbereitungsdienstes zu fixiren, sondern muß Werth darauf gelegt werden, welche Thätigkeit dem Referendarius auferlegt wird. Die Geschäfte der freiwilligen Gerichtsbarkeit treten dabei in den Hintergrund; das Hauptgewicht ruht auf der Theilnahme des jungen Juristen als Gehilfe, sei es des Richters, sei es des Anwalts, an der Betreibung und den Verhandlungen des Civil- und Criminalprozesses. Nun bietet aber in den verschiedenen Prozeßsystemen bald die eine, bald die andere Function am meisten für die Belehrung und Ausbildung dar und muß danach in dem Vorbereitungsdienst vorgehen. So meine ich namentlich, daß unter der alten preußischen Gerichts-Ordnung — weniger schon im jetzigen preußischen und im gemeinen Prozeß — die Arbeit bei den Gerichten in dieser Hinsicht eine größere Bedeutung besaß, während bei Herrschaft des Mündlichkeitsprincips die Anwaltsthätigkeit in dem Vordergrunde stehen sollte. Auch die einzelnen Stationen und Stufen des Dienstes lassen sich übereinstimmend nur ordnen, wenn die Einrichtungen gleich sind, in welche der junge Jurist eingeführt werden soll.

Auch dann noch würde übrigens das Reichsgesetz sich auf Grundzüge beschränken müssen. Das Detail wird immer noch, und zwar um so mehr, je strenger man an der Beschäftigung des jungen Praktikers als Richtergehilfen festhalten sollte, in vieler Hinsicht den Ministerien der Einzelstaaten überlassen bleiben müssen. Es empfiehlt sich niemals, solche Dinge einem unbeweglichen Schematismus zu unterwerfen, und wenn auch die hier und dort getroffenen Specialvorschriften etwas weniger geeignet sein sollten, so ist doch nicht zu befürchten, daß dieser Uebelstand eine erhebliche Bedeutung erlangen möchte. Es kann ja ohnehin nur eine ungefähre Gleichheit der Durchschnittsbildung erstrebt und erreicht werden. Gewisse Schwankungen werden ferner unvermeidlich durch das Bestehen besonderer Prüfungs-Commissionen letzter Instanz in den einzelnen Staaten. Dagegen anzukämpfen, würde wohl aus politischen Gründen vergeblich sein; ich bin aber geneigt, darin überhaupt keinen Mangel, selbst nicht für einen Einheitsstaat, zu sehen, gerade so wie Niemand Anstoß nimmt an der Mehrheit der Commissionen für die erste Prüfung. Es ist dadurch allerdings die Gefahr gegeben, daß kein vollkommen gleicher Maaßstab an alle Candidaten gelegt wird. Wollte man aber eine einzige Commission für ganz Deutschland einsetzen, so müßte man, um schlimmeres zu vermeiden, dieselbe so zahlreich machen und demnächst wieder theilen, daß dadurch auch wieder die Möglichkeit sehr differirender Beurtheilungen entstände. Ueberdies muß doch jeder Staat auf die Kenntniß seines besondern Rechts Werth legen, und diese Particularrechte würden ebenfalls zur Bildung besonderer Abtheilungen zwingen. Besser also formelle Trennung, wobei nur zu beachten, daß die kleinsten Staaten sich unter einander zur Bildung gemeinsamer Commissionen zu vereinigen oder sich an die Commissionen eines größern Staates anzuschließen haben werden. Viel schwerer würde das Fehlen einer gemeinsamen Aufsichtsinstanz über die Anwendung der gesammten Studien-, Prüfungs- und Vorbereitungs-Ordnung wiegen. In einem Einheitsstaate ist sie das Correctiv für die divergirenden Neigungen der einzelnen Organe und sorgt dafür, daß die Einheitlichkeit des auf dem Papier Geschaffenen auch in der wirklichen Ausführung bewahrt bleibt, und daß keine wesentlichen Abweichungen sich einschleichen und festsetzen. Darauf müssen wir freilich verzichten und uns damit begnügen, den Justizministerien der Particularstaaten jedem für seinen Bereich die Controlle zu übertragen. Dies ist jene Unvollkommenheit des Erreichbaren, auf welche ich oben hinwies. Sie wird gemildert werden durch den Wetteifer, auf welchen wir unter den einzelnen Regierungen hoffen dürfen, in den erzielten Resultaten nicht zurückzubleiben und sich nicht dem Vorwurf auszusetzen, daß durch Schlaffheit in der Handhabung der gemeinsamen Vorschriften das Ansehen des eigenen Juristenstandes verringert worden sei.

V.

Gutachten des Herrn Professor Dr. Emanuel Ullmann zu Innsbruck

über die Gesetzgebungsfrage:

1. „Ist im Falle der Freisprechung eine Entschädigung für die Untersuchungshaft zu gewähren?"
2. „Soll die Zeugnißpflicht in Criminalsachen so lange nicht anerkannt werden, bis die Untersuchung die Richtung gegen eine bestimmte Person genommen hat?"

I.

Gegenüber der bevorstehenden Reform des deutschen Strafprozeßrechtes ist die Beantwortung der beiden zur Begutachtung vorgelegten Fragen augenblicklich von großer und praktischer Bedeutung geworden. — Was zunächst die erste Frage anlangt, so liegt es in der Natur des staatlichen Strafrechts, daß dessen Ausübung im einzelnen Falle ein Uebergreifen des hierbei in erster Reihe zu wahrenden Gesammtinteresses in die persönliche Freiheit des Einzelnen mit unabweislicher Nothwendigkeit mit sich bringt. Indem der Staat sein Recht auf Strafe geltend macht, realisirt er einen Anspruch, dessen bis zu einem gewissen Grade absoluter Charakter im Vergleich zu dem in Frage kommenden Einzelinteresse nicht bezweifelt werden kann. Die daraus abgeleiteten processualen Maßregeln sind ebenso gewiß durchaus nothwendige Garantien der Erreichung des Prozeßzwecks, als ohne dieselben die Verwirklichung des Prozeßzwecks in vielen Fällen unmöglich würde. Daneben hat der Staat die gesetzliche Pflicht, die persönliche Freiheit zu schützen, und ein Eingriff in dieselbe ist nur dann gerechtfertigt, wenn ein aus dem Gesichtspunkte der Erreichung des Strafprozeßzwecks sich ergebender Grund vorhanden ist. Darum kann die Untersuchungshaft nur unter der Voraussetzung gewisser materieller Bedingungen und unter Beobachtung von bestimmten prozessualen Formen gegen den eines Delikts Verdächtigen verhängt werden. Hiernach steht dem Staate dieses Recht nicht zu unbedingter Ausübung zu, sondern innerhalb gewisser Schranken, in denen die Forderungen des staatlichen Rechts auf Strafe und der persönlichen Freiheit des Angeschuldigten sich in Einklang bringen lassen. Das Recht des Staates, beziehungsweise dessen Pflicht zu strafen, und die entsprechende Befugniß selbst zu den weitgehendsten Prozeßmaßregeln, schließen ihrer Natur nach die eben bezeichneten Beschränkungen in der Ausübung dieser Befugniß in sich. Neben und außer diesen Beschränkungen läßt sich jedoch keine weitere Pflicht des Staates ableiten, insbesondere nicht die Verbindlichkeit zum Ersatz des dem Freigesprochenen durch die Verhängung der Untersuchungshaft verursachten Schadens. Eine derartige Verbindlichkeit, wenn sie überhaupt angenommen werden sollte, ließe sich nicht aus der staatlichen Strafbefugniß und den derselben entsprechenden Pflichten des Staates ableiten. Dem staatlichen Rechte zu strafen, entspricht nur die Pflicht, die Strafe im einzelnen Falle auch eintreten zu lassen, beziehungsweise die hiezu nöthige Strafverfolgung einzuleiten, wobei die gesetzlichen Schranken, welche das heutige Recht für die Verhängung der für den Angeschuldigten empfindlichsten Maßregeln im Laufe der Untersuchung aufstellt, nur als eine Modification, beziehungsweise als Bedingungen der Ausübung jenes Rechts erscheinen. Eine weitere Pflicht des Staates entspricht jedoch jenem Rechte nicht; insbesondere keine Entschädigungspflicht im Falle der Freisprechung des in Untersuchungshaft gesetzten Beschuldigten. — Es kann also hier nur die Frage aufgeworfen werden, ob eine solche Entschädigungspflicht selbstständig im Wege der Gesetzgebung geschaffen werden soll. Hierbei könnte jedoch niemals, — vorausgesetzt, daß der Richter die im Gesetze vorgeschriebenen Bedingungen der Verhängung der Haft genau beobachtet, und nach dem etwa eingetretenen Wegfall des Haftgrundes, die Haft nicht ungebührlich verzögert hat —, der einzelne Fall, beziehungsweise die erfolgte Freisprechung als solche einen triftigen Rechtsgrund zur Statuirung einer Entschädigungspflicht auf Seite des Staats begründen. Dieser Rechtsgrund kann insbesondere nicht in der Verhängung der Haft gegen einen in Wahrheit Nichtschuldigen liegen, dessen Nichtschuld aber für die richterliche Erkenntniß erst durch die Durchführung eines förmlichen Prozesses sich herausstellt; denn einerseits erfolgte die Verhaftung überhaupt rechtmäßig, wenn alle vom Gesetze vorgeschriebenen Bedingungen und Formen erfüllt sind; anderseits erscheint die Verhaftung unter der Voraussetzung der Rechtmäßigkeit ihrer Verhängung, nicht als eine einseitige Ausbeutung der richterlichen Gewalt, da die Sicherung der Person des Beschuldigten für den Prozeßzweck zugleich von dem Streben bestimmt wird, die eventuelle Schuldlosigkeit des Angeklagten festzustellen. Eine derartige Entschädigungspflicht des Staats könnte nur aus einer wirklichen Schädigung der persönlichen Interessen des Beschuldigten entstehen. Die mit der Untersuchungshaft verbundene Beeinträchtigung der persönlichen Freiheit tritt ebenso nothwendig und unvermeidlich ein, als die Maßregel selbst unter den positivrechtlichen Voraussetzungen ein nothwendiges und unvermeidliches Mittel der höheren Berufung des Prozeßzwecks ist. Hier kommt also der allgemeine Rechtssatz zur Anwendung, daß Jedermann den ihn treffenden Schaden (sowie den zu seinem Nutzen gemachten Aufwand) zu tragen hat, insofern nicht ein anderer durch eine schuldbare, zum Schadenersatze verpflichtende Handlung denselben verursacht hat. (Zachariä, Grundlinien S. 301 und Handb. II. S. 706.) Keine dieser Voraussetzungen trifft aber in Bezug auf unsere Frage hier zu.

Aus dem Gesagten ergiebt sich nun zunächst, daß für die selbstständige Gewährung einer Entschädigung an den Freigesprochenen für die ausgestandene Untersuchungshaft kein eigentlicher Rechtsgrund vorhanden ist. Ja, selbst Billigkeitsrücksichten würden nicht in allen Fällen der Freisprechung als durchgreifender Rechtfertigungsgrund für die Gewährung einer solchen Entschädigung gelten, (so sehr im Allgemeinen anerkannt werden muß, daß der wirklich Schuldlose billigerweise keinen Schaden leiden sollte); denn oft giebt gerade das Verhalten einer Person Anlaß zum Verdacht und rechtfertigt, wenn auch nur formell, die Verhängung selbst der empfindlichsten Sicherungsmaßregel. Hier hätte der, wenngleich wirklich Nichtschuldige auf sein unvorsichtiges Verhalten den Schaden zurückzuführen, welcher ihm durch Verhängung der Untersuchungshaft verursacht wurde, indem er durch die eigene Handlungsweise die Maßregel der Strafverfolgung provocirt hat.

Abgesehen aber von diesem Falle dürfte für die Gewährung einer Entschädigung an den wirklich Nichtschuldigen vornehmlich der Billigkeitsgrund vorgebracht werden können, daß hier das öffentliche Interesse in Wahrheit auf Kosten des Interesses des Beschuldigten durch Einleitung und Durchführung des Prozesses gewahrt wurde. Dieser Billigkeitsgrund wiegt hier um so mehr, wenn man erwägt, daß nicht der materielle

Schade, den die Untersuchungshaft direct und indirect mit sich bringt, die einzige nachtheilige Wirkung der Maßregel ist, sondern daß der Verhaftete und seine Familie auch einer peinlichen Situation ausgesetzt waren, und das Vorurtheil der Masse sie traf.

Für die legislative Normirung unserer Frage ergeben sich aber aus der heutigen Form der Definitivsentenz im Strafverfahren mancherlei Schwierigkeiten. Das freisprechende Urtheil des heutigen Rechts nimmt nämlich keine Rücksicht auf die materielle Voraussetzung der Freisprechung, so daß der Wirkung nach der Unschuldige formell ebenso behandelt wird, wie derjenige, gegen welchen zwar Verdachtsgründe der Schuld vorliegen, aber der Beweis der Schuld nicht erbracht werden konnte; und umgekehrt ist es denkbar, daß der Freigesprochene in Wahrheit unschuldig ist, während ein unglückliches Zusammentreffen von Umständen es ihm unmöglich macht, seine vollständige Entlastung zu bewirken. — So richtig nun auch die formell gleiche Behandlung aller Freigesprochenen ist, so scheint es doch zulässig zu sein, in zwei Gruppen von Fällen der Freisprechung, eine arbiträre Entschädigung aus Billigkeitsrücksichten eintreten zu lassen, nämlich

1. in den Fällen, in welchen die Verhandlung ergiebt, daß das Delikt nicht von dem Angeklagten, sondern von einem dritten begangen wurde, und
2. wenn die Handlung überhaupt nicht als strafbar im Sinne des Strafgesetzes erkannt wurde.

In diesem Sinne beantwortet Gutachter obige Frage.

Schließlich sei nur noch bemerkt, daß sich unter der Voraussetzung der Annahme des eben entwickelten Billigkeitsvorschlags dieser Frage eine weitere genetisch anschließen würde, nämlich: wie die formelle Grundlage für die Gewährung einer Entschädigung für die Untersuchungshaft überhaupt eingerichtet sein soll, denn die Freisprechung als solche kann nicht genügen, weil sie die Unschuld nicht zum Ausdrucke bringt; Urtheilsgründe werden aber theils nicht in allen Strafsachen, theils überhaupt nicht herausgegeben.

II.

Die zweite zur Begutachtung vorgelegte Frage ist gleichfalls im gegenwärtigen Augenblick von eminent praktischer Bedeutung geworden, da auch diese, wenngleich nicht förmlich, so doch der Sache nach, in der künftigen, deutschen Strafprozeßordnung einer gesetzlichen Regelung entgegensieht, welche nur nach allseitiger Prüfung der bei ihrer Lösung in Betracht kommenden Gefühlspunkte erfolgen sollte. In der That ist auch, wie bereits am fünften deutschen Juristentage anerkannt wurde, hier nicht ein einheitlicher Gesichtspunkt maßgebend, sondern gebieten die eigenthümlichen Verhältnisse der Presse, insbesondere die Rücksicht darauf, die Freiheit der Presse nicht illusorisch zu machen, eine doppelte Behandlung unserer Frage. Damals wurde schon der richtige Grundsatz ausgesprochen, daß die Rücksicht, welche man der Aufrechterhaltung der freien Presse schuldig ist, nicht als allgemeiner Gesichtspunkt betrachtet, und aus derselben keineswegs ein für das ordentliche Prozeßrecht principiell und für die Regel entscheidender Rechtssatz abgeleitet werden kann. (Vgl. Verhandl. des fünften deutschen Juristentags. Bd. II, S. 208 f.) Demgemäß sehen wir hier zunächst ab von den in der Presse vorgekommenen Fällen, welche seinerzeit zur Discussion über unsere Frage die Anregung gaben, und versuchen es, die Antwort vom allgemein prozessualen Gesichtspunkte aus zu geben. Da es sich ferner um eine Frage handelt, welche in der nun im Zuge befindlichen Reform des Strafverfahrens eine Rolle spielt, müssen wir den im Entwurf der deutschen Strafprozeßordnung gezeichneten Bau des Prozesses vor Augen behalten.

Die Frage lautet, bei näherer Bestimmung des Fragegegenstandes, ob in Criminalsachen erst mit der Einleitung der gerichtlichen Voruntersuchung eine Zeugnißpflicht anzuerkennen sein? Denn nach §. 145 Entw. (vgl. auch §. 92 österr. Entw.) hat der Antrag des Staatsanwalts auf Eröffnung der Voruntersuchung neben der That auch den Beschuldigten zu bezeichnen. (Anders die oldenburg. Str.-Pr.-O. Art. 58, 211, 231.) Bedenkt man nun, daß die Zahl der Fälle, in denen es zur Voruntersuchung kommt, nach Möglichkeit beschränkt werden soll, indem sie im Entwurf nur für die vor den obersten Gerichtshof und die großen Schöffengerichte gehörenden Strafsachen für nothwendig, für die vor die Gerichte mittlerer Ordnung gehörenden Strafsachen für zulässig und für die Strafsachen niederster Ordnung für unzulässig erklärt wird, so könnte bei einer bejahenden Beantwortung der Frage nur in verhältnißmäßig wenigen Strafsachen für das Stadium des Vorverfahrens (um das es sich ja hier wesentlich handelt, da für das Hauptverfahren die Zeugnißpflicht unbedingt anerkannt wird) die Aussage von Zeugen benützt werden. Hiernach würde für die vor die Strafgerichte höchster Ordnung gehörenden Strafsachen ein gesetzliches Privileg ausgesprochen werden, nach welchem nur für diese Strafsachen die für die Vorbereitung der Hauptverhandlung nöthige Grundlage durch allseitige und erfolgreiche Einvernahme von Urkundspersonen geboten wäre. Alle anderen Strafsachen, für welche theils zumeist, theils ausschließlich das Vorverfahren nur in der Form des Ermittlungsverfahrens durchgeführt werden soll, würden gerade das wirksamste Mittel zur Erhebung des Thatbestandes in objectiver und subjectiver Beziehung entbehren müssen.

Hier tritt uns eine weitere Frage entgegen, welche offenbar präjudiciell ist für unsere Hauptfrage. Es entsteht nämlich die Frage, ob für das Stadium der Vorbereitung der öffentlichen Klage, also vor Eintritt der Möglichkeit, gegen eine bestimmte Person die gerichtliche Voruntersuchung, sei es zufolge gesetzlicher Vorschrift oder zufolge der Entscheidung des Staatsanwalts, einzuleiten, die allgemeine Zeugnißpflicht entbehrt werden könne? Müssen wir diese Frage verneinen, dann erübrigt folgemäßig nur die Verneinung unserer Hauptfrage.

Im alten Inquisitionsprozeß, dessen Einleitung und Durchführung zur Genüge dem Richter überlassen war, unterlag es selbstverständlich keinem Zweifel, daß derselbe in jedem Stadium der Untersuchung Zeugen zum Zwecke der Wahrheitserforschung zur Aussage zwangsweise bestimmen konnte. Die letzte Voraussetzung, auf welche hin dies möglich, war, ist im reformirten Verfahren noch immer dieselbe, da der Zweck des Strafverfahrens überhaupt sich in keiner Weise ändern kann. Auch heute muß im Strafverfahren von einer allgemeinen Zeugnißpflicht ausgegangen werden, (Vgl. Motive zum österr. Entw., S. 7.) Nur muß heute unterschieden werden, ob das Zeugniß schon dann erzwungen werden könne, wenn sich der Richter noch nicht mit der Strafsache selbst befaßt, sondern erst die Grundlagen geschaffen werden sollen, auf welche hin das mit der Strafverfolgung betraute Organ des Staats den Richter in die Lage setzt, das Verfahren förmlich einzuleiten, — oder erst in dem Stadium der wirklich eingeleiteten gerichtlichen Voruntersuchung.

Nach wie vor ist es Aufgabe des Staats, Verbrechen zu verfolgen. Nur ist die Verfolgung nicht mehr Aufgabe des die Strafsache entscheidenden Richters, sondern der Staatsanwaltschaft, welcher es obliegt, „den Sachverhalt zu erforschen", sobald sie durch eine Anzeige oder auf anderem Wege von dem Verdachte einer strafbaren Handlung Kenntniß erhält (§. 136 d. Entw. §. 87 österr. Entw.). Der Erfolg aber, den die Staatsanwaltschaft durch die ihr obliegende Erforschung des Sachverhalts anzustreben hat, ist die Möglichkeit der Erhebung der Anklage. Soll also der Zweck der Staatsanwaltschaft überhaupt erreicht, und folgemäßig der Staat seine Aufgabe in Ausübung der Strafjustiz erfüllen können, dann muß jener auch das Mittel zu Gebote stehen, welches nach der Natur der meisten Straffälle den angestrebten Erfolg am sichersten garantirt. Ohne Vernehmung von Urkundspersonen, durch deren Aussagen oft einzig und allein die Spur des Thäters zu ermitteln ist, wird aber alles Nachforschen durch Anwendung anderer Mittel erfolglos bleiben. Ja, schon die Feststellung des Thatbestandes in objectiver Beziehung wird in vielen Straffällen ohne Einvernahme von Zeugen kaum möglich sein, und drängt sich auch hier die Nothwendigkeit auf, von der allgemeinen Zeugnißpflicht Gebrauch zu machen. Wir können füglich von den Fällen absehen, in welchen die augenblicklich noch mögliche Einvernahme eines wichtigen Zeugen durch inzwischen eingetretene Umstände später (in der Voruntersuchung) unmöglich wird, und in welchen somit aus zufälligen Gründen ein nicht zu beseitigender Schade für die Strafjustiz entsteht. Das wichtige öffentliche Interesse, welches im Augenblick, da den staatlichen Organen die Kenntniß von einer criminellen Rechtsverletzung zukommt, unleugbar vorhanden ist, muß also überwiegend gegenüber jedem Privatinteresse gedacht werden, so daß wir zu dem Schlusse gelangen: ohne allgemeine Zeugnißpflicht auch schon im Stadium der Vorbereitung der öffentlichen Klage giebt es keine gründliche und vom Erfolg begleitete Strafverfolgung; ohne Strafverfolgung aber auch keine Strafjustiz.

Aus dem Gesagten ergiebt sich also zunächst die Nothwendigkeit der Einvernahme von Zeugen in dem fraglichen Stadium der Strafverfolgung; dieser Nothwendigkeit entspricht die allgemeine Zeugnißpflicht.

Von wem hat nun die Aufforderung zur Abgabe des Zeugnisses auszugehen? Offenbar kann dies nur die zuständige Behörde sein und nicht überhaupt derjenige, welcher ein Interesse daran hat, daß Jemand als Zeuge vernommen werde. Dieser hat vielmehr den Antrag bei dem Richter zu stellen, welcher die Aufforderung an den abzuhörenden Zeugen erläßt und ihn erforderlichenfalls zur Abgabe des Zeugnisses zwingt. Eben um deswillen, weil es zuweilen nothwendig wird, gegen denjenigen, welcher aller Wahrscheinlichkeit nach durch seine Aussage zur Erforschung des Sachverhalts beitragen kann, Zwangsmittel anzuwenden, von denen nur der Richter Gebrauch machen kann, wird in den meisten Gesetzen dem Staatsanwalt das Recht eingeräumt, durch den Richter Zeugen einvernehmen zu lassen. Aus diesem Gesichtspunkte rechtfertigen sich auch die Bestimmungen der §§. 137, 138 d. Entw. und §§. 87, 88 österr. Entw. (vgl. auch Zachariä, Handb. I, S. 427). Da die richterliche Thätigkeit nur im Interesse einer Angelegenheit, die entweder schon vor dem Richter anhängig ist, oder doch der richterlichen Beurtheilung unterzogen werden soll, in Bewegung gesetzt werden kann, so ergiebt sich von selbst, daß der Antrag auf Einleitung der Untersuchungshandlung auf solchen Voraussetzungen beruhen muß, welche die richterliche Thätigkeit überhaupt rechtfertigen. Daher ist es Aufgabe des Richters, da er nur nach seiner amtlichen Pflicht handeln darf, den Antrag zu prüfen und ihn eventuell als unbegründet zurückzuweisen. Nur auf die begründete Wahrscheinlichkeit hin, daß es sich um die Erforschung der Grundlagen einer wirklichen Strafsache handelt, wird der Richter dem Antrage

Folge geben. Hierin liegt für den Richter die Legitimation zu seiner Thätigkeit überhaupt und insbesondere zu dem Zwange, den er eventuell gegen den das Zeugniß verweigernden Zeugen anzuwenden befugt ist. Die Zeugnißpflicht cessirt daher überall, wo es sich nicht um Aufklärung einer wirklichen Strafsache handelt, sondern die richterliche Handlung im Interesse der Aufrechthaltung etwa der Disciplin in einem Beamtenkörper oder zu ähnlichen Zwecken in Anspruch genommen wird.

Hiermit gelangen wir zum Ausgangspunkte der Frage selbst, der in dem Gutachten des Herrn Rechtsanwalt Lewald in Berlin an den zehnten deutschen Juristentag (Verhandl. Bd. I. S. 145) ganz richtig gekennzeichnet ist. Schon der Zweck, für welchen der Staat selbstständige und unabhängige Gerichtsbehörden aufstellt, schließt die Zulässigkeit aus, die richterliche Thätigkeit dem disciplinaren Interesse einer Verwaltungsbehörde zur Disposition zu stellen. So lange nicht der Verdacht einer eventuell vor das Forum des Richters gehörenden criminellen Rechtsverletzung (criminell, hier im weiteren Sinne gedacht) vorliegt, fehlen die Bedingungen der materiellen Competenz des Richters. Die Gerichte stehen im Dienste des Rechts, wie dieses im Gesetze niedergelegt ist, und nicht im Dienste der Disciplinarvorschriften und Dienstinstructionen der Verwaltungsbehörden. („Disciplin ist nicht Justiz, sondern Dienstzwang, Zucht und Ordnung." Lewald, a. a. O.) So sehr auch im Staate, dessen Interessen als einheitliche Gesammtheit gedacht werden müssen, Justiz und Verwaltung im ganzen dieser Interessengesammtheit dienen, so ist doch die Aufgabe beider im heutigen Staate so sehr gesondert und die beiderseitige Aufgabe gegenseitig so individuell abgeschlossen, daß eine Mischung der beiden Sphären heute unmöglich erscheint.

Wir kommen daher zu dem Schlusse, daß in Criminalsachen in der Regel eine allgemeine Zeugnißpflicht auch schon dann anzuerkennen ist, wenn im Sinne des heutigen Prozesses die Untersuchung noch nicht förmlich gegen eine bestimmte Person eingeleitet wurde. (Vgl. die von Lewald a. a. O. S. 146 ausgesprochene Formulirung.)

Daneben beansprucht die Presse, im Interesse der ihr im Allgemeinen gewährleisteten Freiheit, wie schon Eingangs bemerkt wurde, gegenüber der eben ausgesprochenen Regel eine singuläre Behandlung, bezüglich welcher wir auf die Bestimmung des Art. 143 der württemberg. Str.-Pr.-O. verweisen, durch welche den hier in Frage kommenden eigenthümlichen Verhältnissen in der Stellung der die Tagespresse leitenden Personen zum Autor, am meisten Rechnung tragen wird. (Vgl. Motive z. d. Entw. S. 42, 43.) Ein weiteres Eingehen auf diese Seite der Frage scheint dem Begutachter im Hinblick auf die Formulirung der Frage nicht geboten zu sein.

VI.

Gutachten des Herrn Appellationsgerichtsraths Dr. A. Vollert in Eisenach

über die Gesetzgebungsfrage:

„Soll im Falle der Freisprechung eine Entschädigung für die Untersuchungshaft gewährt werden?"

Das römische Recht erklärte den Richter für quasi ex maleficio verantwortlich bei Ausübung seines Amtes, wenn derselbe sich dolus malus oder imprudentia zu Schulden kommen ließ und gab deshalb eine actio in factum contra judicem,

cf. lex. 15 § 1 D. de judic. 5, 1.
c. 2 Cod. de poen. judic. 7, 49.

Die römische actio in factum fand auch in den deutschen Reichsgesetzen Anerkennung. In dem Reichsabschiede von 1532 Tit. III. § 17 heißt es: „Und damit Unsere Cammerrichter und Beisitzer desto fleißiger seyn, so sie besorgen müssen, daß die Acta folgends .... auch besichtigt und niemands an Unserm Cammergericht Unrecht geschehe, zudem daß .... die Richter so unrechtmäßige Urtheil aussprechen, den Krieg ihr eigen machen, (si judex litem suam fecisse dicatur heißt es in l. 15 cit.) und deßhalber ad Syndicatum gestellt werden mögen: Setzen ordnen und wollen Wir, wo einige Partei hinfürter vermeint, daß sie durch Cammerrichter und Beisitzer beschwärt und unrechtmäßige oder nichtige Urtheil wider sie gesprochen und eröffnet und derhalben Cammerrichter und Beisitzer gedächte zu syndiciren, daß demselben solches zu thun Vermög Unser Kayserl. Rechte zugelassen sein soll."

Die spätere Reichsgesetzgebung, siehe die Kammergerichtsordnung von 1555 Th. III. Tit. LIII. §. 5 flg. und den Jüngsten Reichsabschied von 1654 § 158, schränkten die Haftpflicht des Richters im Bereiche des Civilrechts ein. Wenn der judex aus „Versehen, Unfleiß oder Unwissenheit“ ein nichtiges oder ungerechtes Urtheil fällte, sollte die verletzte Partei befugt sein, auf Revision anzutragen und die Visitationsbehörde sollte eine Disciplinar-Untersuchung einleiten. Die Syndicatsklage aber wurde ausgeschlossen. Diese sollte nicht mehr statthaft sein bei culpa, auch nicht bei culpa lata, sondern nur, im Falle der Richter „aus Betrug oder ex affectu“ judiciret hätte. Für den Criminalrichter enthielt die Carolina in den Artikeln 20 und 61, verglichen mit den Artikeln 1, 21 und 219, schärfere Bestimmungen: „Wo auch einige Oberkeit oder Richter in solchen überfüren, sollen die, dem also wider Recht, ohn die bewiesene Anzeigung gemartert wär, seiner Schmach Schmerzen, Kosten und Schaden der Gebüre Erjetzung zu thun schuldig sein.“ Und: „Wo aber solch peinlich Frag dieser und des heiligen Reichs rechtmäßigen Ordnung widerwärtig gebraucht würde, so wären dieselben Richter als Ursächer solcher unbilliger peinlicher Frag sträflich und sollen darumb nach Gestalt und Gelegenheit der Ueberführung wie Recht ist Straf und Abtrag leisten.“

Hiernach kann kein begründeter Zweifel darüber bestehen, daß nach der Carolina der Richter nicht bloß wegen der dolos, sondern auch wegen der culpos sich zu Schulden gebrachten Ungebührnisse auf Ersatz verklagt werden durfte.

Auf Grund dieser Vorschriften hat denn auch die Praxis die Klage einer mit Unrecht zur Untersuchung gezogenen oder ohne genügenden Grund verhafteten Person auf Schadenersatz und Genugthuung für Schimpf und Gesundheits-Beschädigung wider den betreffenden Richter zugelassen.

Carpzov, Pract. nov. rer. crim P. III. qu. 111 nr. 70.
Quistorp, Grunds. des peinlichen Rechts §. 541 und §. 648.

Mir selbst ist aus der Praxis der Thüringischen Staaten ein Fall bekannt, in welchem die verehelichte Sophie C. gegen den Untersuchungsrichter Klage erhob, weil derselbe sie wegen Verdachts der Theilnahme an einem Raubmorde gefänglich eingezogen und vom 12. August 1844 bis zum 23. Mai 1845 in Haft gehalten hatte. Die verehelichte C. war zunächst nur von der Instanz entbunden worden. Später wurde der Mörder entdeckt; er gestand, daß er die That allein verübt habe, und in Folge dessen wurde die C. völlig freigesprochen. Das Petitum ihrer Klage ging dahin: den Untersuchungsrichter wegen der ihr durch die Art und Dauer der Verhaftung, sowie durch die Untersuchung zugefügten außerordentlichen Beschimpfungen, Leiden und Gesundheits-Beeinträchtigung zur Zahlung einer Genugthuung und Entschädigung in Geld im Betrage von 994 Gulden zu verurtheilen.

Die Klage wurde zwar in allen drei Instanzen abgewiesen, aber nur wegen ungenügender Substantiirung. In den Gründen erkannten die zweite und die dritte Instanz (die Juristenfacultät in Erlangen) ausdrücklich an, daß dolose oder culpose Verhaftung eines Menschen zur Anstellung einer Syndicatsklage gegen den Richter berechtige.

Die neueren deutschen Strafgesetzbücher und auch das Reichs-Strafgesetzbuch haben bekanntlich Bestimmungen darüber getroffen, daß eine erlittene Untersuchungshaft ganz oder theilweise auf die Strafe angerechnet werden kann.

Von den neueren Strafprozeßordnungen hat die Thüringische ausdrücklich vorgeschrieben: „Im Falle einer widerrechtlich verfügten oder verlängerten Untersuchungshaft ist dem Angeschuldigten — sofern nicht die Haft auf die Strafe angerechnet worden ist — auf seinen Antrag eine Entschädigung aus der Staatskasse von fünfzehn Groschen für jeden Tag und Nacht zuzusprechen. Der Staatskasse bleibt der Rückgriff gegen den Beamten, welcher die Haft verfügt hatte, vorbehalten.“

„Etwaige Ansprüche auf höhere Entschädigung oder sonstige Genugthuung hat der Angeschuldigte gegen den schuldigen Beamten und nöthigenfalls gegen den Staat besonders zu verfolgen.“

Hiermit ist die sogenannte Sachsenbuße, die sich auf das sächsische Landrecht Bd. 2, Art. 34, § 1 und 2 gründet,

cf. Weiske, Abhandlungen S. 108 flg.

in der thüringischen Strafprozeßordnung aufrecht erhalten worden.

Ein Fall, in welchem die Sachsenbuße gefordert worden wäre, ist meines Wissens, obwohl die genannte Prozeßordnung nun 23 Jahre Gesetzeskraft hat, nicht vorgekommen.

Ich glaube mich nicht zu irren, wenn ich behaupte, daß in Deutschland bis jetzt niemals irgend ein Gesetz so weit gegangen ist, eine Entschädigung für die gerechtfertigte, das heißt dem Gesetze gemäß verhängte Haft zuzusprechen. Auch der Entwurf einer Strafprozeßordnung für das deutsche Reich enthält eine derartige Bestimmung nicht, und ebensowenig kennen die Gesetze nichtdeutscher Länder eine solche Vorschrift. Weder in England noch in Amerika, weder in Frankreich noch in Italien, weder in Belgien noch in der Schweiz kann Jemand, der auf Grund des Gesetzes verhaftet, später aber freigesprochen worden ist, Schadensersatz vom Staate oder vom Richter fordern. Nach englischem Rechte gebührt zwar dem Gefangenen, wenn er sich, was ihm freisteht, im Gefängniß hat beschäftigen lassen, eine angemessene Entschädigung für seine Leistungen, falls Anklage wider ihn nicht erhoben, oder er freigesprochen wird. Das ist aber etwas ganz Anderes, nämlich eine Vergütung für seine der Gefangenen-Anstalt zu Gute kommende Arbeit, nicht ein Ersatz für den ihm durch die Untersuchungshaft zugefügten Schimpf und Schaden.

Ist es nun schon an sich bedenklich, etwas absolut Neues, von dem bisherigen Criminalprozeßrecht aller Länder Abweichendes einzuführen, so muß weiter darauf hingewiesen werden, daß es doch nur eine halbe Maßregel sein würde, wenn man nur für die erlittene Untersuchungshaft und nur den Freigesprochenen eine Entschädigung gewähren wollte.

Man fragt billig warum, wenn man doch die Sache will, nur für diese Haft und warum nur diesen Personen? Warum nicht auch eine Entschädigung für eine unschuldig erlittene Strafhaft, die doch das härtere Uebel ist? Warum nicht auch eine Entschädigung denjenigen, die verhaftet, aber nicht unter Anklage gestellt, also auch nicht freigesprochen worden sind? Sie können doch die Haft eben so unschuldig erlitten haben, wie die angeklagten und freigesprochenen Personen.

Die Gerechtigkeit fordert meines Erachtens: entweder für jede Art Haft Allen Entschädigung zu gewähren, die verhaftet, aber nicht rechtskräftig verurtheilt worden sind, und denen es resp. nach der Verurtheilung gelungen ist, die Wiederaufhebung des rechtskräftigen Urtheils durchzusetzen; oder die Entschädigung auf die Fälle zu beschränken, in denen die Haft widerrechtlich verhängt oder widerrechtlich verlängert worden ist.

Ich muß mich sehr bestimmt für die letztere Alternative aussprechen und erlaube mir, zunächst die Fälle kürzlich zu beleuchten, in denen die Untersuchung eingestellt worden ist.

Wird Jemand eines Verbrechens verdächtig und deshalb verhaftet, so folgt aus dem Umstande, daß die Untersuchung in der Folge eingestellt wird, noch keineswegs, daß er unschuldig ist.

Der Beschluß, die Untersuchung einzustellen, hat keine andere Bedeutung als die: Es ist nicht genug Belastungs-Material vorhanden, um den Anklagestand zu verhängen und die Sache zur Verhandlung zu verweisen. Damit ist natürlich nicht ohne Weiteres gesagt, daß der Angeschuldigte unschuldig sei, vielmehr kann die Voruntersuchung wieder aufgenommen werden, sobald der Staatsanwalt oder der Privat-Ankläger neue Beweismittel beibringt, welche entweder schon vorhandene Verdachtsgründe verstärken, oder neue solche Gründe darbieten.

In allen Fällen, wo eine Untersuchung mit der Einstellung des Verfahrens ohne öffentliche Verhandlung endigt — und es endigen nach statistischen Uebersichten etwas mehr als die Hälfte aller eingeleiteten Voruntersuchungen auf diese Weise — bleibt es unentschieden, ob die in der Untersuchung verhängte Haft einen Schuldigen oder einen Unschuldigen betroffen hat. Denn es wird ein formeller Spruch über die Schuld oder die Unschuld gar nicht gefällt, sondern nur nach der jeweiligen Lage der Sache ein non liquet für die Versetzung in den Anklagestand ausgesprochen. Damit ist indeß keineswegs für alle Zukunft festgestellt, daß der betreffende Angeschuldigte nicht später mit Hilfe neuer Beweismittel unter Anklage gestellt und überführt werden könnte.

Es existirt für den Staat keinerlei Verpflichtung, eine Person wegen der von ihr erlittenen Untersuchungshaft zu entschädigen, weil zur Zeit das Belastungs-Material für die Erhebung einer Anklage nicht hinreicht. Die Resultatlosigkeit einer Untersuchung würde man nur dann als Grund für einen Schadens-Anspruch gelten lassen müssen, wenn daraus ein zwingender Schluß auf die Unschuld des verhaftet gewesenen Inquisiten gemacht werden könnte. Sehr viele Untersuchungen verlaufen aber, wie jeder praktische Criminalist weiß, im Sande, nicht weil der Angeschuldigte seine Unschuld dargethan hat, sondern weil die betheiligten Beamten nicht schnell, nicht geschickt genug operirt, weil die Zeugen und Sachverständigen nicht sicher beobachtet, nicht völlig unbefangen und rückhaltslos ausgesagt haben, weil der Angeschuldigte der alten Verbrecherregel: **si fecisti nega**, consequent treu geblieben ist, sich schlau vertheidigt und dienstwillige Helfershelfer hat.

Wollte man dennoch für die erlittene Haft überall da, wo nachmals die Untersuchung eingestellt werden muß, eine Entschädigung gewähren, so würde der Erfolg voraussichtlich der sein, daß man die geriebensten Verbrecher, deren Ueberführung am seltensten gelingt, prämiirte, und zwar prämiirte für ihre List, für ihr freches Leugnen. Die Aussicht auf Schadensersatz würde für diese Kategorie von Leuten ein neuer und starker Antrieb sein, niemals zu gestehen, sondern so raffinirt wie möglich zu Werke zu gehen, um jedesmal der Justiz eine Nase zu drehen.

Ich gehe nun zu den Fällen über, in denen die Untersuchung nicht eingestellt, sondern Anklage erhoben worden, aber nach stattgehabter Verhandlung Freisprechung erfolgt ist.

Hier liegt wenigstens ein formeller Urtheilsspruch vor, welcher den Angeklagten von der erhobenen Anklage entbindet. Allein eine Verbindlichkeit des Staates in diesen Fällen für die erlittene Untersuchungshaft eine Entschädigung zu leisten, kann hieraus nicht gefolgert werden, weil jener Spruch durchaus nicht den Sinn und den Zweck hat, den Angeklagten für unschuldig zu erklären.

Die größere Zahl der Freisprechungen pflegt mit Stimmenmehrheit, aber nicht einstimmig zu erfolgen. Die Minorität ist also überzeugt von der Schuld, während die ihr gegenüberstehende Majorität durch ihr freisprechendes Verdict nicht etwa für die Unschuld des Angeklagten eintreten, sondern nur ihre Ansicht dahin zu erkennen geben will, daß der Beweis der Schuld nicht geliefert sei.

Aber auch eine einstimmige Freisprechung heißt nichts Anderes, als daß die Richter nicht die volle Ueberzeugung von der Schuld des Inquisiten gewonnen haben. Es kommt wohl vor, daß der Beweis der Unschuld förmlich erbracht, zum Beispiel ein Alibi dargethan wird. Diese Fälle sind indeß erfahrungsmäßig ein verschwindend kleiner Bruchtheil. Die Regel ist, daß die Richter, bezüglich die Geschworenen, zwar keineswegs von der Unschuld des Angeklagten, aber doch auch nicht von der Schuld desselben überzeugt sind.

Wollte man auf die Freisprechung eine Entschädigungspflicht für erlittene Untersuchungshaft stützen, so müßte doch wenigstens die Fragestellung an die Geschworenen und das Urtheil geändert werden. Es müßten die Richter resp. die Geschworenen sich schlüssig machen, ob sie freisprechen, weil sie die Unschuld des Angeklagten für bewiesen, oder weil sie die Schuld desselben nicht für bewiesen halten.

Nur im ersteren Falle könnte die Rede sein von einem Schadensersatze, und auch da nur unter der Voraussetzung, daß der Angeklagte ohne sein Verschulden in die Untersuchung verwickelt worden ist. Denn man wird doch wirklich nicht denjenigen Freigesprochenen entschädigen wollen, der sich durch seine eigene Schuld, zum Exempel durch seine verlogenen Angaben selbst verdächtig gemacht und dadurch die Verhaftung zugezogen hat.

Wie mißlich die oben erwähnte doppelte Prüfung ist, ob ein Angeklagter für unschuldig oder nur für nichtschuldig erklärt werden soll, braucht nicht näher entwickelt zu werden. Die absolutio ab instantia haben wir im deutschen Criminalprozesse glücklich überwunden und wollen doch wohl ein ähnliches Institut nicht einführen.

Ist aber der Satz richtig, daß die Freisprechung eines Angeklagten, wie wir dieselbe jetzt haben, nur beweist, daß die Richter, bezüglich die Geschworenen, die Ueberzeugung von der Schuld nicht erlangt haben, aber keineswegs die Unschuld des Inquisiten darthut, so kann man auch auf eine solche Freisprechung keinen Schadens-Anspruch gründen.

Der Gesetzgeber, welcher jeden Freigesprochenen für die Untersuchungshaft entschädigen wollte, würde, so wie bei dem vorhin besprochenen Falle der Einstellung der Untersuchung, vielfach gerade diejenigen belohnen, die es am wenigsten verdienen.

Die Freisprechung ist unbestritten in einigen Fällen das Resultat des geführten Entlastungsbeweises, in vielen Fällen hingegen die Frucht eines klugen, in der Wahl der Mittel nichts weniger als scrupulösen Vertheidigungs-Systems, einer glänzenden Vertheidigungsrede, der Dreistigkeit im Leugnen.

Die Prämie des Schadensersatzes würde also wie in den Fällen der Einstellung der Untersuchung nicht selten denen zufallen, die am geschicktesten sich vertheidigt, die am frechsten gelogen haben. Diese Prämie würde, wie schon oben hervorgehoben ist, ein Motiv für den Schuldigen werden, alle Künste aufzubieten, um ein freisprechendes Urtheil und damit eine Summe Geld zu erlangen.

In den Fällen endlich, wo Jemand verurtheilt worden ist, aber die Wiederaufhebung des verurtheilenden Urtheils durchsetzt, würde man noch am meisten Grund haben, eine Entschädigungspflicht für die erlittene Untersuchungs- und Strafhaft anzuerkennen. Denn der Beweis, daß die Verurtheilung mit Unrecht erfolgt ist, fällt oftmals zusammen mit dem Beweise der Unschuld. Allein ich würde mich auch in diesen Fällen nicht dazu entschließen, eine Entschädigung zu gewähren und will nur noch kürzlich auf folgende Punkte hinweisen, die mir gegen jede Entschädigung für eine erlittene Haft zu sprechen scheinen.

Zunächst kann meines Bedünkens eine erlittene Haft überhaupt nicht mit Geld gesühnt werden. Einem feinfühlenden unschuldigen Manne würde es wie bitterer Hohn vorkommen, wenn man ihm für die Schmach des Gefängnisses etliche Thaler Geld bieten wollte.

Ferner dürfte es ganz unmöglich sein, ein auch nur annähernd gerechtes Maaß der Entschädigung zu finden. Für den Verbrecher von Profession, der in den Gefängnissen zu Hause ist, sind, wenn er ja einmal unschuldig verhaftet werden sollte, einige Groschen schon zu viel. Ja ein Gesetz der Art würde eine neue Industrie entwickeln. Denn es möchten sich in großen Städten namentlich nicht wenige finden, die sich mit Vergnügen eines Verbrechens, welches sie nicht begangen, verdächtig machen und einstecken lassen würden in der sichern Hoffnung, freigesprochen und dann mit Geld für die Haft, die für sie kein Uebel gewesen ist, entschädigt zu werden. Für den Mann aber von Ehre, dessen Ruf und Credit durch die Gefangenschaft geschädigt wird, wären viele Thaler als Schadenersatz noch zu wenig.

Endlich würde der Criminalfonds, wenn jeder Freigesprochene entschädigt werden sollte, über die Maaßen stark belastet werden und zwar belastet werden einer grauen Theorie zu Liebe. Weil unter 1000 Fällen einmal einer so angethan sein könnte, daß die Gerechtigkeit eine Sühne erheischt, würde man in den anderen 999 Fällen diejenigen aus Staatsmitteln entschädigen, die entweder die Freisprechung nicht verdient, oder doch die Untersuchungshaft recht gründlich verdient haben.

Mein unmaßgebliches Gutachten geht deshalb dahin: **Die Freisprechung ist ebensowenig wie die Einstellung der Untersuchung an und für sich ein Grund, für die erlittene Untersuchungshaft eine Entschädigung zu gewähren.**

Ich darf vielleicht noch mit etlichen Worten die Frage berühren, ob man nicht mindestens dem Angeschuldigten, wenn die Untersuchung wider ihn eingestellt oder er freigesprochen worden ist, eine Klage auf Schadensersatz wegen der von ihm erlittenen Untersuchungshaft zugestehen soll, unter der Voraussetzung, daß er darzuthun vermag: a. daß er unschuldig ist und b. daß die Untersuchung ohne sein Verschulden gegen ihn eingeleitet worden ist.

Die Bejahung dieser Frage ist natürlich viel weniger bedenklich. Indeß kann ich den Staat auch in diesen Fällen nicht für verpflichtet zur Entschädigung halten. Niemand hat ein weitergehendes Recht als das, den Gesetzen gemäß behandelt zu werden. Ein weiser Gesetzgeber wird Fürsorge im Gesetz zu treffen haben, daß Untersuchungshaft niemals leichtfertig verhängt werden und daß sie nur kurze Frist währen kann. Man wird die Untersuchungshaft an bestimmte objective und subjective Bedingungen: Schwere des Verbrechens, Verdacht der Collusion oder der Flucht knüpfen müssen. Der Haftbefehl wird von dem Richter, nicht vom Staatsanwalt oder der Polizei zu erlassen, dem Angeschuldigten wird vielleicht gegen den Haftbefehl ein Rechtsmittel zu geben sein — wie dies die neueren Strafprozeßordnuugen in mehr oder weniger genügender Weise bereits gethan haben. Wenn aber trotz alledem doch einmal ein Unschuldiger verhaftet wird, so ist dies eben ein aus der Unvollkommenheit aller menschlichen Gesetze und Einrichtungen zu erklärender Unglücksfall, ein casus, für welchen der Staat nicht einzustehen hat.

Der Staatsbürger darf fordern, daß der Staat Entschädigung leistet, wenn der ihn vertretende Beamte widerrechtlich die Haft verhängt oder verlängert, also gesetzwidrig handelt. Der Staat kann aber unmöglich dafür aufkommen, wenn einem Bürger aus der Handhabung des Gesetzes ein Schaden an Vermögen oder Ehre, an Leib oder Leben erwächst. Nicht bloß im Gebiete des Criminalprozesses, auch auf anderen Gebieten — ich erinnere nur an das Gebiet des Civilprozesses — erwachsen in einzelnen Fällen Schäden, und gar viele Gesetze treffen in concreto einmal hart und grausam. Aber es fällt keinem Menschen ein, den Staat überall da, wo das Gesetz in seiner Anwendung einen Schaden verursacht, verantwortlich zu machen. Man hüte sich also, eine Entschädigung einzuführen für solche Fälle, wo dem Gesetze gemäß verfahren worden ist.

Kommt aber wirklich einmal ein so eclatanter Fall vor, daß das öffentliche Rechtsbewußtsein für einen durch die Anwendung des Gesetzes einem Menschen zugefügten Nachtheil eine Sühne verlangt, so behandele man einen solchen Fall als Ausnahme. Dann lasse man ausnahmsweise eine besondere Remedur eintreten, wie das in dem bekannte Prozesse wider den in London im Januar dieses Jahres trotz seiner völligen Unschuld wegen Mordes verhafteten Prediger Dr. Hessel geschehen ist. Die englische Regierung sprach ihr Bedauern über diesen Unglücksfall aus und suchte die dem Hessel widerfahrenen Unbilden durch eine reichliche Entschädigung und öffentliche Genugthuung nach Kräften gut zu machen.

Für solche alle 10 oder 20 Jahre vorkommenden Fälle erläßt man eben kein Gesetz und für die regelmäßigen Fälle hat der Staat, wie ich zu zeigen versucht habe, nicht die Pflicht, eine Entschädigung zu gewähren.

VII.

Gutachten des Herrn Advocat Dr. J. Heinsen in Hamburg

über die Gesetzgebungsfrage:

„Ist es thunlich, die Vorschriften des Handelsgesetzbuchs im vierten Buche, Titel I, Abschnitt 2—4 auf Geschäfte, welche keine Handelsgeschäfte sind, und die Vorschriften im vierten Buche, Titel II auf alle Kaufverträge über Mobiliargegenstände auszudehnen, und ist es wünschenswerth, daß baldthunlichst ein Gesetz dieses Inhalts für das Geltungsgebiet des H. G. B. erlassen werde?"

Es giebt eine Mehrzahl von Handelsgesetzbüchern und eine reiche Literatur über Handelsrecht, aber keinen wissenschaftlich feststehenden Begriff des Handelsrechtes. Der Begriff Handel wird aus dem Begriff Kaufmann, und dieser wieder aus jenem abstrahirt, bei der nothwendigen Resultatlosigkeit solcher Operation schließlich aber zu einer Aufzählung der einzelnen Geschäfte geschritten, welche als Handelgeschäfte im Sinne des Gesetzbuchs oder des betreffenden Schriftstellers zu gelten haben oder „anzusehen" sind. Hiebei sind subjective wie objective Gesichtspunkte leitend, die jedoch einerseits bei dem Mangel eines corporativ abgeschlossenen Kaufmannsstandes, andererseits deshalb keine sicheren Grenzen gewinnen lassen, weil der Handel wirthschaftlich von den übrigen Zweigen menschlicher Thätigkeit, deren einer in den anderen übergeht, losgerissen gar nicht gedacht werden kann, der Handelsverkehr vielmehr in unbegrenzter Vielseitigkeit die verschiedenartigsten Rechtsverhältnisse ergreift. Was als Handelsrecht bezeichnet wird, ist die Gesammtheit eines gewissen nach Zeit, Ort, Ansicht und Zweckmäßigkeit verschieden, also willkürlich, begrenzten Quantums von Rechtsbestimmungen des öffentlichen, wie des Privatrechts, welche in den Rechtsverhältnissen einer in gleicher Weise willkürlich begrenzten Classe mit dem Austausch von Gütern in irgend welcher Beziehung stehender Gewerbtreibender vorzugsweise zur Anwendung kommen, denn auch die Ausschließlichkeit der Geltung dieser Rechtsbestimmungen wird so wenig für den Handelsverkehr verlangt, wie der Ausschluß anderer allgemein gültiger Rechtsregeln von demselben. Das Handelsrecht ist kein selbstständiges Glied des Rechtssystems, sondern eine Zusammenstellung einer Mehrzahl den verschiedensten Rechtsmaterien angehöriger Bestimmungen, eine Darstellung des allgemeinen Rechts, hauptsächlich des Privatrechtes im engeren Sinne in seiner Anwendung auch den Handelsverkehr. Mag man den Begriff des Handelsrechtes enger oder weiter fassen, immer betrifft es ganz vorwiegend Rechtsmaterien, welche keineswegs ausschließlich im Handelsverkehr vorkommen, die Gesellschaft, der Kauf, die sogenannten Arbeitsgeschäfte, die Versicherung, die Wechselbegebung u. s. w. sind dem Handelsverkehr nicht eigenthümlich. Aus inneren Gründen ist die Aufstellung eines Handelsrechtes als speciellen Theil des Privatrechtes so wenig zu rechtfertigen wie die Aufstellung eines Deichrechtes, Fürstenrechtes, Dorf- und Bauernrechtes, Landwirthschaftsrechtes, Soldatenrechtes, Handwerkerrechtes u. s. w., wenngleich es für alle diese verschiedenen Klassen von Personen und Rechtsverhältnissen eine mehr oder minder große Zahl von ausschließlich oder vorzugsweise nur bei ihnen zur Anwendung kommender Rechtsbestimmungen giebt. Jede Form menschlicher Thätigkeit erzeugt besondere rechtliche Beziehungen und bietet damit die Veranlassung zu speciell auf sie anwendbaren Rechtsbestimmungen, sofern die allgemeinen Bestimmungen für dieselben nicht ausreichen. Je zahlreicher diese speciellen Rechtsbestimmungen sind, um so näher liegt die Versuchung, dieselben als ein Ganzes zusammenzufassen und zum Gegenstande einer besonderen wissenschaftlichen Darstellung zu machen, wie solche ja auch für verschiedene der erwähnten Rechtsverhältnisse existiren. Zweckmäßigkeitsgründe mögen auch häufiger dieselben rechtfertigen, wenngleich sie leicht die Gefahr mit sich führen, das Bewußtsein der Zusammengehörigkeit mit dem allgemeinen Recht zu verdunkeln. Bedenklicher aber ist es, wenn die Gesetzgebung es unternimmt, die gewissen Klassen von Personen oder Rechtsverhältnissen durchaus nicht eigenthümlichen, sondern dem allgemeinen Rechte angehörige Materien speciell für diese Klassen zu reguliren, indem dann durch

Aufstellung eines Sonderrechtes ein bedauernswerther Zwiespalt in das Recht getragen wird.

Es liegt auf der Hand, daß ein von dem bürgerlichen Rechte ausgeschiedenes und von demselben abweichende Bestimmungen enthaltendes Handelsrecht, also die Verschiedenheit der rechtlichen Handhabung und Beurtheilung derselben rechtlichen Verhältnisse in demselben Staate und demselben Orte im höchsten Grade belästigend für den Verkehr wirken und eine höchst nachtheilige Rechtsunsicherheit erzeugen muß. Hat man schon die Herstellung einer Rechtseinheit für die verschiedenen deutschen Staatsgebiete als ein dringendes Bedürfniß des Handel treibenden Publikums erkannt, und durch das deutsche Handelsgesetzbuch erstrebt, hat der 10. deutsche Juristentag sogar eine weiter ausgedehnte Rechtseinheit, nämlich ein gemeinsames internationales Wechselrecht für ein Bedürfniß des Verkehrs erklärt, hat man sein Augenmerk auf die Herbeiführung einer internationalen Rechtseinheit im Gebiete des Seerechtes und bezüglich der Havariegrosse gerichtet, wie viel dringender muß das Bedürfniß erscheinen nach einer Rechtseinheit für die Angehörigen eines und desselben Staates, eines und desselben Ortes, welche in täglicher Berührung mit einander stehen. Indem auf gleiche Rechtsverhältnisse bald das allgemeine Recht, bald ein davon verschiedenes Handelsrecht zur Anwendung kommt, wird von dem Staatsangehörigen die Kenntniß dieser beiden Rechte gefordert, damit er bei deren oft sehr wesentlichen Verschiedenheit denselben gemäß seine Geschäfte einrichten kann und außerdem die Kenntniß, wann das eine, wann das andere Recht entscheidet. Dies letzte ist noch schlimmer als erstes, denn die Grenzen zwischen dem Anwendungsgebiet des Handelsrechtes und des allgemeinen Rechts sind nicht scharf fixirt, ihre Bestimmung unterliegt nicht nur juristischen Zweifeln, sondern sie ist von thatsächlichen Verhältnissen abhängig, deren Beurtheilung im einzelnen Falle sehr unsicher, oft sogar unmöglich ist. Ein praktisches Beispiel bietet die Betrachtung des durch die Einführung des deutschen Handelsgesetzbuches eingetretenen Verhältnisses.

Das allgemeine deutsche Handelsgesetzbuch will in Handelssachen entscheiden, hierzu gehören vornehmlich die Handelsgeschäfte, über deren Begriff uns Buch IV, Titel 1 belehren und zugleich den Begriff „Kaufmann“ d. i. „der gewerbmäßig Handelsgeschäfte betreibt“ (H.-G.-B. art. 4) seinen Inhalt verleihen soll. Der hierher gehörige Artikel führt zunächst die absoluten Handelsgeschäfte auf, welche den Bestimmungen des H.-G.-B. auch dann unterworfen sind, wenn sie von einem Nichtkaufmann und nicht gewerbmäßig abgeschlossen werden und zwar sub 1 den Kauf oder die anderweite Anschaffung von Waaren oder anderen beweglichen Sachen, von Staatspapieren, Actien oder anderen für den Handelsverkehr bestimmten Werthpapieren, um dieselben weiter zu veräußern, sei es in Natur oder nach stattgehabter Verarbeitung.

Aber was ist unter „Anschaffung" von Waaren zu verstehen? Ziemlich allgemein wird angenommen, daß hier nur an den Erwerb durch ein Rechtsgeschäft mit Dritten und zwar ein entgeltliches Rechtsgeschäft zu denken sei, demnach z. B. Bergwerks- und Hüttenbetrieb vom Gebiete des Handelsrechtes ausgeschlossen seien, aber das Obertribunal zu Berlin hat auch die Selbstproduction hierher gezählt und einen Zimmermeister, welcher eine Ziegelei besitzt, und die verfertigten Bausteine zur Ausführung der für Dritte übernommenen Bauten verwendet, als Kaufman behandelt und dem Handelsgesetzbuch unterworfen (Goldschmidt Zeitschrift Bd. VI. S. 551). Ferner wie kann der eine Contrahent von dem Anderen wissen, ob derselbe kauft oder früher kaufte, um weiter zu veräußern? Häufig werden die Umstände einen sicheren Schluß gestatten, häufig aber auch nicht, die ungeäußerte aus zweifelhaften Momenten zu erschließende Absicht ist entscheidend darüber, welches Recht zur Anwendung kommen soll, durch eine Aeußerung kann das eine oder das andere Recht erwählt werden! Ein ähnliches Bedenken tritt bei der Ziffer 2 des Art. 271 ein, nach welcher die Uebernahme einer Lieferung von Gegenständen der sub 1 bezeichneten Art ein objectives Handelsgeschäft ist, wenn der Uebernehmer dieselben zu diesem Zweck anschafft, nicht aber, wenn er sie bereits angeschafft hat, wenn der Uebernehmer à la baisse, nicht aber, wenn er à la hausse speculirt, und wie soll der Fall entschieden werden, wenn der Uebernehmer einer Lieferung, z. B. der Gutsbesitzer, welcher Spiritus oder Zucker zu liefern übernimmt, die zu liefernde Waare zum Theil für diesen Zweck angeschafft hat, zum Theil dieselben selbst zu produciren gedenkt und zwar aus theils selbst gewonnenem, theils angeschafftem Rohmaterial?

Der Artikel 272 des Handelsgesetzbuchs erklärt eine größere Anzahl von Geschäften für Handelsgeschäfte, wenn sie gewerbmäßig betrieben werden und fordert damit im einzelnen Falle die schwierige Untersuchung, ob eine Gewerbmäßigkeit anzunehmen sei oder nicht, z. B. bei dem Commissions-, Speditions-, Frachtführergeschäft, Maklergeschäft. Hiernach wird der Inhaber eines Nachweisungsbureaus für Fabrikarbeiter zu den Kaufleuten gezählt (Goldschmidt, H. R. S. 476), während die im art. 272 sub 3 enthaltene Verweisung auf art. 360 das Nachweisungsbüreau für Gesinde ausschließt; hierher werden von Manchem die Dienstmannsinstitute gerechnet (Goldschmidt l. c.) unter Bekämpfung von anderer Seite (Busch Arch. Bd. 1. S. 181). Hierher zählt der art. 272 auch die gewerbmäßige Uebernahme der Bearbeitung oder Verarbeitung beweglicher Sachen für Andere, dies aber nur, wenn der Gewerbebetrieb (nicht das einzeln übernommene Geschäft) über den Umfang des Handwerkes hinausgeht, also z. B. Wäschereien, Färbereien, ebenso sollen die Geschäfte der Druckereien Handelsgeschäfte sein, sofern nicht ihr Betrieb nur ein handwerksmäßiger ist, aber wo hört der Handwerksbetrieb auf, wo beginnt der Fabrikbetrieb? es ist das lediglich eine im einzelnen Falle außerordentlich schwer zu entscheidende quaestio facti. Während die Uebernahme des Personentransportes zur See nach art. 271 ein objectives Handelsgeschäft ist, gehört der Personentransport zu Lande oder auf Binnengewässern nach art. 272 nur bei gewerbsmäßigem Betriebe zu den Handelsgeschäften, aber auch dies soll nicht allgemein gelten, sondern nur bezüglich der für den Transport von Personen bestimmten „Anstalten", was heißt nun eine Anstalt? Man hat durch diesen Ausdruck die gewöhnlichen Lohnkutscher ausschließen wollen, aber sicherlich keinen zur Entscheidung concreter Fälle genügenden Anhalt gegeben. Das Berliner Kammergericht erklärte einen fünf Droschken und zwei Doctorwagen besitzenden Fuhrherrn für einen Kaufmann (Goldschmidt, Zeitschr. Bd. VI., S. 555); ist nun auch der Besitzer von drei oder zwei Fuhrwerken ein Kaufmann? auch der Besitzer einer Droschke, wenn er dieselbe nicht selbst, sondern durch einen Knecht bedient? Nach dem Schlußpassus des art. 272 sind die vorbezeichneten Geschäfte, auch wenn sie nicht gewerbsmäßig, sondern nur einzeln geschlossen werden, doch dann Handelsgeschäfte, wenn sie von einem Kaufmann im Betriebe seines gewöhnlich auf andere Geschäfte gerichteten Handelsgewerbes gemacht werden. Ist man bei einem der im art. 272 erwähnten Geschäfte glücklich zu dem Resultat gelangt, daß dasselbe von der betreffenden Person nicht gewerbsmäßig betrieben werde, oder der Gewerbebetrieb den Umfang des Handwerks nicht überschreite, so hat man weiter zu untersuchen, ob die fragliche Person vielleicht anderer Geschäfte wegen als Kaufmann zu gelten habe, und wenn man auch dies dann ebenso glücklich herausgebracht hat, dann ist man noch nicht am Ende, sondern hat noch ausfindig zu machen, ob das concrete Geschäft im Betriebe seines gewöhnlich auf andere Geschäfte gerichteten Handelsgewerbes oder außerhalb seiner Kaufmannsqualität gemacht werde. Erst wenn auch diese Frage eine richtige Antwort erhalten, weiß man, ob das Geschäft nach Handelsrecht oder gemeinbürgerlichem Rechte zu beurtheilen ist. Nach art. 273 sind alle einzelnen Geschäfte eines Kaufmanns, welche zum Betriebe (nicht eines, sondern) seines Handelsgewerbes gehören, als Handelsgeschäfte anzusehen, ob ein Verkauf von beweglichen Sachen oder Werthpapieren z. B. als ein Handelsgeschäft anzusehen sei, wird hiernach nur nach einer Untersuchung über die Natur des Handelsgewerbes des betreffenden Verkäufers zu bestimmen sein. Dagegen sollen die Weiterveräußerungen des Handwerkers, dessen Ankäufe zum Zweck der Weiterveräußerung nach art. 271 Handelsgelsgeschäfte sind (abweichend übrigens z. B. vom Ober-Appellationsgericht zu Dresden entschieden, Zeitschr. f. H. R. XI. S. 108), nur Handelsgeschäfte sein, insoweit dieselben nicht nur in Ausübung seines Handwerksbetriebes geschehen; dieses sehr schwankende thatsächliche Verhältniß ist also zu constatiren, um zu wissen, ob der Handwerker durch den Weiterverkauf ein Geschäft abschließt, das nach dem Handelsrecht zu beurtheilen ist. Das H. A. G. zu Nürnberg z. B. erklärte die von einem Zimmermeister übernommene Herstellung eines Dachstuhles wegen der hierbei concurrirenden Holzlieferung für ein Handelsgeschäft (Zeitschr. f. H. R. XI. S 121). Man braucht nur sich zu vergegenwärtigen, wie gewöhnlich von derselben Person ihr gelieferte wie auch selbst angeschaffte Stoffe verarbeitet werden, wie gewöhnlich ferner heutzutage der Handwerksbetrieb mit einem Handel von Gegenständen, die mehr oder weniger zu ihm in einer Beziehung stehen, gepaart ist (z. B. Buchbinder Bücher Schreibmaterialien, Tapezier Tischler Mobilien, Friseur Kämme Bürsten Parfümerien, Drechsler Tabak und Cigarren Spielzeug) und einen der bekannten Commentare zum H. G. B. nachzusehen, in denen regelmäßig die Fälle, in denen ein Handwerker als Vollkaufmann, als Kaufmann minderen Rechtes (und minderer Pflicht) oder als Nichtkaufmann zu behandeln ist, nach Gattungen classificirt sind, um ein Bild zu gewinnen von der außerordentlichen Schwierigkeit, im einzelnen concreten Falle eine aufechtungslose Bestimmung darüber zu treffen. Die Bestimmung des art. 274, daß die von einem Kaufmann geschlossenen Verträge im Zweifel als zum Betriebe des Handelsgewerbes gehörig zu gelten haben, überhebt nicht der Untersuchungspflicht im einzelnen Falle, sondern verändert nur die Beweislast. Und ebensowenig die Verfügung des art. 277, daß bei jedem Rechtsgeschäfte, welches auf der Seite eines der Contrahenten ein Handelsgeschäft ist, die Bestimmungen des vierten Buches auf beide Contrahenten gleichmäßig anzuwenden sind, wodurch nur der Geltungsbereich des Handelsrechtes ausgedehnt ist.

Aus dem Vorstehenden erhellt, daß in juristischer Hinsicht gar manche Zweifel bestehen, daß in faktischer Beziehung nur vielfach sehr schwankende Kriterien es sind, nach denen man im einzelnen Falle sich darüber schlüssig machen soll, ob ein Handelsgeschäft oder ein Geschäft zwischen Nichtkaufleuten in Frage steht, ob demnach das Handelsrecht oder das allgemeine bürgerliche Recht zur Anwendung kommt. Wie erheblich aber diese beiden Rechte von einander abweichen, von welcher Bedeutung es deshalb ist, über die Anwendbarkeit des einen oder anderen Rechtes Klarheit zu gewinnen und danach sein Verhalten einzurichten, darüber würden schon einige Beispiele jeden Zweifel heben.

Nach art. 317 des H. G. B. ist bei Handelsgeschäften die Giltigkeit der Verträge von schriftlicher Abfassung oder anderen Förmlichkeiten durchaus unabhängig, das preußische Landrecht bedingt dagegen bei Verträgen über Gegenstände von mehr als 50 Thlr. die Giltigkeit durch schriftliche Abfassung und das französische Recht schließt bei einem den Werth von frcs. 150 übersteigendem Gegenstande den Zeugenbeweis aus. In Betreff des am häufigsten vorkommenden und den Erwerb von Eigenthum bezweckenden Vertrages, dem Kaufgeschäft, bestimmt der art. 306 des H. G. B., daß wenn ein Kaufmann Waaren oder andere bewegliche — nicht gestohlene oder verlorene — Sachen in seinem Handelsbetriebe veräußerte und übergab, der redliche Erwerber das Eigenthum erwirbt, auch wenn der Veräußerer nicht Eigenthümer war, und das frühere Eigenthum erlischt. Das vielfach als allgemeines bürgerliches Recht geltende römische Recht gestattet bekanntlich die Verfolgung des Eigenthums auch gegen den gutgläubigen Erwerber, ohne Verpflichtung einer Ersatzleistung an diesen, dem schließt sich, von dem Fall des Auctionskaufes und dem Meß- und Marktverkehr abgesehen, das sächsische Recht an, das preußische Landrecht gestattet in der Regel die Vindication gegen Ersatz des Kaufpreises. Das französische Recht verpflichtet den Vindicanten gestohlener oder verlorener Sachen gegenüber dem Erwerber auf Messen, Märkten oder in öffentlicher Versteigerung zur Lösung. — Derselbe art. 306 bestimmt, daß, wenn eine (nicht gestohlene oder verlorene) Sache von einem Kaufmann in seinem Handelsbetriebe verpfändet und übergeben wurde, zum Nachtheil des redlichen Pfandnehmers ein früher begründetes Eigenthum, Pfandrecht oder sonstiges dingliches Recht an der Sache nicht geltend gemacht werden könne. Nach römischem Rechte setzt der Schutz des Pfandgläubigers voraus, daß der Verpfänder Eigenthümer oder doch Usucapionsbesitzer des Pfandobjectes war, ihm schließt sich an das sächsische Recht, das preußische Landrecht gewährt in der Regel die Vindication gegen Lösung. Große Verschiedenheiten bestehen zwischen den Bestimmungen des H. G. B. und dem in den einzelnen deutschen Ländern geltenden allgemeinen bürgerlichen Rechte in Bezug auf Retentionsrecht, Pfandverkauf, Wirkungen des Verzuges beim Kaufgeschäft, übermäßige Verletzung, Beweiskraft eines Schuldscheins, einer Quittung, Wirkung der Vollmacht nach dem Tode des Mandanten, Befugniß zur Zinsenberechnung, u. a. m.

Es wird einer weiteren Ausführung nicht bedürfen um zu zeigen, daß wichtige weitreichende Verschiedenheiten zwischen dem Rechte des H. G. B. und dem für die von diesem nicht betroffenen Rechtsverhältnisse zur Anwendung kommenden bürgerlichen Rechte bestehen. Hiernach aber ist bei der zumal für den Laien bestehenden Schwierigkeit im einzelnen gegebenen Falle eine sichere Meinung darüber zu gewinnen, welches Recht für denselben maßgebend sei, eine bedenkliche Rechtsunsicherheit unvermeidlich, und es läßt sich nicht verkennen, daß das H. G. B., während es durch Herstellung einer Rechtseinheit in den verschiedenen deutschen Staatsgebieten für den großen Handelsverkehr als ein Segen begrüßt werden muß, durch Zerreißung der bis dahin wenn auch zum Theil mit Modificationen vorhandenen Rechtseinheit in den einzelnen Staatsgebieten auch mit nicht gering zu schätzenden Nachtheilen verknüpft ist, deren Beseitigung nicht entschieden genug erstrebt, nicht rasch genug erzielt werden kann.

Auch aus politischen Rücksichten dürfte es sich nicht empfehlen, durch verschiedenes Recht für die Angehörigen desselben Staates dieselben in Klassen zu scheiden und dadurch zu Neid, Unzufriedenheit und mehr oder weniger berechtigten Klagen Veranlassung zu bieten. Es muß ein oberstes Princip des Staates sein, alle Angehörigen mit einem Maaß zu messen, für alle nur ein Recht zu haben, jedes Sonderrecht aber verletzt dieses Princip. Auch das nationale Band zwischen den Angehörigen des deutschen Reichs wird um so fester geknüpft werden, je mehr die Rechtsverschiedenheiten zwischen ihnen schwinden, die Rechtseinheit für die Angehörigen des einzelnen Staates, wenn dieselbe vermöge der Ausdehnung eines Reichsgesetzes herbeigeführt wird, fällt aber zusammen mit der Rechtseinheit für die Angehörigen des ganzen Reiches, ein Ziel, dem der aus allen deutschen Gauen sich recrutirende Juristentag von jeher (der dritte, sechste, achte, zehnte Juristentag) mit Vorliebe nachgestrebt hat.

Dessenungeachtet hat seit Jahrhunderten in Deutschland ein vom allgemeinen bürgerlichen Rechte getrenntes und vielfach im Gegensatz zu demselben befindliches Handelsrecht bestanden, es hat sich dasselbe sogar unter Beseitigung der zuvor vorhandenen Rechtseinheit gebildet und im Laufe der Zeit mehr und mehr entwickelt; man fragt daher billig nach der Veranlassung dieser Erscheinung und ob nicht vielleicht, trotzdem im Allgemeinen das Bestehen von zweierlei Recht zu großen praktischen Inconvenienzen führt, doch ein nicht abzuweisendes Bedürfniß des Handelsstandes ein von dem allgemeinen Recht verschiedenes Recht erheischt.

Die Gründe, aus denen im Mittelalter ein Sonderrecht der Kaufleute erstand, liegen eben in den Zuständen des Mittelalters. Einerseits das Ständewesen, welches corporativ abgeschlossenen Ständen die Befugniß gewährte, und die Neigung dazu beförderte, unbekümmert um andere Stände, ein besonderes Statutarrecht zu erzeugen, andererseits die Herrschaft einer scholastischen Doctrin und kanonischen Anschauungsweise, welche einer mit dem Leben fortschreitenden Rechtsentwicklung feindlich entgegen traten, sind die Basis, auf denen ein vom allgemeinen Rechte sich lossagendes Handelsrecht erwuchs. Der zu einer selbstständigen Ordnung seiner Rechtsverhältnisse befähigte Kaufmannsstand schüttelte die dem lebendigen Handelsverkehr unerträglichen Fesseln ab, das allgemeine bürgerliche Recht nach Bedürfniß modificirend und zum Theil demselben unbekannte Rechtsinstitute erzeugend. Fiel nun auch mit der Aufhebung des Ständewesens ein wichtiges Moment für den Bestand eines besonderen Kaufmannsrechtes fort, wurde auch in der Folgezeit die Handhabung des Rechts in den Händen des Richters und der

Wissenschaft eine freiere, so vermochte doch auch später die allgemeine Rechtsentwicklung nicht mit dem wachsenden Handelsverkehr Schritt zu halten, an Stelle der statutarischen Beliebung trat daher die Macht gewohnheitsrechtlicher Uebung, um von nun an deren Functionen zu übernehmen, die vom allgemeinen Rechte gesetzten Schranken zu beseitigen und seine Lücken auszufüllen. Die Codification dieser gewohnheitsrechtlichen Uebung ist der Hauptsache nach der Inhalt der neueren handelsrechtlichen Gesetzgebung.

So ist zwar die Unzulänglichkeit des allgemeinen Rechtes die Ursache der Entstehung eines von ihm gesonderten Handelsrechtes gewesen, aber es existirt kein principieller Gegensatz zwischen beiden, wie auch schon die Thatsache zeigt, daß die handeltreibenden Völker des Alterthums ein vom allgemeinen Recht getrenntes Handelsrecht nicht hatten.

Es besteht selbstverständlich für die Klasse der handeltreibenden Personen kein Interesse, ein von dem allgemeinen Rechte abweichendes Sonderrecht zu besitzen, wenn nur das allgemeine Recht in einer ihren Bedürfnissen entsprechenden Weise geordnet ist, ein von dem allgemeinen Recht verschiedenes Recht widerstreitet vielmehr ihrem Interesse wegen der vielfachen Berührung, in welchem der Handel mit dem sonstigen Geschäftsverkehr steht. Wie aber auch nach Beseitigung des Ständewesens ein gesondertes Handelsrecht fortbestand und sich weiter entwickelte weil das allgemeine Recht dem Handelsverkehr nicht genügte, so wird dies auch ferner der Fall sein, so lange die Ursache, der ungenügende Zustand des allgemeinen Rechtes, dauert.

Eine Rechtseinheit wird daher auch nie durch eine Zurückführung des Handelsrechtes auf das allgemeine Recht, sondern nur durch eine Generalisirung des Handelsrechtes zu erreichen sein, abgesehen davon, daß für die einzelnen deutschen Staaten der erste Weg auch schon durch die Unfähigkeit, die Reichsgesetzgebung zu beseitigen, ausgeschlossen ist.

Es fragt sich daher, ob umgekehrt die rechtlichen Grundsätze des Handelsrechts den Interessen des nicht handeltreibenden Publikums widerstreiten und aus diesem Grunde ungeeignet sind, zur allgemeinen Anwendung gebracht zu werden. Eine verneinende Antwort ergiebt der Inhalt des Handelsrechtes und die erwähnten Gründe seiner Entstehung. Das Handelsrecht ist, mit den Worten anerkannter Autoritäten zu reden, „unser eigentliches potenzirtes Volksrecht" (Bahr, Anerkennung p. 267), „der vollkommenste Ausdruck des neueren Rechtsbewußtseins" (Goldschmidt, Handbuch I. p. 818). Im Handelsrecht haben wir nur eine im Geiste dieses neueren Rechtsbewußtseins vorgenommene Fortbildung und detaillirtere Ausbildung des dem lebhafteren Verkehr nicht mehr genügenden allgemeinen Rechtes zu erkennen. Der Handel fordert wenigstens der Hauptsache nach nicht eine gesetzgeberische Thätigkeit für dem sonstigen Leben fremde Verhältnisse oder in einer ihm eigenthümlichen

Weise, sondern das mit überlebten Anschauungen in Widerspruch stehende Rechtsbewußtsein des Volkes drängt im regeren Verkehr des Handels nur zu einer rascheren Entwicklung des Rechts, zu einer schnelleren Regelung von Fragen, deren ungelöstes Fortbestehen der minder lebhafte Alltagsverkehr noch eine Zeitlang mit geringer Unbequemlichkeit erträgt, deren Erledigung aber auch ihm erwünscht und früher oder später Bedürfniß ist. Die durch das Bedürfniß des Handelsverkehrs provocirte Gesetzgebung ist deshalb an sich geeignet, nicht nur im Handelsverkehr, sondern überall zu gelten, wo ein unter die betreffende gesetzliche Disposition zu subsumirendes Sachverhältniß sich findet; daß dies außerhalb des Handelsverkehrs seltener der Fall und deshalb allein die Gesetzgebung nicht in Bewegung gesetzt haben würde, kann an und für sich keinen Grund zu einer Verschiedenheit der rechtlichen Behandlung abgeben. Rechtliche Bestimmungen, welche für den regeren Handelsverkehr zweckmäßig erscheinen und sich in demselben bewähren, werden auch in dem selteneren Fall angemessen sein, wenn das im Handelsverkehr gewerbsmäßig eingegangene Rechtsverhältniß von dem Handelsgewerbe nicht obliegenden Personen eingegangen wird; so wenig es für die rechtliche Beurtheilung eines Frachtcontractes principiell einen Unterschied machen kann, ob die Contrahenten in ihrem Geschäfte häufig Frachtcontracte abzuschließen pflegen, so wenig ist zu ersehen, weshalb praktisch die bei diesen Personen geeigneten Rechtsbestimmungen unzweckmäßig sein sollten, wenn die Contrahenten nur ausnahmsweise einen Frachtcontract abschlossen. Die Satzungen jeder Rechtsmaterie gelten nur für denjenigen, bei welchem die thatsächlichen Voraussetzungen derselben vorkommen, wo aber diese vorhanden sind, da auch immer sollen sie durch jene Satzungen ergriffen werden, und es besteht kein Grund, sie aus dem allgemeinen Rechtssystem zu einem Sonderrecht für diejenigen loszulösen, bei denen die thatsächlichen Voraussetzungen vielleicht in Folge ihrer geschäftlichen Thätigkeit häufiger eintreten. So wenig man sich veranlaßt gesehen hat, aus dem Umstande, daß Personen aus dem Umsatz von Immobilien in unveränderter, oder durch Bebauung veränderter, Form ein Gewerbe machen, für diese Klassen von Personen ein besonderes Immobilarrecht zu constituiren, sondern auf sie wie auf andere Personen die allgemeinen Rechtsgrundsätze bezüglich Eigenthum, Pfand, Kauf 2c. zur Anwendung bringt, so wenig läßt sich ein abweichendes Verfahren für einen gewerbsmäßigen Mobiliarverkehr rechtfertigen.

Man wird vielleicht dem Einwurfe begegnen, daß für manche Rechtsverhältnisse im Handelsrecht besonders strenge Formen und besonders strenge rechtliche Folgen bestehen, diese aber für den allgemeinen Verkehr unter geschäftsunkundigen Leuten nicht passend seien. Dieser Umstand würde jedoch höchstens Veranlassung bieten, einzelne Ausnahmen und Modificationen bei der Generalisirung des Handelsrechts zum allgemeinen Recht eintreten zu lassen, ohne diese selbst principiell in Frage zu stellen. Zum großen Theil sind diese Formen und Rechtsfolgen auch derart, daß es vom Belieben des Einzelnen abhängt, ob er dieselben benutzen und sich denselben aussetzen will, ob z. B. bei einem Transportgeschäfte ein Ladeschein, über ein Schuldverhältniß ein Ordrepapier ausgestellt werden oder das gewöhnliche Mandatsverhältniß oder Darlehnsrecht maßgebend sein soll; wenn aber die strengeren Formen und die strengere Verantwortlichkeit freiwillig gewählt wird, warum soll dies nicht Allen gestattet und nicht zugleich Allen die damit verknüpften Vortheile gewährt sein? Ueberhaupt aber darf man nicht vergessen, daß die betreffenden handelsrechtlichen Bestimmungen dem Boden des Verkehrs entsprungen, durch das praktische Bedürfniß ans Licht gebracht sind, daß alle Beschränkungen und Verpflichtungen dem Einzelnen nur im Interesse der Rechtssicherheit und prompter Rechtsrealisirung auferlegt sind, und dieser Vortheil, die Unbequemlichkeit, die strengeren Verpflichtungen einzuhalten, weitaus überwiegt. Daß die strengeren Grundsätze des Handelsrechtes auch von dem allgemeinen Verkehr ohne Belästigung ertragen werden können, dafür mag z. B. darauf hingewiesen werden, daß der Grundsatz: „Hand muß Hand wahren" von Alters her an manchen Orten allgemeines Recht war, vor Allem aber zeigt dies das formell wie materiell besonders strenge Wechselrecht, das wohl schwerlich ohne den lebhaftesten Widerspruch von Seiten der Nichtkaufleute auf den Handelsstand wieder eingeschränkt werden könnte. Thatsächlich hat die Entwicklung des allgemeinen bürgerlichen Rechtes sich denn auch stets als die Nachfolgerin des bahnbrechenden Handelsrechtes gezeigt. Die den Verkehr beengenden Bestimmungen über Wucher, cura sexus etc., sind zunächst für den Handelsverkehr, dann allgemein beseitigt, die Institute des Wechsels, Inhaberpapiere ꝛc. verdanken zunächst dem Handel ihre Entstehung und sind dann allgemeine Verkehrsinstitute geworden, und denselben Weg ist die neueste Reichsgesetzgebung gewandelt. (Bundesgesetz von 1867, betreffend die Höhe vertragsmäßiger Zinsen, Reichsgesetz von 1868, betreffend Erwerbs- und Wirthschaftsgenossenschaften, Novelle von 1870, betreffend Actiengesellschaften.) Immer ist die Rechtsentwicklung in Bezug auf den Handel, weil in ihm das Bedürfniß auf Modificationen des bestehenden allgemeinen Rechtes nur am frühesten hervortrat, der allgemeinen Rechtsentwicklung nur voran geeilt, mußte diese aber mit dem Wachsthum der Verkehrsbewegung und damit steigendem, realem Bedürfniß unausbleiblich folgen. Nur insofern die allgemeine Rechtsentwickelung zurückbleibt, existirt eine Rechtfertigung oder vielmehr Entschuldigung für ein besonderes Handelsrecht, die Aufgabe der Jurisprudenz in ihrer gesetzgeberischen Function ist es, dem Handelsrecht nachzufolgen, dasselbe zu einem allgemeinen Mobiliarverkehrsrecht auszubilden.

Die Satzungen des Handelsrechtes und der Handelsgesetzgebungen beschäftigen sich ausschließlich mit dem Mobiliarverkehr, es kommt daher auch nur eine Ausdehnung ihrer Geltung bezüglich dieses in Frage und bleibt der Immobiliarverkehr, bei welchem besondere Verhältnisse zu berücksichtigen sind, hier außer Betrachtung.

Die Ausführbarkeit einer Umwandlung speciell des im H.-G.-B. enthaltenen Handelsrechtes zu einem allgemeinen Mobiliarverkehrsrechte wird sich insbesondere auch aus der Stellung ergeben, welche dasselbe schon jetzt zum allgemeinen Recht einnimmt.

In Folge der weiten Begriffsbestimmung von Handelsgeschäft und Kaufmann und der Verfügung des art. 277, daß die Vorschriften des vierten Buches auch bei einseitigen Handelsgeschäften auf beide Contrahenten zur Anwendung kommen sollen, treffen die Bestimmungen des H.-G.-B. ohnehin fast den gesammten Mobiliarverkehr und bleibt nur ein geringes nicht von demselben berührtes Gebiet übrig. Man möge, um sich hiervon zu überzeugen, nur einmal die von Puchelt (Commentar 1, pag. 12/13) zusammengestellte Collection Gewerbetreibender betrachten, welche, nach den Ergebnissen der Praxis der deutschen Gerichte als Kaufleute anzusehen sind. Schwerlich giebt es Geschäftstreibende, die man als gänzlich außerhalb des Gebietes des Handelsrechtes stehend betrachten kann, sie alle kommen in die Lage, wenigstens einseitige Handelsgeschäfte abzuschließen und dem Handelsrecht unterworfen zu sein, so der Landwirth, welcher seine Producte dem Kornhändler verkauft, der Schuster, der ein Lager von fertigem Schuhzeug hält, der Bäcker, der an den Höker verkauft, der Consument, welcher vom Höker und Krämer kauft. Ist es möglich gewesen, diese Fälle dem H.-G.-B. zu subordiniren, so wird es nicht unthunlich sein, wenn der Landwirth oder der Bäcker direkt ohne Zwischenhändler dem Consumenten verkauft, wenn der Landwirth, welcher zum Zweck der Spiritusfabrication Kartoffeln kauft, dem H.-G.-B. unterstellt werden kann, so wird es nicht unthunlich sein bei dem Landwirth, der so viel eigenes Land besitzt, daß er selbst genügend Kartoffeln für seinen Betrieb gewinnt; wenn der gewerbsmäßig Leder einkaufende Schuster im Sinne des H.-G.-B. ein Kaufmann ist, dessen Bürgschaft eine kaufmännische ist, der ohne Vorworte Provision berechnen darf, der über ein erhaltenes Darlehn ein Ordrepapier ausstellen kann, warum sollte dies unthunlich sein bei dem Schneider, der das von seinen Kunden erhaltene Zeug verarbeitet. Wenn es thunlich ist, das Handelsrecht auf nicht zum Handelsstande angehörige Personen anzuwenden, nur deshalb, weil ihr Contrahent ein Kaufmann ist, warum sollte es unthunlich sein, sie allgemein dem Handelsrecht zu unterwerfen? Das H.-G.-B. hat durch die Begriffsbestimmung über Handelsgeschäfte und Kaufmann, durch den art. 277 und manche andere sich nicht auf den Handelsverkehr beschränkende Bestimmungen, z. B. über Inhaberpapiere art. 307 die Thunlichkeit einer allgemeinen Anwendung gezeigt, es hat sogar einen schlagenden Beweis dafür geliefert, daß eine Sonderung des Handelsrechtes von dem allgemeinen Rechte bei dem Ineinanderfließen des Handelsverkehres und allgemeinen Verkehres praktisch unthunlich ist.

Durch die Einführungsgesetze zum Handelsgesetzbuch ist den Bestimmungen dieses eine noch weitere Geltung verliehen, theils durch Vermehrung der unter den Begriff Handelssachen zu subsumirenden Fälle, theils durch die Erklärung, daß näher angegebene Bestimmungen des Handelsgesetzbuchs eine nicht auf Handelssachen beschränkte allgemeine Giltigkeit haben sollen. Namentlich das hamburgische, das bremische und mecklenburgische Einführungsgesetz gehören hierher. Die betreffenden Ausdehnungen sind ohne Schwierigkeit vor sich gegangen und haben keine nachtheilige Folgen gehabt, ihre Thunlichkeit ist damit constatirt. Dasselbe gilt für diejenigen Abschnitte des Handelsgesetzbuchs, welche durch die oben bereits angeführten Reichsgesetze zum allgemeinen bürgerlichen Rechte ausgedehnt worden sind.

Es bedarf wohl kaum der Erwähnung, daß aus der Gerichtsorganisation Bedenken gegen eine Erhebung der Bestimmungen des Handelsgesetzbuchs zum allgemeinen Rechte nicht entnommen werden können. Die Competenz der Handelsgerichte hat mit der vorliegenden Frage nichts zu thun, die Verallgemeinerung des Handelsrechtes hat nur die Folge, daß die neben den Handelsgerichten bestehenden Gerichte ein gleiches Recht anzuwenden haben wie jene, deren Geschäftskreis dadurch in keiner Weise alterirt wird.

Die von der ständigen Deputation des Deutschen Juristentages zur Beantwortung gestellte Frage betrifft einige spezielle Abschnitte des Handelsgesetzbuchs, den die allgemeine Bestimmungen über Handelsgeschäfte enthaltenden zweiten Abschnitt, die auf deren Abschließung und Erfüllung bezüglichen Abschnitte 3 und 4 des ersten Titels und den das Kaufgeschäft behandelnden zweiten Titel des vierten Buches. Eine Betrachtung derselben im Einzelnen wird zeigen, daß dieselben zum großen Theil schon jetzt eine allgemeinere Geltung haben als ihnen allein durch das Handelsgesetzbuch angewiesen ist, daß andere Bestimmungen nur bezwecken, bestehende Controversen gesetzlich zu erledigen, eine Ausdehnung auf das allgemeine Recht aber erheblichen Bedenken nicht unterliegt.

Buch IV, Tit. 1, Abschnitt 2.

Die Bestimmnngen dieses Abschnittes sollen nach § 29 des Bremer Einführungsgesetzes auf ein einzelnes der im art. 272 aufgeführten Geschäfte auch dann Anwendung finden, wenn dasselbe gegen Entgelt, sei es von einem Kaufmann oder Nichtkaufmann, geschlossen wird. — Eine allgemeine nicht auf Handelsgeschäfte und nicht auf Kaufleute beschränkte Geltung sollen ferner eine größere Anzahl der Bestimmungen dieses Abschnittes haben nach §. 30 des Bremer E.-G., und mit einigen Ausnahmen sämmtliche Bestimmungen nach §. 30 des Hamburger E.-G. Insoweit dies der Fall, ist, da Beschwerden über diese ausgedehnte Anwendung nicht laut geworden, die Thunlichkeit der Ausdehnung auf das allgemeine Recht praktisch erwiesen.

Die Vorschrift des art. 278, daß der Richter nicht an dem buchstäblichen Sinne des Ausdrucks haften, sondern den Willen der Contrahenten erforschen solle, erhält nur eine Anwendung des Papinianischen Ausspruchs: in conventionibus contrahentium voluntatem potius quam verba spectari placuit (l. 219 de V. S.). Ebensowenig Anstoß wird eine Ausdehnung der im art. 279 enthaltenen Interpretationsregel erregen, daß bezüglich der Bedeutung und Wirkung von Handlungen und Unterlassungen auf die im Handelsverkehr geltenden Gewohnheiten und Gebräuche Rücksicht zu nehmen sei. Es würde dem „Handelsgebrauch" der bei Geschäften der betreffenden Art herrschende Gebrauch zu substituiren sein. Beide Artikel haben in Hamburg allgemein Geltung.

Desgleichen der art. 280, welcher feststellt, daß mehrere Personen, welche gegen einen Anderen eine Verpflichtung eingehen, solidarisch haften, sofern nicht aus der Uebereinkunft sich das Gegentheil ergiebt. Dasselbe gilt allgemein im Gebiete des preußischen A. L. R. I. Tit. 5, § 424.

Art. 281 schließt bei Solidarverbindlichkeiten die Einrede der Theilung aus, wie nach gemeinem Rechte durch Uebernahme einer selbstschuldigen Bürgschaft vertragsmäßig zulässig ist. Auch diese Bestimmung gilt allgemein nach dem preußischen A. L. R. I. tit. 5, § 430 ff. und dem hamburgischen E. G., wie auch nach art. 1203 des code civil.

Die gemeinrechtliche Regel, daß in Vertragsverhältnissen die diligentia diligentis patris familias zu prästiren ist, ist ohne die gemeinrechtlichen Ausnahmen im art. 282 in Bezug auf Handelsgeschäfte wiederholt. Es wird gewiß keine Uebelstände hervorrufen, wenn allgemein die verschiedenen Grade der culpa beseitigt werden, auch dem mensor etc. wie demjenigen, welcher aus einem Vertrage keinen unmittelbaren Nutzen zu erwarten hat, wird ohne Schaden die Aufmerksamkeit eines sorgsamen Hausvaters zugemuthet werden dürfen.

Die Bestimmungen des art. 283, daß, wer Schadenersatz zu fordern hat, den wirklichen Schaden und entgangenen Gewinn verlangen kann, entspricht der Regel des gemeinen Rechtes, damit dürfte auch die für dieses von Justinian bei nicht von Anfang an auf das Interesse gehenden Obligationen verordnete Beschränkung auf das duplum beseitigt sein, wiewohl dies von Hahn bestritten wird. Einige Einführungsgesetze (Hamburg §. 32, Schleswig-Holstein §. 49, Lauenburg §. 49) haben die Aufhebung ausdrücklich auszusprechen angemessen befunden. Die Bestimmung des art. 283 ist generalisirt durch das hamburgische E. G. und findet sich im art. 1149 des code civil.

Der art. 284 entscheidet einige über Conventionalstrafen bestehende gemeinrechtliche Controversen im Sinne der herrschenden Lehre. Die E. G. für Mecklenburg-Schwerin §. 3, Mecklenburg-Strelitz §. 3, Bremen §. 30, Hamburg §. 30 gewähren den betreffenden Bestimmungen eine allgemeine Geltung.

Der die arrha betreffende art. 285 beläßt dem Ortsgebrauch eine prävalirende Bedeutung und entscheidet eventuell gemeinrechtliche Controversen gemäß der gewöhnlichen Meinung und §§. 207, 210 und 211 des A. L. R. Tit. 5. Die zum vorigen Artikel citirten Einführungsgesetze übertragen den art. 285 auch auf Nichthandelsgeschäfte.

Der art. 286 schließt die Anfechtung von Handelsgeschäften wegen übermäßiger Verletzung aus. Die Beseitigung dieser bezüglich des Umfangs sehr streitigen Willkürbestimmung aus der römischen Kaiserzeit kann auch für das allgemeine Recht nur sehr erwünscht sein. Diese Beseitigung ist vorgenommen durch die citirten Einführungsgesetze für Bremen und Hamburg, für Bayern durch den Landtagsabschied vom 10. November 1861, Abschnitt III. §. 28 und (abgesehen von Immobiliarveräußerung) im art. 1674 des code civil.

Art. 287 bestimmt die Höhe der gesetzlichen Zinsen bei Handelsgeschäften auf sechs Procent. Dies galt auch zuvor schon an verschiedenen Orten und für verschiedene Rechtsverhältnisse allgemein, wie auch nach der Wechselordnung art. 50 und 51. Die preußischen E. G. für die älteren Provinzen art. 14, für Lauenburg §. 3, für Schleswig-Holstein §. 3, diejenigen der beiden Mecklenburg §. 34, von Waldeck §. 17 dehnen die Bestimmung auf alle Handelssachen aus, Württemberg art. 45 auf Forderungen der Handwerker für gelieferte Waaren und Arbeit; Hamburg generalisirt allgemein. Die Frage der Höhe gesetzlicher Zinsen ist rein positiv rechtlicher Natur, es kommt nur darauf an, daß sie beantwortet wird, der Betrag ist ziemlich einerlei und eine gleichmäßige Bestimmung zweckmäßig.

Wer aus einem Geschäfte, welches auf seiner Seite ein Handelsgeschäft ist, eine fällige Forderung hat, soll zufolge art. 288 wenigstens vom Tage der Mahnung an, Zinsen fordern dürfen. Nach gemeinem Recht wie nach dem preußischen A. L. R. I. 16. §. 71 ist der durch Mahnung in Verzug gesetzte Schuldner allgemein zur Zinszahlung verpflichtet. Der Schlußsatz des art. 288 verfügt, daß die Uebersendung der Rechnung für sich allein nicht als Mahnung gelten soll, soll dies nicht einmal im Handelsverkehr geschehen, so wird eine solche Präsumtion für den allgemeinen Verkehr gewiß nicht empfohlen werden können. Die E.-G. der beiden Mecklenburg, Bremen und Hamburg generalisiren den art. 288.

Die im art. 289 enthaltene Bestimmung der Befugniß zur Zinsenberechnung auch ohne Verabredung oder Mahnung ist schon im H.-G.-B. auf die beiderseitigen Handelsgeschäfte von Kaufleuten beschränkt und von dem sonst zur Ausdehnung geneigten Hamburger E.-G. nicht extendirt. Der dafür angeführte Grund, daß die Contrahenten eine prompte Zahlung nicht voraussetzen, dürfte doch nicht genügen, die Rechtseinheit zu stören. Der Satz dies interpellat pro homine ist gemeinrechtlich zwar sehr controvers, steht aber doch vielerwärts, wenn nicht zumeist, im Gebiet des gemeinen Rechtes in anerkannter Anwendung, sodaß Vangerow, Leitfaden Bd. III, S. 206, dessen gewohnheitsrechtliche Geltung durch eine seit Jahrhunderten unwandelbar feststehende Praxis behauptet und auf ein gemeinsames Rechtsgefühl, wonach eine solche Regel als die Befriedigung eines rechtlichen Bedürfnisses erscheinen müßte, zurückführt. Das preußische A. L. R. anerkennt denselben im §. 67, Th. I., Tit. 16 und nach dem Zeugniß von Holzschuher, Theorie und Casuistik Bd. III., S. 232, das württembergische und kurhessische Recht. Hiernach wird man wohl, ohne Unzuträglichkeiten befürchten zu müssen, die Regel des art. 289 der in demselben enthaltenen Beschränkungen entkleiden dürfen.

Der art. 290, welcher den Kaufmann berechtigt, für jede im Handelsverkehr zu Gunsten eines Kaufmanns oder Nichtkaufmanns vorkommende Dienstleistung Provision, für eine Aufbewahrung Lagergeld, für Darlehn und Vorschüsse Zinsen zu berechnen, ist in keinem Einführungsgesetze verallgemeinert. Bei der großen Ausdehnung, welche der Begriff Kaufmann nach dem H.-G.-B. hat, und andererseits der Schwierigkeit der richtigen Anwendung dieses Begriffes auf den einzelnen Fall, wird eine Verallgemeinerung sich empfehlen, und wenn auch der bürgerliche Verkehr dadurch leicht einen etwas geschäftlichen Charakter gewinnen sollte, dieser Nachtheil doch durch die Vermeidung vieler sonst über die Anwendbarkeit des Gesetzes entstehender Differenzen reichlich aufgewogen werden.

Der art. 291 verordnet für das Contocurrentverhältniß zwischen Kaufleuten einen jährlichen Abschluß und Verzinsung des Saldos. Das hannöversche E. G. §. 26 dehnt dies auf das Rechnungsverhältniß mit einem Nichtkaufmann und auf Nichthandelsgeschäfte aus, ebenso §. 3 der mecklenburgischen E. G., und das Bremer E. G. macht die Geltung zu einer ganz allgemeinen.

Die im art. 292 in Handelsgeschäften und für Kaufleute gewährte Befugniß zur Ausbedingung von Zinsen über sechs Procent ist durch das Bundesgesetz vom 14. November 1867 bereits allgemeines Recht geworden, abgesehen von gewerblichen Pfandleihanstalten, eine Ausnahme, die ohne Gefährdung des Princips zugegeben werden kann.

Die gemeinrechtliche Beschränkung der rückständigen Zinsen auf den Betrag des Capitals hat innere Rechtfertigungsgründe nicht für sich, eine Ausdehnung der im art. 293 für Handelsgeschäfte getroffenen Aufhebung dieser Beschränkung ist deshalb empfehlenswerth. Sie findet sich bereits im A. L.-R. I., 11, §. 851 und 852, art. 2 des bayerischen Gesetzes vom 5. Dezember 1867, sowie im Hamburger E.-G. §. 30.

Die Bestimmung des art. 294, daß die Anerkennung einer Rechnung den Beweis eines Irrthums oder Betruges in der Rechnung nicht ausschließe, ist nach allgemeinen Grundsätzen selbstverständlich. Es ist durch diese Bestimmung indirekt zugleich die Klagbarkeit des Anerkennungsvertrages ausgesprochen; dieselbe wird als allgemein geltend heutigen Tages ziemlich allseitig zugegeben, und hat sich der neunte Deutsche Juristentag in seiner 1. und 2. Abtheilung für dieselbe ausgesprochen. In den beiden Mecklenburg, Bremen und Hamburg ist durch die betreffenden E.-G. der Inhalt dieses Artikels zur allgemeinen Geltung erhoben.

Das gemeine Recht gewährt Schuldscheinen und Quittungen erst nach Ablauf von resp. zwei Jahren und 30 Tagen Beweiskraft, weil dieselben bisweilen in Erwartung zu empfangender Zahlung ohne solche hingegeben werden. Es ist kein Grund erfindlich, weshalb derjenige, welcher leichtfertig Vertrauen schenkt, geschützt werden soll auf Kosten derer, welche sich über wirklich gezahltes Geld eine Schuldverschreibung oder Quittung ausfertigen lassen, und zwar so wenig für den allgemeinen Verkehr wie speziell für den Verkehr des Handels. Die für letzten im art. 295 vorgenommene Aufhebung der gemeinrechtlichen Singularitäten ist deshalb zu generalisiren, wie dies in dem bayerischen Gesetze vom 26. März 1859 und in dem Bremer und Hamburger E.-G. §. 30 geschehen ist. Zweckmäßig ist zur Beseitigung einer weiteren gemeinrechtlichen Bestimmung und daran sich knüpfender Controversen in einer Anzahl von Einführungsgesetzen hinzugefügt, daß dem Aussteller eines Schuldscheins ohne Rücksicht auf eine Zeitfrist der Beweis der nicht empfangenen Valuta freisteht. Die in den Einführungsgesetzen, bezüglich der Hypothekeninstrumente, gemachten Vorbehalte bleiben hier, als nicht zum Mobiliarverkehr gehörig, außer Betracht.

Die im art. 296 ausgesprochene Ermächtigung des Ueberbringers einer Quittung zur Empfangnahme der darin quittirten Zahlung, sofern nicht dem Zahlenden der Ermächtigung entgegenstehende Umstände bekannt sind, entspricht der allgemeinen auch im bürgerlichen Verkehr herrschenden Anschauung. Die Ausdehnung dieses Artikels ist deshalb unbedenklich und in den Mecklenburger, Bremer und Hamburger E.-G. vorgenommen.

Die Bestimmung des **art.** 297, daß Anträge, Aufträge und Vollmachten eines Kaufmanns in dem Handelsgewerbe durch seinen Tod nicht erlöschen, sofern die Umstände nicht eine entgegengesetzte Meinung ergeben, enthält eine Abweichung von dem sonst geltenden bürgerlichen Rechte, die von den Einführungsgesetzen eine weitere Ausdehnung nicht erhalten hat. Der Grund dieser abweichenden Disposition liegt in der Gefahr, welcher sowohl das Geschäft des Vollmachtgebers resp. dessen Erben, wie der Mandatar, wie dessen Contrahent oder der Empfänger von Anträgen ausgesetzt sein kann, wenn mit dem Tode die Anträge und Vollmachten ohne Weiteres erlöschen. Dieselbe Gefahr kann aber auch in den dem Handelsverkehr nicht angehörigen Verhältnissen eintreten.

Der **art.** 298 bestimmt, unter Verweisung auf **art.** 52, daß die Contrahirung des Bevollmächtigten Namens des Vollmachtgebers die Wirkung haben solle, als habe dieser selbst contrahirt. Diese neuere Behandlung der Stellvertretung ist durchaus nicht specifisch für Handelsverträge. Das Gleiche gilt von der unter Bezugnahme auf **art.** 55 getroffenen Bestimmung, daß der ohne Vollmacht als Bevollmächtigter Contrahirende von dem hierüber in Unkenntniß befindlichen Mitcontrahenten auf Schadenersatz oder Erfüllung in Anspruch genommen werden könne. Beide rechtliche Anschauungen werden zweckmäßig auch in nicht handelsrechtlichen Verhältnissen zur Anwendung gebracht, wie dies durch das Bremer und Hamburger E.-G. sowie die beiden Mecklenburger E.-G. §. 3 geschieht.

Der **art.** 299 beseitigt die **lex Anastasiana** für den Handelsverkehr. Die Mängel dieses Gesetzes sind bekannt, über die Nothwendigkeit ihrer gänzlichen Beseitigung ist man sich wohl einig. Dieselbe ist bereits vom preußischen A. L.-R. I., Tit. 11, §. 390 und 391, in Sachsen durch Gesetz vom 8. Februar 1838, in Bayern durch Gesetz vom 22. Februar 1855, durch das Bremer E.-G §. 30 und das Hamburger E.-G. §. 30 vorgenommen.

Art. 300 verpflichtet den Kaufmann, von ihm angenommene Anweisungen zu bezahlen. Bei der ganz unbeschränkten Geltung der Wechselordnung existirt gewiß kein Grund gegen die Ausdehnung dieses Artikels. Ueberdies verpflichtet der **art.** 301 auch den Nichtkaufmann zur Erfüllung der von ihm acceptirten Anweisung, wenn dieselbe nur von einem Kaufmann und an Ordre, wenn auch eigene, ausgestellt wurde, während der **art.** 300 den Kaufmann zur Einlösung der auch von einem Nichtkaufmann ausgestellten Anweisung, die er acceptirte, verbindet. Die E.-G. von Hannover §. 26, Bremen §. 30 und Hamburg §. 30 nehmen diese Ausdehnung vor, resp. bestätigen damit das schon früher geltende Recht.

Die **art.** 301—305 behandeln an Ordre gestellte Papiere, für dieselben wird die Uebertragbarkeit durch Indossament aufgestellt, mit der Wirkung, daß der Verpflichtete sich nur solcher Einreden bedienen kann, welche ihm nach Maßgabe der Urkunde selbst oder unmittelbar gegen den jedesmaligen Kläger zustehen, bezüglich der Form des Indossements, der Legitimation des Inhabers der Urkunde und der Verpflichtung des Besitzers zur Herausgabe sind die art. 11—13, 36 und 74 der allgemeinen deutschen Wechselordnung anwendbar erklärt. Als hierher gehörige Papiere denkt das H.-G.-B. nur von Kaufleuten an Ordre gestellte Anweisungen und Verpflichtungsscheine, und zwar nur, wenn sie über Geld, eine Quantität vertretbarer Sachen oder Werthpapiere lauten und die Verpflichtung nicht von einer Gegenleistung abhängig gemacht ist (art. 301); ferner sind im art. 302 aufgeführt Connossemente, Ladescheine, an Ordre gestellte Bodmereibriefe und Seeassecuranzpolicen, sowie Auslieferungsscheine über zur Aufbewahrung übernommene Waaren oder andere Sachen abseiten einer staatlich hierzu ermächtigten Anstalt, doch ist im art. 304 den Landesgesetzen überlassen, den Kreis der hierher zu zählenden Papiere zu erweitern. Für die von den Bremer und Hamburger E.-G. vorgenommene Ausdehnung dieser Vorschriften auf Nichthandelsgeschäfte und Nichtkaufleute wird zunächst wiederum anzuführen sein, daß das gewöhnliche Ordrepapier, der Wechsel, bei welchem die strengste und formellste Behandlung der betheiligten Personen und vorkommenden Rechtsfragen eintritt, dem allgemeinen Recht angehört und daß ein fast fünfundzwanzigjähriger allseitig zufriedenstellender Bestand der Wechselordnung den Beweis geliefert hat, daß der allgemeine bürgerliche Verkehr das Institut der Ordrepapiere und die dafür geltenden die materielle causa ignorirenden Rechtsbestimmungen ohne Beschwerde zu tragen, vielmehr mit Nutzen sich derselben zu bedienen weiß. Es ist ferner zu bedenken, daß, wenn es schon nicht leicht ist, von seinem Contrahenten in allen Fällen festzustellen, ob derselbe ein Kaufmann sei oder nicht, es in der That als eine unerhörte Zumuthung an den Erwerber eines Ordrepapieres erscheint, sich erkundigen zu sollen, ob der vielleicht an einem anderen Orte wohnende ihm gänzlich unbekannte Aussteller ein Kaufmann ist. Wenn sodann auf den Nichtkaufmann von einem Kaufmann nach art. 301 zulässiger Weise ein Ordrepapier ausgestellt worden, und der nichtkaufmännische Acceptant demnach sich nur solcher Einreden bedienen darf, welche ihm nach Maßgabe der Urkunde selbst oder unmittelbar gegen den jedesmaligen Kläger zustehen, wenn der Nichtkaufmann auch durch Indossament die in Frage stehenden Papiere und damit alle Rechte aus denselben erwerben, wenn er eine Weiterübertragung durch Indossament vornehmen kann, wie dies beides nach dem Wortlaut der art. 801 und 303 und insbesondere nach der im art. 305 vorgenommenen Uebertragung der art. 11—13 und 36 der Wechselordnung auf Ordrepapiere angenommen werden muß, so ist doch in der That kein Grund erfindlich, warum dem Nichtkaufmann allein die Ausstellung eines Ordrepapieres versagt sein soll und er genöthigt sein sollte, wenn es ihm convenirt, sich eines solchen zu bedienen, einen befreundeten Kaufmann zu veranlassen, ein betreffendes an sein des Nichtkaufmannes Ordre gestellte Urkunde auszufertigen.

Der art. 306 erhebt den Grundsatz des germanischen Rechtes „Hand muß Hand wahren", zu dessen näherer Inhaltsangabe schon oben Gelegenheit war, zu einem allgemeinen Gesetz für den Handelsverkehr. Er gewährt dem redlichen Erwerber nicht gestohlener oder verlorener Mobiliargegenstände ein wirkliches Eigenthum, und einen unbedingten Schutz gegen den früheren Eigenthümer, auch wenn der Veräußerer nicht Eigenthümer war, sondern z. B. die Sache von ihm nur geliehen hatten, mit der Veräußerung erlischt das frühere Eigenthumsrecht. Entsprechend ist bei der Constituirung eines Pfandrechtes, sowohl durch Vertrag wie durch Gesetz disponirt. Voraussetzung aber ist, daß die Sache von einem Kaufmann in dessen Handelsbetrieb übergeben wurde. In diesem Falle wird auch der die Sache empfangende Nichtkaufmann durch den art. 306 geschützt, nicht aber ist dieses Schutzes theilhaft der Kaufmann, welcher eine Sache von einem Nichtkaufmann erhielt, z. B. Getreide, Zucker, Spiritus, von einem dasselbe producirenden Landwirth kaufte. Daß zumal bei dem Ineinandergreifen des Handels und der sonstigen bürgerlichen Thätigkeiten es ein Unglück ist, wenn in einer so wichtigen, so häufig zur praktischen Anwendung kommenden Materie wie der Eigenthumserwerb und die Vindication von Mobilien principiell entgegengesetzte Rechtssysteme neben einander bestehen und derselbe Mann bald nach dem einen, bald nach dem anderen sich behandeln lassen muß, das wird nicht zweifelhaft sein können. Ebensowenig, daß das in das H.-G.-B. aufgenommene deutschrechtliche Princip dem Verkehr vorzugsweise entspricht, dafür ist bezeichnend, das diese Aufnahme dem Antrage Preußens zu danken ist, dessen Landrecht wesentlich andere Grundsätze enthält. Die Sicherheit des Besitzes redlich erworbener Sachen ist aber nicht nur ein Bedürfniß des Handels, sondern jedes Verkehres. Diejenigen Orte, an denen der betreffende deutschrechtliche Grundsatz seit Jahrhunderten gegolten hat, haben denselben stets als eine der wichtigsten Schutzwehren des Rechtes und des guten Glaubens betrachtet. Die Ausdehnung des art. 306 in dem Bremer und Hamburger E.-G. verstand sich daher von selbst, auch im code civil (art. 2279) übrigens heißt es: en fait de meubles la possession vaut titre. Die Verallgemeinerung des art. 306 wird dem bürgerlichen Verkehr und der Sicherheit des Rechtes nur zum Vortheil gereichen.

Bezüglich des Verkehres mit Inhaberpapieren hat das H.-G.-B. art. 307 sich bereits genöthigt gesehen, die im art. 306 gezogenen Schranken fallen zu lassen und allgemein auch für Nichtkaufleute zu disponiren.

Der nur die dem Besitzer noch günstigeren Landesgesetze wahrende art. 308 kommt hier nicht in Betracht.

Der Bestimmung des art. 309, welchem zufolge die Bestellung eines Faustpfandes ohne besondere Förmlichkeit durch einfache Vereinbarung und Besitzübertragung (bei indossablen Papieren diese indossirt) stattfinden kann, entspricht dem in den Ländern des gemeinen Rechtes und des allgemeinen Landrechtes schon allgemein bestehenden Rechte. Die Verallgemeinerung ergiebt sich auch als Consequenz, wenn man dem Grundsatz beistimmt, daß nicht nur in Handelssachen, sondern überhaupt die Gültigkeit der Verträge von besonderen Förmlichkeiten nicht abhängig gemacht werden soll. Die Beschränkung des Artikels auf Kaufleute in beiderseitigen Handelsgeschäften bürdet außerdem den Contrahenten eine außerordentlich schwierige Untersuchung nicht allein über ihre Kaufmannsqualität, sondern auch darüber auf, ob das zu sichernde Geschäft ein beiderseitiges Handelsgeschäft sei und gefährdet dadurch die Erleichterung, die der Artikel bieten soll, auch für den Handelsverkehr, man denke z. B. an die vielfach auch von Nichtkaufleuten gemachten Depotgeschäfte.

Dieses letzte gegen die Beschränkung auf Kaufleute und beiderseitige Handelsgeschäfte vorgebrachte Bedenken trifft auch die auf den Verkauf des Pfandes bezüglichen art. 310 und 311. Bei schriftlicher Pfandbestellung soll der Gläubiger auf einseitigen Antrag vom Handelsgerichte zum Verkauf — auch unter der Hand — befugt werden und nur zur Benachrichtigung des Schuldners verpflichtet sein. Ist er durch schriftliche Vereinbarung auch von der Angehung des Handelsgerichtes dispensirt, soll er sofort beim Verzuge des Schuldners öffentlich, oder Börsenartikel auch durch einen Makler verkaufen können. Daß ihm die Zuziehung dieses nicht auch im ersten Falle zur Pflicht gemacht wurde, ist vielleicht zu tadeln, ist aber im bürgerlichen Verkehr nicht bedenklicher als in Handelsverhältnissen. Das gegen die Ausdehnung angeführte Argument, daß im Handelsverkehr die verpfändeten Waaren zur Realisirung bestimmt sein werden und ein prompter Verkauf häufig nicht nur im Interesse des Gläubigers, sondern auch des Schuldners liegen werde, diese Rücksichten aber außerhalb des Handelsverkehres wegfallen, ist nicht zutreffend. Einerseits werden auch von Nichtkaufleuten oder in nicht beiderseitigen Handelsgeschäften Waaren in Pfand gegeben, welchen Falles der angeführte Gesichtspunkt ebensowohl zutrifft, z. B. Fonds, bei welchen wegen der Coursschwankung eine prompte Realisation nach beiden Seiten von Interesse sein kann, andererseits werden auch von Kaufleuten in beiderseitigen Handelsgeschäften andere Gegenstände als Waare verpfändet, wie denn der art. 311 ausdrücklich auch diesen Fall berücksichtigt. Sodann setzen die art. 310 und 311 eine besondere Form und respective eine besondere Vereinbarung bei der Pfandbestellung voraus, mit der Form und Vereinbarung können die Contrahenten die Anwendung der art. 310 und 311 vermeiden, wollen sie diese aber, indem sie die Form der Schriftlichkeit ohne Ausschluß des art. 310 und die Vereinbarung des art. 311 erwählen, so ist es ein Eingriff in die Dispositionsbefugniß, wenn man dennoch die Anwendung der art. 310 und 311 ausschließen will. Bei Depotgeschäften hat sich die Praxis in Folge dessen zu dem Ausweg veranlaßt gesehen, die Befugniß des Creditors, beim Verzuge des Schuldners ohne Weiteres durch einen Makler verkaufen zu können, ausdrücklich zu stipuliren.

Der art. 312 ist hier ohne Interesse.

Die das Retentionsrecht behandelnden art. 313—316 sind in dem E.-G. von Frankfurt art. 15 und Hamburg §. 30 von den beengenden Schranken, welche die darin gewährten Befugnisse umgeben, befreit und zu allgemein geltenden Rechtssätzen erhoben worden, an beiden Plätzen galt zuvor bereits ein zum Theil viel weiter reichendes Retentionsrecht als allgemeines Recht, der §. 35 des Hamburger E.-G. sorgt auch dafür, dasselbe für die Zukunft im früheren Umfange zu erhalten. Es ist dies ein Zeugniß, daß die Stattgebung eines Retentionsrechtes, wie es sich durch Generalisirung der betreffenden Bestimmungen des H.-G.-B. ergeben wird, praktische Unzuträglichkeiten nicht befürchten läßt. Nach den art. 313 und 314 wird ein Retentionsrecht gewährt einem Kaufmann gegen einen anderen Kaufmann wegen fälliger Forderungen aus zwischen ihnen geschlossenen beiderseitigen Handelsgeschäften an den in seinem Gewahrsam befindlichen oder sonst seiner Verfügung unterworfenen Sachen des Schuldners, welche mit dessen Willen auf Grund von Handelsgeschäften in seinen Besitz gelangten, wenn die Zurückbehaltung nicht einer bei der Uebergabe empfangenen Vorschrift oder übernommenen Verpflichtung widerspricht. Nur im Falle der Insolvenz fällt dies letzte Erforderniß wie auch das der Fälligkeit der Forderung, für welche retinirt werden soll, fort. Eine Erweiterung gegen das Civilrecht liegt in der Beseitigung des Erfordernisses der Connexität zwischen dem Retentionsobject und der zu sichernden Forderung, namentlich aber unterscheidet sich das Zurückbehaltungsrecht des H.-G.-B. vom civilrechtlichen Retentionsrechtes in seiner Wirkung; da es nicht wie dieses nur einen indirecten Zwang auf den Eigenthümer der Sache ausüben soll, eine ihm obliegende Verpflichtung zu erfüllen, indem nur gegen solche Erfüllung ihm das retinirte Object herausgegeben zu werden braucht, sondern der art. 315 den Gläubiger nach vorgängiger Benachrichtigung an den Schuldner in Ermangelung anderer Sicherstellung befugt, im Wege der Klage bei dem für ihn selbst zuständigen Gerichte den Verkauf der Gegenstände zu beantragen und aus dem Erlöse vor anderen Gläubigern des Schuldners zu befriedigen, Rechte, die ihm auch gegenüber der Concursmasse des Schuldners gewährt werden. — Das civilrechtliche wie das kaufmännische Zurückbehaltungsrecht ist eine lediglich auf Billigkeitsrücksichten beruhende Abnormität. Glaubt man diese überhaupt bis zu den im art. 315 sanctionirten Rechtsfolgen treiben zu dürfen, so ist kein Grund vorhanden, dieselben auf die Forderung eines Kaufmannes an einen anderen Kaufmann, auf zwischen ihnen geschlossene beiderseitige Handelsgeschäfte zu beschränken und die Bedingung zu stellen, daß die Sachen auf Grund von Handelsgeschäften mit Willen des Schuldners in Besitz des Gläubigers gelangten. Das H.-G.-B. hat hier sehr verwerflicher Weise ein kaufmännisches Privilegium aufgestellt. Seine vornehmste Wirksamkeit findet das Zurückbehaltungsrecht im Fall einer Zahlungseinstellung des Schuldners. Warum soll nun der kleine Handwerker der Concursmasse des Kaufmannes das in seinen Händen befindliche Gut des Cridars ausliefern müssen, während der kaufmännische Mitgläubiger dasselbe behalten kann? Ist etwa der kleine Handwerker des Schutzes weniger werth oder weniger bedürftig? Warum soll dem Rüben kaufenden Spiritusfabrikanten gegen den Kaufmann und diesem gegen jenen ein Zurückbehaltungsrecht zustehen, die Selbstproduction der Rüben dasselbe aber ausschließen? Zur Rechtfertigung der in Frage stehenden Bestimmungen des H.-G.-B. ist angeführt worden das Verlangen einer Pfandbestellung widerstreite der kaufmännischen Ehre und sei dem kaufmännischen Credite nachtheilig. Man kann jedoch die Ehre der Menschen nicht nach ihrem Beruf classificiren, die Anmaßung einer besonderen Standesehre ist ein Vorurtheil, das der Gesetzgeber nicht mit besonderen Privilegien dotiren soll, auch wird von den Kaufleuten eine specifische Sorte Ehre im Allgemeinen nicht prätendirt. Das H.-G.-B. hat in den eben vorher gehenden Artikeln die Pfandbestellung unter Kaufleuten einer besonderen Behandlung unterzogen, an und für sich wird man also vom Standpunkte des H.-G.-B. aus das Verlangen einer Pfandbestellung für Kaufleute nicht als unstatthaft voraussetzen dürfen. Daß in dem Verlangen einer Pfandbestellung leicht ein Mißtrauen gegen die Solvenz des Debitors an den Tag treten kann, daß man deshalb, um den Anderen nicht zu verletzen und die Geschäftsverbindung nicht zu stören, von solchem Verlangen häufig absehen wird, ist richtig, aber nicht nur für den kaufmännischen Verkehr, sondern ganz allgemein. Der kleine Handwerker, der sich seine Kundschaft nicht verderben will, ist noch weniger in der Lage, eine Pfandbestellung zu fordern, als der Kaufmann gegenüber dem anderen Kaufmann, der einen Credit in Anspruch nimmt. Im kaufmännischen Verkehr wie im gewöhnlichen Leben wird die Erwägung Platz greifen, ob die Größe des zu hoffenden Verdienstes der mit dem Geschäft verknüpften Gefahr entspricht, ob nach Sachlage die Forderung einer Sicherheit verständiger Weise als berechtigt angesehen werden müsse und der dieselbe bieten soll, daher nichts Verletzendes darin erblicken könne. Die eine Pfandbestellung erschwerenden Formen der Landesrechte werden zu Gunsten eines kaufmännischen Privilegs um so weniger angeführt werden können, als dieselben nicht nur den Nichtkaufmann und den Kaufmann im Verhältniß zu diesem eben so sehr treffen, sondern durch das H.=G.=B. für Kaufleute bei einer Forderung aus beiderseitigen Handelsgeschäften gerade beseitigt sind. Auch die Unsicherheit einer Berechnung des jederzeitigen Vermögensstandes des Schuldners ist keine Eigenthümlichkeit des kaufmännischen Schuldners; die Möglichkeit, daß eine anfänglich überflüssig erscheinende Deckung später sich als sehr nothwendig zeigt und die Anfangs vorhandene Nothwendigkeit alsbald hinwegfällt, eine Pfandbestellung im ersten Fall schwer zu erlangen, im zweiten Falle überflüssig ist, trifft jeden Fall der Pfandbestellung. Der vorherrschenden Meinung nach soll der kaufmännische Inhaber eines durch Indossament erworbenen Ordrepapieres gegen dessen kaufmännischen Aussteller ein Retentionsrecht ausüben können, womit denn bei der ausgiebigen Verwendung des Wechsels die Beschränkung, daß nur zur Sicherung der Forderung aus einem direkt zwischen dem Gläubiger und Schuldner abgeschlossenen Handelsgeschäfte retinirt werden dürfe, ziemlich löcherig geworden ist, der Wechsel in Discont nehmende Kaufmann wird sonach durch art. 313 f. gesichert, während der zur zeitweiligen Unterbringung seines Geldes Discont nehmende Privatmann des Schutzes weit dringender bedarf, da begreiflicher Weise der Privatmann noch weniger als der Kaufmann in der Lage ist, die Vermögensverhältnisse der auf dem Wechsel stehenden Personen richtig zu beurtheilen. Alle diese Gesichtspunkte, um das in art. 313 f. gewährte Zurückbehaltungsrecht als Surrogat für die dem Kaufmann zu lästige Pfandbestellung zu rechtfertigen, würden auch consequenter Weise zu einer Einräumung desselben Zurückbehaltungsrechtes an den nichtkaufmännischen Creditor des Kaufmanns und zu einer Beseitigung der Bestimmung führen, daß das zu retinirende Object auf Grund eines Handelsgeschäftes in den Besitz des Creditors gelangt sein müsse. Ueberdies genügt es natürlich nicht zur Rechtfertigung der Aufstellung eines besonderen Zurückbehaltungsrechtes für Kaufleute auf die Nachtheile oder Unthunlichkeit lediglich einer Pfandbestellung hinzuweisen, da auch auf anderem Wege durch Bürgschaft ein Ersatzmittel existirt. Entsprungen ist wie das prätorische Retentionsrecht, so auch das im Handelsverkehr ausgebildete Zurückbehaltungsrecht dem Gefühl, daß es unbillig sei, einem Gläubiger zuzumuthen, seinem Schuldner, der seine fällige Forderung unbezahlt läßt, oder dessen insolventer Zustand dies auch für die nicht fällige Forderung gewiß macht, das in seinen Händen befindliche Gut desselben auszuliefern, damit dies anderen zukomme und er selbst leer ausgehe. Dieses natürliche Billigkeitsgefühl greift in gleicher Weise Platz für die allgemeinen bürgerlichen Verhältnisse wie für diejenigen des Handelsverkehres, und wenn dieser die Wiege des im art. 313ff präcisirten Zurückbehaltungsrechtes ist, so ist dies derselben Ursache beizumessen, der die Erstehung eines vom allgemeinen Civilrecht losgetrennten Handelsrechtes überhaupt zuzuschreiben ist, daß nämlich dem regeren Handelsverkehr zuerst die eingeschränkte Weise, in welcher das römische Recht in der hier fraglichen Richtung der Billigkeit Rechnung trug, nicht genügte. Eine Versöhnung des Handelsrechtes mit dem allgemeinen bürgerlichen Rechte ist auch hier nicht in der Methode des H.-G.-B. zu finden, das Zurückbehaltungsrecht nach Möglichkeit zu verclausuliren und einzuschränken, sondern allein darin, daß das aus einem allgemein berechtigten Billigkeitsgefühl entsprungene Institut auch zum Gemeingut Aller gemacht wird. Als ein ernster Uebelstand des jetzigen Verhältnisses ist auch hier die Herausforderung einer Untersuchung über die Qualifikation der betreffenden Personen als Kaufleute, der betreffenden Geschäfte als beiderseitige Handelsgeschäfte und des den Besitz begründenden Geschäftes als Handelsgeschäft zu rügen.

Buch IV, Titel 1, Abschnitt 3.

Nachdem der zehnte deutsche Juristentag in seiner ersten und zweiten Abtheilung sich dafür ausgesprochen hat, daß die Giltigkeit der Verträge auch abgesehen von Handelssachen der Regel nach von der Beobachtung der schriftlichen Form unabhängig sein müsse, wird es überflüssig sein, die aus diesem Prinzipe folgende Extension des art. 317 auf das allgemeine Recht weiter zu begründen. Der betreffende Grundsatz bestand auch zuvor bereits nach gemeinem Recht, das Bremer und Hamburger E.-G. §. 30 sprechen die allgemeine Geltung ausdrücklich aus.

Die art. 318 und 319 stellen unter weiterer Ausführung den Grundsatz auf, daß ein Antrag zur Abschließung eines Handelsgeschäftes sowohl unter Gegenwärtigen wie unter Abwesenden so lange, aber auch nicht länger verbindlich ist, bis der Andere denselben anzunehmen im Stande ist, ferner der art. 320, daß ein vor oder gleichzeitig mit dem Antrage und resp. dessen Annahmeerklärung eintreffender Widerruf den Antrag und resp. die Annahme annullirt, und der art. 321, daß als Zeitpunkt des Vertragsschlusses bei einem unter Abwesenden zu Stande gekommenen Vertrage die Absendung der Annahmeerklärung und nicht deren Eingang zu gelten habe. Diese Bestimmungen für Handelsgeschäfte weichen zum Theil von den Grundsätzen des römischen Rechtes ab, insbesondere durch die Bindung des Offerenten bis zum rechtzeitigen Eingang einer Antwort (art. 319). Diese Abweichungen sind aber bereits durch ältere nicht nur für den Handelsverkehr gegebenen Gesetzgebungen als dem allgemeinen Bedürfniß entsprechend anerkannt worden, z. B. A. L. R. Titel 5, §. 94 ff. Anderentheils haben verschiedene civilrechtliche Controversen in einer verständigen und dem Verkehrsbedürfniß entsprechenden Weise eine Lösung gefunden. Man wird daher die Bestimmungen der art. 318—321 im Interesse der Rechtssicherheit und Rechtseinheit auch dem sonstigen bürgerlichen Verkehr zu Gute kommen lassen dürfen. Auch die Anerkennung des auch im A. L. R. I, Titel 5, art. 84 und 85 enthaltenen Satzes des art. 322, daß eine Annahme unter Bedingungen oder Einschränkungen als Ablehnung des Antrages verbunden mit einem neuen Antrage zu gelten habe, als einen Grundsatz des allgemeinen bürgerlichen Rechtes wird keinem Bedenken begegnen. Eine nicht auf Handelssachen beschränkte, sondern eine allgemeine gesetzliche Giltigkeit ist den besprochenen Bestimmungen des H.-G.-B. auch durch die E.-G. von Mecklenburg-Schwerin und Mecklenburg-Strelitz im §. 3 und von Bremen und Hamburg im §. 30 gegeben worden.

Der art. 323 macht von der auch im art. 319 anerkannten Regel, daß das Schweigen nicht als Annahme eines Antrages gilt, für den Fall eine Ausnahme, daß einem Kaufmann ein Auftrag von Jemand ertheilt wurde, mit dem er in Geschäftsverbindung steht oder gegen den er sich zur Ausführung solcher Aufträge erboten hat. Ein weiter gehender Antrag wurde von der zur Berathung eines H.-G.-B. eingesetzten Commission abgelehnt, weil eine Verpflichtung zur Antwortertheilung auf die Aufträge aller möglichen Personen, mit denen man in gar keiner oder doch nicht in einer geschäftlichen Verbindung stehe, nicht zugemuthet werden könne. Eine ähnliche Erwägung führte auch im §. 36 des Hamburger E.-G. dazu den art. 323 auf Aufträge an Personen, die nicht Kaufleute sind, nur mit der Beschränkung auszudehnen, daß dieselben mit dem Auftraggeber in einer auf solche Anträge bezüglichen Geschäftsverbindung stehen, oder sich gegen denselben zur Ausführung solcher Aufträge erboten haben. Mit dieser Beschränkung wird aber die Bestimmung des art. 323 aus denselben Zweckmäßigkeitsrücksichten, die sie für den Verkehr mit Kaufleuten wünschenswerth erscheinen ließen, auch im allgemeinen bürgerlichen Verkehr als empfehlenswerth zu erachten sein. Dasselbe gilt auch von dem zweiten Absatz des art. 323, welcher unter den angegebenen Verhältnissen denjenigen, der den Auftrag ablehnt, verpflichtet, die mit dem Auftrag eingesandten Gegenstände, soweit er für die Kosten gedeckt ist, und dies ohne Nachtheil thun kann, auf Kosten des Auftraggebers vor Schaden zu bewahren.

Buch IV. Titel 1, Abschnitt 4.

Die art. 324 und 325 bestimmen für Handelsgeschäfte als Erfüllungsort, sofern sich dieser nicht aus dem Vertrage, der Natur des Geschäftes oder der Absicht der Contrahenten ergiebt, die Handelsniederlassung eventuell die Wohnung des Schuldners zur Zeit des Vertragsschlusses, und wenn den Contrahenten bekannter Weise das betreffende Object an einem anderen Orte sich befindet, diesen, doch sollen mit Ausnahme der Auszahlung von Ordrepapieren schuldige Geldzahlungen ohne Präjudiz für die Bestimmung des Erfüllungsortes dem Gläubiger übersandt werden. Die Bestimmungen des H.-G.-B. über den Erfüllungsort sind in den Einführungsgesetzen von Sachsen §. 38 Mecklenburg, Bremen und Hamburg in den mehr citirten §. 3 und §. 30 generalisirt.

Die art. 326—334 handeln von der Erfüllungszeit. Acceptirt ist der gemeinrechtliche Grundsatz quod sine die debetur statim debetur, selbstverständlich, daß der Vertrag, die Umstände und Gebrauch nicht auf eine andere Erfüllungszeit führen. Die art. 327—333 enthalten eine gesetzliche Feststellung bezüglich der Berechnung verschiedener zur Bezeichnung der Erfüllungszeit vorkommender Ausdrucksweisen zum Theil in Nachbildung der betreffenden Artikel der Wechselordnung. Dem wahren Leben entsprechend schließt der art. 334 gesetzliche Präsumptionen aus, ob ein Verfalltag zu Gunsten eines oder beider Contrahenten bestimmt ist und verweist den Richter allein auf die Natur des Geschäftes und die Absicht der Contrahenten; hinzugefügt ist die verständige Bestimmung, daß auch der vor dem Verfalltage zur Zahlung befugte Schuldner einen Discont nicht abziehen darf, sofern nicht Uebereinkunft oder Handelsgebrauch dazu ermächtigen. Die E.-G. der beiden Mecklenburg (mit einer unwesentlichen Modification zu art. 330, Absatz 2) Bremen und Hamburg haben auch die auf die Erfüllungszeit bezüglichen Bestimmungen des H.-G.-B. zu allgemein geltendem Recht erklärt,

Irgend welche besondere Bedenken, welche einer Ausdehnung der Bestimmungen des H.-G.-B. über den Erfüllungsort und die Erfüllungszeit entgegenstehen können, sind nicht aufgetaucht.

Dagegen befindet sich der art. 335, welcher bezüglich des Gegenstandes der Leistung bestimmt, daß, wenn über deren Beschaffenheit nichts ausgemacht wurde, Handelsgut mittlerer Art und Güte zu leisten sei, in einem principiellen Gegensatze zum gemeinen Rechte, welches dem Schuldner bei einer Gattungsobligation in Ermanglung näherer Bestimmung die Lieferung auch der schlechtesten Qualität gestattet, wenn dieselbe nur unter den Begriff des zu leistenden Objectes fällt. Der sonst anerkannte Grundsatz in dubio minimum und gegen den stipulator hat vor dem art. 335 keinen Bestand. Da aber die Bestimmung dieses Artikels nach dem code civil art. 1246, dem A. L.-R. I, 5. §. 275 und dem sächsischen Civilgesetzbuche §. 696 bereits allgemein gilt und in den Ländern des gemeinen Rechtes nunmehr auch für den Handelsverkehr, so wird auch in diesen eine Ausdehnung auf das allgemeine bürgerliche Recht angemessen sein. Dem hat auch Hamburg in seinem E.-G. §. 30 entsprochen, ebenso Bremen §. 30.

Eine Anwendung des art. 336 auch auf Nichthandelsgeschäfte ist unbedenklich. Derselbe bestimmt, daß bezüglich Maaß, Gewicht, Münzfuß, Zeitrechnung ꝛc. im Zweifel der Erfüllungsort maßgebend sein soll und reproducirt den art. 37 der W.-O. über die Befugniß zur Zahlung in Landesmünze, wenn die Leistung auf eine am Zahlungsorte nicht gangbare Münzsorte oder eine Rechnungswährung und nicht effectiv lautet. Die E.-G. der beiden Mecklenburg, Bremen und Hamburg haben diesen Artikel generalisirt. Dem Absatz 1 desselben entsprechen auch §§. 256 und 257, I, Titel 5 des A. L.-R. Buch IV, Titel 2.

Die Bestimmungen des H.-G.-B. über den Kauf gelten durchgehends auch für einseitige Handelsgeschäfte, demnach in den meisten Fällen eines Kaufgeschäftes und für die meisten Personen, wenigstens bei zahlreichen Gelegenheiten. Nimmt man hinzu die Schwierigkeit, stets eine richtige Unterscheidung zwischen Handelsgeschäften und Nichthandelsgeschäften zu treffen, so erscheint es im höchsten Grade wünschenswerth, auch den kleineren Kreis von Kaufgeschäften und Personen, für die das Recht des H.-G.-B. noch nicht Platz greift und jetzt in den verschiedenen deutschen Ländern eine unter sich wiederum verschiedene Gesetzgebung besteht, gleichfalls den Vorschriften des H.-G.-B. zu subordiniren. Es wird dies um so leichter geschehen können, als nur wenige dieser Vorschriften nicht bereits in dem bestehenden allgemeinen bürgerlichen Rechte einen Vorgang finden. Dieser Schritt ist in dem hamburgischen E.-G. §. 41 gethan, indem die Bestimmungen dieses ganzen Titels auch bei solchen Kaufverträgen, welche keine Handelsgeschäfte sind, für anwendbar erklärt ist, mit alleiniger Ausnahme der Kaufverträge über unbewegliche Sachen. Auch das Bremer E.-G. §. 30 dehnt die Bestimmungen auf den gesammten Mobiliarumsatz aus, mit Ausnahme der art. 357 und 358 und der den Contrahenten gegen einander obliegenden Sorgfalt, in welcher Beziehung das bisherige Recht aufrecht erhalten wird. Mehr E.-G., welche sich auf diesen Standpunkt erhoben haben, sind leider nicht zu registriren.

Die art. 337 und 338 bieten einer Anerkennung als allgemeiner Rechtssätze kein Hinderniß. Ersterer stellt den Unterschied zwischen unverbindlichen Empfehlungen und verbindlichen Kaufofferten fest, wie er auch außerhalb des Handelsverkehres für richtig wird erachtet werden müssen. Letzter unterwirft auch ein Lieferungsgeschäft den über den Kauf getroffenen Bestimmungen. Diese Verfügung würde als selbstverständlich überflüssig sein, wenn nicht das A. L.-R. I, Titel 11, §. 981 ff. den Lieferungsvertrag zu den Verträgen über Handlungen zählte und in einer von den für den Kaufvertrag geltenden Regeln abweichenden Weise behandelte. Auch im Gebiete des A. L.-R. wird man diese verschiedenartige Behandlung weder correct noch glücklich finden und damit zufrieden sein, wenn der Lieferungsvertrag auch im bürgerlichen Verkehr, in welchem er übrigens verhältnißmäßig selten vorkommt, den für Kaufgeschäfte geltenden Rechtsgrundsätzen unterworfen wird.

Die Bestimmungen des einige bezüglich des Kaufs auf Besicht vorkommende Fragen ordnenden, art. 339 stimmen im Wesentlichen mit dem gemeinen Recht überein. Der Kauf auf Besicht soll im Zweifel als unter einer Suspensivbedingung geschlossen gelten, wie dies auch der code civil art. 1588 und das sächsische Civilgesetzbuch §. 1101 bestimmen und wie auch das A. L.-R. verstanden wird. (Makower, Commentar ad h. art.) Erklärt sich der Kauflustige nicht innerhalb der verabredeten oder ortsüblichen Frist oder auf Aufforderung des Verkäufers, so ist dieser ferner nicht gebunden, es sei denn, daß die Waare zum Zweck der Besichtigung bereits übergeben war, welchen Falles das Schweigen als Genehmigung gilt. Die vom H.-G.-B. an das Schweigen geknüpften Folgerungen widersprechen im letzterwähnten Ausnahmefall dem gemeinen Recht, in dem regelmäßigen Falle dem A. L.-R., diesem auch in der Umgehung des Richters zur Erklärungsaufforderung beim Mangel einer vertragsmäßigen oder ortsgebräuchlichen Frist. Die Bestimmungen des H.-G.-B. entsprechen aber den im Verkehr herrschenden Anschauungen und dem Bedürfniß einer Entscheidung ohne processualische Weitläufigkeiten. Sie sind für den Mobiliarverkehr auch außerhalb des Handelsbetriebes zweckmäßig und bereits in verbreiteter Uebung.

Der art. 340 stellt den auch zuvor allgemein anerkannten Satz auf, daß, wenn ein Kauf nach Probe vorliegt (was jedoch aus dieser Bezeichnung nicht immer nothwendig folgt und einen besonderen Vorbehalt in dem E.-G. von Hamburg §. 42, Lauenburg §. 51 und Schleswig-Holstein §. 51 veranlaßt hat), dieser ein unbedingter Kauf mit der Verpflichtung des Verkäufers zu probemäßiger Lieferung sei, und der art. 341 enthält die ziemlich bedeutungslose Interpretationsregel, daß ein Kauf zur Probe ein unbedingter Kauf unter Hinzufügung eines Beweggrundes sei.

Im art. 342 sind die bei den art. 324 und 325 in Betreff des Erfüllungsortes besprochenen Bestimmungen speciell für das Kaufgeschäft wiederholt und der Grundsatz ausgesprochen, daß von beiden Seiten Zug um Zug zu erfüllen ist, wenn nicht die Natur des Geschäftes, der Vertrag oder der Handelsgebrauch etwas Anderes ergeben. Die zu art. 324 angezeigte Generalisirung durch das sächsische E.-G. ist auch auf art. 342 erstreckt.

Der art. 343 legt im ersten Absatz dem Verkäufer die Verpflichtung auf, so lange der Käufer mit der Empfangnahme nicht im Verzuge ist, die Waare mit der Sorgfalt eines ordentlichen Geschäftsmannes aufzubewahren. Unter Empfangnahme ist hier die Fortnahme der Waare zu verstehen, welche der Tradition nachfolgen kann. Die gemeinrechtlich nur bis zur Tradition dem Verkäufer obliegende custodia ist also auf die Zeit ausgedehnt, in welcher die Waare nach Abrede oder Natur des Geschäftes ꝛc. ohne mora des Käufers noch bei dem Verkäufer liegen bleibt. Diese Verfügung ist sehr zweckmäßig und schneidet die sonst zur Bestimmung der dem Verkäufer obliegenden Sorgfalt oft schwer durchführbaren Distinctionen ab, ob der Verkäufer nur den Lagerplatz dem Käufer einräumte, oder die custodia übernahm und ob das eine oder das andere miethweise oder unentgeltlich geschah.

Ist nach Art des Geschäftes die Waare dem Käufer von einem anderen Orte zu übersenden, von ihm über die Art der Uebersendung jedoch nichts Näheres bestimmt, so gilt nach art. 344 der Verkäufer für beauftragt mit der Sorgfalt eines ordentlichen Kaufmannes statt des Käufers die Bestimmung zu treffen. Gegen die Anwendung dieser Vorschrift auf den Verkehr im Allgemeinen wird nichts einzuwenden sein, vielleicht möchte es nur Bedenken erregen, daß hier dem Verkäufer nicht die Sorgfalt eines ordentlichen Geschäftsmannes, sondern diejenige eines ordentlichen Kaufmannes zugemuthet wird. Da jedoch bei einseitigen Handelsgeschäften diese Art der Sorgfalt auch den nichtkaufmännischen Verkäufer treffen soll, so kann man auch gegenüber dem nichtkaufmännischen Käufer dieselbe von ihm verlangen.

Der art. 345 beschäftigt sich mit dem Uebergang der Gefahr bei Distanceverkäufen, aber auch nur für den Handelsverkehr werden durch ihn weder die Verschiedenheiten des bürgerlichen Rechtes beseitigt, noch bestehende Controversen entschieden. Es ist vielmehr das bürgerliche Recht in seiner controversen Mannigfaltigkeit ausdrücklich bestätigt, denn indem der art. 345 nur bestimmt, wann spätestens die Gefahr der versandten Waare auf den Käufer übergehen solle und diesen Zeitpunkt nach Beendigung des Transportes verlegt, im Falle die Waare dem Vertrage gemäß vom Verkäufer am Orte, wohin der Transport geschieht, zu liefern ist, so daß dieser Ort für ihn als Erfüllungsort gilt, sonst aber diesen Zeitpunkt auf die Uebergabe der Waare an den Spediteur oder Frachtführer stellt, keines der verschiedenen bürgerlichen Rechte aber einen späteren Zeitpunkt für den Uebergang der Gefahr annimmt, wird Alles einfach beim Alten belassen. Die betreffenden Bestimmungen des art. 345 scheinen nur getroffen zu sein, um zwei Bemerkungen daran zu knüpfen, nämlich einmal, daß der von den bezüglich der Uebersendung ertheilten Anweisungen des Käufers ohne dringende Veranlassung abweichende Verkäufer für den daraus entstehenden Schaden verantwortlich ist, und sodann, daß aus der vom Verkäufer übernommenen Tragung der Transportkosten für sich allein noch nicht folge, daß der Bestimmungsort für den Verkäufer als Erfüllungsort zu gelten habe. Der Inhalt beider Bemerkungen ist selbstverständlich und soll dadurch wohl nur einem bisweilen vorkommenden Irrthume ausdrücklich entgegengetreten werden. — Da der art. 345

hiernach das bürgerliche Recht intact läßt, so kann dieses durch dessen Ausdehnung auch keinen Schaden leiden, freilich auch keinen Vortheil gewinnen.

Nicht anders verhält es sich mit der Vorschrift des art. 346, daß der Käufer contractlich und in Ermangelung besonderer Verabredung den gesetzlichen Erfordernissen entsprechende Waaren empfangen, auch die Empfangnahme, wie schon im art. 326 bestimmt, sofort geschehen müsse, wenn nicht Abrede, Ortsgebrauch oder die Umstände (z. B. die Witterung) etwas anderes gebieten. Nur insofern die gesetzlichen Erfordernisse des H.-G.-B. nicht mit denjenigen des bürgerlichen Rechtes übereinstimmen, ist hier eine abweichende Disposition getroffen, wegen deren auf das zu art. 335 Gesagte zu verweisen ist.

Ueber die Untersuchungs- und Anzeigepflicht des Käufers und dessen Ansprüche wegen geheimer Mängel enthält das H.-G.-B. eigenthümliche Bestimmungen. Nach dem, jedoch nur für den Fall, daß die Waare von einem anderen Orte übersendet ist, geltenden art. 347 ist der Käufer genöthigt, die Waare sofort nach der Ablieferung zu untersuchen, soweit dies nach dem ordnungsmäßigen Geschäftsgange möglich ist, weil er die bei solcher Untersuchung erkennbaren Mängel nur bei einer sofort dem Verkäufer gemachten Anzeige der Unempfangbarkeit geltend machen kann, bei nicht erkennbaren Mängeln ist sogleich nach der Entdeckung die Anzeige abzusenden; auf die Versäumung prompter Anzeige ist das Präjudiz gestellt, daß die Waare als genehmigt gilt. Nach art. 349 sind Monituren wegen Mängel, welche erst nach Ablauf von sechs Monaten entdeckt werden (auch für Platzgeschäfte?), ausgeschlossen und verjährt auch die desfalsige Klage gegen den Verkäufer in sechs Monaten nach der Ablieferung, die exceptionsweise Geltendmachung ist jedoch noch ferner zulässig. An den besonderen Gesetzen oder Handelsgebräuchen, durch welche für einzelne Arten von Gegenständen eine kürzere Frist bestimmt ist, wird nichts geändert. Betrug des Verkäufers schließt übrigens laut art. 350 die Berufung desselben auf art. 347 und 349 aus. — Diese Bestimmungen weichen von dem bürgerlichen Rechte und insbesondere dem römischen Rechte erheblich ab und dürften auch manche Bedenken gegen dieselben vorgebracht werden können, namentlich erscheinen die Fristen des art. 349 unter Umständen z. B. im überseeischen Geschäft und im Comissionshandel Gefahr bringend und jedenfalls recht kurz. Es läßt sich jedoch nicht verkennen, daß die fraglichen Bestimmungen einschließlich der im art. 349 gesetzten Fristen wesentlich dem Zwecke dienen, eine raschere definitive Erledigung von Geschäften zu bewirken als dies sonst zumeist nach dem bürgerlichen Rechte der Fall, und damit den Verkehr zu sichern. In Folge dessen ist der art. 347 in verschiedenen E.-G. auch auf Platzgeschäfte ausgedehnt, so Hannover §. 28 (auch art. 344), Lauenburg und Schleswig-Holstein §. 53, Bremen §. 33, (auch art. 344), die beiden Mecklenburg §. 39, Oldenburg art. 24 und der art. 349 in den E.-G. von Lauenburg und Schleswig-Holstein. Dieser Gesichtspunkt gilt aber für den Verkehr überhaupt und empfiehlt deshalb die Verallgemeinerung der Anordnungen des H.-G.-B. Im Gegensatz zu den erst citirten E.-G. ist in demjenigen von Hamburg §. 43 und von Schleswig-Holstein §. 54 für die Stadt Altona für das Platzgeschäft das frühere Recht ausdrücklich aufrecht erhalten und dies deshalb, weil dasselbe noch weiter ging, als das H.-G.-B. und, den dolus des Verkäufers ausgenommen, in der Regel schon mit dem Empfang jede Einwendung gegen die Beschaffenheit der Waare ausschloß. Dieser strengere Grundsatz ist auch im gewöhnlichen Verkehr maßgebend gewesen und nicht als lästig empfunden worden, es wird deshalb das Gegentheil bei einer Generalisirung der minder strengen Vorschriften des H.-G.-B. nicht zu besorgen sein, übrigens mag auch erwähnt werden, daß die Bestimmungen des H.-G.-B. durch Vertrag verändert werden können.

Die Anordnungen des art. 348, daß der Käufer für die Aufbewahrung der beanstandeten von auswärts gesandten Waare sorgen solle, daß er berechtigt und auf Verlangen des Verkäufers verpflichtet sei den Zustand der Waare durch ein sachverständiges Gutachten constatiren zu lassen, und verderbliche Waare öffentlich oder an der Börse verkaufen könne, werden in den meisten Fällen als zweckmäßig erscheinen und deren Ausdehnung auf den allgemeinen bürgerlichen Verkehr keinen Anstoß erregen. Die in einer Anzahl E.-G. vorgenommene Ausdehnung auf Platzgeschäfte (Hannover, Lauenburg, Schleswig-Holstein, Mecklenburg und Oldenburg an den zu art. 347 citirten Stellen) braucht deshalb noch nicht nachgeahmt zu werden.

Die im art. 351—353 gegebenen Bestimmungen über die Kosten der Uebergabe und Abnahme, die zur Bestimmung des Kaufpreises anzustellende Gewichtsberechnung, und das mit dem Markt- oder Börsenpreis, wenn dieser als Kaufpreis bestimmt wurde, zu verbindende Verständniß sind der im Leben bestehenden Uebung entnommen, sachgemäß und ebenso passend für den gewähnlichen bürgerlichen Verkehr wie im Handelsverkehr.

Ueber die Folgen des Verzuges und resp. die durch denselben für den nicht morosen Contrahenten begründeten Befugnisse enthält das H.-G.-B. eine Anzahl sehr zweckmäßiger Bestimmungen, durch welche im bürgerlichen Rechte vorgeschriebene gerichtliche Proceduren und unnütze Härten vermieden, das Interesse des vertragstreuen Contrahenten in schleunigster, billigster und sicherster Weise geschützt und zugleich dem Interesse des säumigen Contrahenten soweit thunlich, Rechnung getragen wird.

Ist der Käufer in mora accipiendi, so soll nach art. 343 der Verkäufer, der nicht Willens ist, die Waare länger aufzubewahren, befugt sein, dieselbe auf Gefahr und Kosten des Käufers in einem öffentlichen Lagerhause oder bei einem Dritten niederzulegen (nicht gerichtlich, wie A. L.-R. I, Titel 11, §. 99), wie auch dieselbe nach vorgängiger Androhung öffentlich oder sofern es sich um einen Börsenartikel handelt, an der Börse durch einen Makler, verderbliche Waare bei Gefahr im Verzuge auch ohne vorgängige Androhung verkaufen zu lassen (nicht aber wie nach römischem Recht die Waare wegschütten oder auf die Straße stellen dürfen). Von der Verkaufsvollziehung hat der Verkäufer den Käufer sofort zu benachrichtigen unter dem Präjudiz der Schadenersatzpflicht.

Befindet sich der Käufer in mora solvendi, so hat nach art. 354 der Verkäufer die Wahl Erfüllung und Schadenersatz für deren Verspätung zu fordern, oder die Waare unter Beobachtung der Bestimmungen des art. 343 zu verkaufen und Schadenersatz zu beanspruchen, oder aber den Vertrag zu annulliren, die beiden letzten Alternativen jedoch nach vorgängiger Androhung und wenn nach der Natur des Geschäftes thunlich Einräumung einer Nachholungsfrist (art. 356).

Dieselbe Verpflichtung trifft auch den Käufer beim Verzuge des Verkäufers, wenn er von den drei ihm durch art. 355 eingeräumten Alternativen statt Erfüllung und Schadenersatz das Erfüllungsinteresse unter Ablehnung der Erfüllung fordern oder den Vertrag annulliren will.

Beim Fixgeschäft sind übrigens nach art. 357 Käufer wie Verkäufer von der Beobachtung des art. 356 dispensirt und fällt die Nachholungsbefugniß fort, dagegen ist das Erfüllungsverlangen von einer sofortigen Anzeige nach Ablauf des Termins bedingt und muß der vom Verkäufer vorzunehmende Verkauf gleichfalls unverzüglich erfolgen. Jeder Contrahent ist berechtigt, den Verzug des anderen Contrahenten auf dessen Kosten feststellen zu lassen (art. 358).

In allen Fällen kann bei auf beiden Seiten theilbarem Vertragsgegenstande ein Abgehen vom Vertrage nur bezüglich des nicht erfüllten Theiles erfolgen (art. 359).

Was das H.-G.-B. in Betreff des von den Contrahenten im Falle eines Verzuges zu beobachtenden Verhaltens verordnet, ist in den wesentlichsten Theilen zuvor bereits in allgemeiner Uebung gewesen und auch theoretisch wenn auch auf dürftiger gesetzlicher Unterlage nach dem allgemeinen Rechte für richtig erachtet worden, in denjenigen Beziehungen aber, in welchen von dem allgemeinen bürgerlichen Rechte abgewichen wird, liegt ein Fortschritt vor, den dieses sich nur mit Vortheil wird aneignen können.

Aus dem Vorstehenden wird sich ergeben, daß auch die einzelnen im Buch IV, Titel 1, Abschnitt 2—4 und Buch IV, Titel 2 des H.-G.-B. enthaltenen Bestimmungen keinerlei Bedenken hervorrufen, gegen die Verallgemeinerung derselben zu einem Bestandtheile des allgemeinen, den Mobiliarverkehr betreffenden bürgerlichen Rechtes, sowie daß mit ganz geringen Ausnahmen dieselben auch bereits in einzelnen Gebieten Deutschlands diese allgemeinere Geltung gewonnen haben. Hiernach wird auch in den übrigen Theilen Deutschlands die allgemeine Einführung ausführbar sein.

Freilich wird im H.-G.-B. fast nie eine Materie vollständig erschöpfend behandelt, namentlich ist dies nicht bei denjenigen geschehen, die von den hier fraglichen Abschnitten betroffen werden, sondern es sind nur fragmentarisch einzelne Sätze zusammengestellt, je nachdem ein Bedürfniß vorhanden zu sein schien, diese oder jene Frage zu entscheiden; die Folge hiervon ist, daß die Bestimmungen des H.-G.-B. nicht besonders in das zum Theil auf abweichenden Anschauungen beruhende allgemeine Civilrecht hineinpassen werden. Hieraus wird jedoch ein Grund gegen die Ausdehnung der Bestimmungen des H.-G.-B. nicht entnommen werden können, denn auch im Handelsverkehr tritt das allgemeine Civilrecht ein, in so weit das H.-G.-B. und die etwaigen Handelsgebräuche sich als ungenügend ausweisen. Im Handelsverkehr aber hat sich diese Vereinigung des Rechtes des H.-G.-B. mit dem bürgerlichen Rechte als durchaus möglich gezeigt, und in der praktischen Anwendung keine unlösbaren Conflicte geboten; trotz der bisweilen vorhandenen Schwierigkeit das Verhältniß des Handelsrechtes zum bürgerlichen Recht richtig einzuhalten, z. B., wenn eine analoge Anwendung in Frage kommt, herrscht doch wohl nur eine Meinung darüber, daß durch das H.-G.-B. für diejenigen Kreise, in welchen es bisher zur Anwendung gelangte, eine entschiedene Verbesserung des früheren Rechtszustandes herbeigeführt ist.

Hiernach wird der erste Theil der von der ständigen Deputation des deutschen Juristentages gestellten Frage eine bejahende Beantwortung zu finden haben.

Die im Eingange dieses vorgetragenen Erwägungen werden den Wunsch rechtfertigen, daß die Ausdehnung der Bestimmungen des H.-G.-B. auf das allgemeine bürgerliche Recht in einem noch viel weiteren Maße stattfinde und eine Betrachtung der einzelnen Artikel der übrigen Abschnitte des H.-G.-B. würde zeigen, daß ihr Inhalt regelmäßig zu irgend welchen solcher Ausdehnung entgegenstehenden Bedenken so wenig einen Anlaß giebt, wie dies bei den bisher besprochenen Abschnitten der Fall war. Es würde dies aber zu weit führen und die mir gesteckte Aufgabe wesentlich überschreiten. Es mögen deshalb hier nur einige übersichtliche Bemerkungen ihren Platz finden.

Der dritte, vierte und fünfte Titel handeln von dem Commissions-, Speditions- und Frachtgeschäft, wenn solches gewerbmäßig betrieben wird, sie sollen ferner nach art. 378, 388 und 420 auch auf den Kaufmann Anwendung leiden, dessen gewöhnlicher Handelsbetrieb nicht in Commissions-, Speditions- und Frachtgeschäften besteht und der nur ein einzelnes solches

Geschäft abschließt. Zur Begründung einer Ausdehnung der Bestimmungen dieser drei Titel auf das allgemeine bürgerliche Recht, also auf die Fälle, in denen Nichtkaufleute derartige Geschäfte schließen, ist auf das zu art. 272 Gesagte und darauf zu verweisen, daß der Nichtkaufmann, der mit einem gewerbmäßigen Commissionair, Spediteur oder Frachtführer oder einem Kaufmann contrahirt, der nur ein einzelnes solches Geschäft abschließt, ohnehin nach art. 277 den hier fraglichen Bestimmungen des H.-G.-B. unterworfen ist. Das Bremer E.-G. §. 29 hat in richtiger Erkenntniß, daß weder die Quantität gleichartiger Geschäfte (woraus die Gewerbmäßigkeit abstrahirt werden muß) noch die anderweite Art der Beschäftigung zur Anwendung verschiedener rechtlicher Grundsätze befugt, die Bestimmungen des IV. Buches des H.-G.-B. Titel 3—5 auch dann für anwendbar erklärt, wenn ein Nichtkaufmann ein einzelnes der in den art. 378, 388 und 420 erwähnten Geschäfte gegen Entgeld abschließt.

Bezüglich des fünften den Seehandel betreffenden Buches ist eine Generalisirung um so dringender nöthig, als hier der Beistand des bei dem vierten Buch über viele Schwierigkeiten hinweghelfende art. 277 fehlt. Nach art. 271 ist nur die Uebernahme der Versicherung gegen Prämie, nur die Uebernahme der Beförderung von Gütern oder Reisenden zur See, nur das Darleihen gegen Verbodmung ein Handelsgeschäft, nicht aber auf Seiten des Versicherungsnehmers, des Befrachters, des Bodmereinehmers, wenn diese nicht Kaufleute sind. Angenommen ein Künstler schließt einen Frachtcontract über den Transport einiger Kisten Bilder über See und versichert dieselben, er liefert nicht sämmtliche Kisten an Bord, die Kisten kommen beschädigt an, nur theilweise in Folge von Seeunfällen, nach welchen Rechtsgrundsätzen sollen diese Verhältnisse bei vorliegendem nur einseitigem Handelsgeschäft regulirt werden? Einige lassen (abgesehen von Buch IV.) die Frage nach dem für einseitige Handelsgeschäfte maßgebenden Rechte offen (Makower, Commentar zu art. 271) oder beruhigen sich mit einer Verweisung auf die besonderen Gesetze, durch welche die Gerichtscompetenz geordnet wird (z. B. Anschütz und Völckerndorff, Commentar zu art. 277). Andere erklären die Bestimmungen des H.-G.-B. für maßgebend aber ohne eine genügende Begründung, denn die Verweisung auf art. 277 (Endemann, Handelsrecht, S. 25) ist unstatthaft, weil dieser Artikel allein das vierte Buch betrifft und das Argument, daß eine entgegengesetzte Behandlung, etwa nach der zufälligen prozessualischen Stellung, theils völlig unausführbar wäre, theils zu unerträglichen Verwickelungen führen müßte (Goldschmidt, Handbuch, S. 360f) läßt sich eben so gut zu Gunsten des allgemeinen Civilrechtes und gegen das Handelsgesetzbuch wie für dieses verwerthen. Es liegt hier ein wirklicher Conflict vor, der nur dadurch eine Lösung finden kann, daß die

Bestimmungen des fünften Buches des H.-G.-B. für allgemein geltende erklärt werden. Dies ist auch durch eine Anzahl von E.-G. geschehen, so Preußen A.-L. art. 2, Nr. 7, ebenso Lauenburg und Schleswig-Holstein, Anhalt-Bernburg art. 2, Anhalt-Dessau §. 2, Mecklenburg-Schwerin §. 4, Bayern art. 63, Württemberg art. 3, indem die Rechtsverhältnisse des Seerechts ohne Unterschied und nicht nur im prozessualischem Sinne für Handelssachen erklärt werden. Damit ist den Bestimmungen des fünften Buches des H.-G.-B. auch noch in einer anderen Richtung eine wünschenswerthe Extension gegeben. Das H.-G.-B. denkt vorzugsweise an Schiffe, die zum Erwerbe durch die Seefahrt bestimmt sind, und hat namentlich auch den Rheder als den Eigenthümer eines ihm zum Erwerb durch die Seefahrt dienenden Schiffes definirt. Dadurch wird die Anwendung der bezüglich des Rheders gegebenen Vorschriften z. B. über seine Haftung, für die Schiffsbesatzung auf die Rhederei anderer Schiffe, z. B. Feuerschiffe, Zollcutter &c. ausgeschlossen, ohne daß dafür ein zureichender Grund vorhanden ist.

Zur Verallgemeinerung der das Gesellschaftsrecht betreffenden im Buch **II.** und **III.** aufgestellten Grundsätze des H.-G.-B. sind durch die Gesetzgebung selbst schon bedeutende Schritte gethan. Zunächst durch das Gesetz vom 4. Juli 1868, betreffend die privatrechtliche Stellung der Erwerbs- und Wirthschaftsgenossenschaften. Diese Genossenschaften sollen als Kaufleute gelten, auf sie finden daher insoweit nicht gesetzlich Ausnahmen gemacht sind, alle vom H.-G.-B. an die Kaufmannsqualität geknüpften oder für die Rechtsgeschäfte der Kaufleute gegebenen Bestimmungen Anwendung, so daß eigentlich nur das innere Verhältniß zwischen der Genossenschaft und ihren Mitgliedern, in so weit Statut und Gesetz keine Vorschriften enthalten, als dem Civilrecht unterworfen übrig bleibt. Auch die hierauf bezüglichen Bestimmungen des Gesetzes sind denjenigen des H.-G.-B. in wesentlichen Punkten nachgebildet. Erheblich weiter gegangen ist die Reichsgesetzgebung durch die Novelle vom 11. Juni 1870. Durch diese sind Commanditgesellschaften auf Actien und Actiengesellschaften, auch wenn der Gegenstand ihres Unternehmens nicht in Handelsgeschäften besteht und gleich viel, welche sonstigen Zwecke sie verfolgen, für Handelsgesellschaften erklärt, sie gelten als Kaufleute, ihre Geschäfte als Handelsgeschäfte. Es liegt hier keine Verallgemeinerung des Handelsrechtes zum bürgerlichen Rechte vor, sondern im Gegentheil eine größere Beschränkung dieses durch Ausdehnung des Specialrechtes auf ein weiteres Gebiet. Richtiger wird es sein, umgekehrt zu verfahren, durch Reception des materiellen Rechtes des H.-G.-B. in das bürgerliche Recht das Specialrecht aufzuheben, nicht alle Commanditgesellschaften auf Actien und Actiengesellschaften zu Handelsgesellschaften, sondern alle derartigen Gesellschaften, auch wenn sie diejenigen Geschäfte treiben, die nach dem H.-G.-B. Handelsgeschäfte sind, zu Civilgesellschaften zu machen. Das Resultat, worauf es für jetzt ankommt, ist aber auch nach dem Verfahren der Novelle die Anwendung der Bestimmungen des H.-G.-B. auf einem Gebiete, welches an und für sich dem Civilrecht angehört, unter Lossagung von dem Erforderniß einer handelsgeschäftlichen Thätigkeit.

Dieses letzte Gesetz ist der Erwägung entsprungen, daß der Gegenstand des Betriebes der fraglichen Gesellschaften nicht geeignet sei, auf die Organisation einen bestimmenden Einfluß auszuüben, daß vielmehr die in dem H.-G.-B. enthaltenen Bestimmungen auch für s. g. Civilgesellschaften völlig passend seien, daß aber die Gleichstellung die Rechtseinheit befördere, indem in vielen Fällen über die Natur des Gegenstandes der Unternehmung ein Zweifel entstehen und es daher zweifelhaft sein könne, ob die Gesellschaft eine Handelsgesellschaft im bisherigen Sinn sei oder nicht. Offenbar paßt diese Erwägung eben sowohl auf die übrigen durch das H.-G.-B. regulirten gesellschaftlichen Vereinigungen. Man wird hiernach keinen Grund haben, z. B. Bergwerksgesellschaften der Anwendung der Vorschriften des H.-G.-B. über offene Gesellschaften zu entziehen und es liegt um so weniger Veranlassung vor, die offenen, stillen oder Gelegenheitsgesellschaften, wenn ihr Gewerbe und resp. ihre Geschäfte nicht unter den Handelsbegriff des H.-G.-B. zu bringen sind von den für Handelsgesellschaften gegebenen Bestimmuugen auszuschließen, als diese Nicht-Handelsgesellschaften durch die Novelle von 1870 in der Lage sind, durch Benutzung einiger besonderer Formen nach ihrem Belieben sich zu Handelsgesellschaften zu etabliren und als solche auch wiederum stille Gesellschafter aufzunehmen und Gelegenheitsgesellschaften mit der Wirkung einzugehen, daß die betreffenden Bestimmungen des H.-G.B. Anwendung erleiden. Die E.-G. von Bremen §. 21 und Oldenburg §. 20 haben die Bestimmungen des zweiten Buches des H.-G.-B. auf alle Erwerbsgesellschaften zur Anwendung gebracht, auch wenn sie nicht Handelsgesellschaften sind, das württembergische E.-G. art. 4 desgleichen mit einer etwas unsicheren Einschränkung. Die E.-G. von Hannover §. 6, Bremen §. 5, Hamburg §. 6, Oldenburg §. 5 betrachten auch die Societäten der Geschäftsleute von geringerem Geschäftsbetriebe als Handelsgesellschaften.

An die Generalisirung der Bestimmungen des H.-G.-B. über die offene Gesellschaft knüpft sich auch eine Ausdehnung der über Firmen, Procuren und die darüber zu führenden Register im H.-G.-B. gegebenen Vorschriften, da selbstverständlich alle Societäten zu registriren sind. Diese, wie alle hier in Frage kommenden Registrirungen verfolgen den Zweck, einerseits die Sicherheit, andererseits den Credit zu heben. Die Verwirklichung dieses Zweckes ist nicht nur im Handelsverkehr, sondern auch in sonstigen Verhältnissen wünschenswerth und auch aus diesem Grunde in jedem Geschäftskreise die Anmeldung zu den öffentlichen Registern zu befördern. Man wird deshalb auch noch einen Schritt weiter gehen dürfen und nicht nur, wenn Handwerker rc. in Compagnie, sondern auch wenn sie einzeln ihr Geschäft betreiben, eine Firmendeclaration zulassen. Sobald diese Geschäfte unter dem vollen bürgerlichen Namen betrieben werden, besteht allerdings kaum ein öffentliches Interesse dafür, eben so wenig freilich beim Kaufmann, wird aber das Geschäft unter einem abweichenden, z. B. den früheren Inhaber des Geschäfts angebenden Namen betrieben, so sollte man die Firmendeclaration verlangen, mindestens aber doch gestatten, wenn die Betreffenden dies im Interesse ihres Geschäftes erachten. Hier wie bei dem Societätsverhältniß wird der Staat dadurch überdies der Nothwendigkeit überhoben, eine irrationelle und schwer ausführbare Prüfung über den Umfang des in Frage kommenden Geschäftes anzustellen, das der Betheiligte selbst am Besten wird beurtheilen können.

Wie es eine nicht zu justificirende Härte ist, der Wittwe eines kleinen Handelsmannes oder Landmannes zu versagen, von dem guten Namen ihres Mannes zu profitiren und unter demselben, also einer Firma, dessen kleinen Handel, Ziegeleibetrieb, Zuckerfabrikation rc. fortzuführen, so ist es nicht minder ungerechtfertigt, ihr zu versagen, ihrem Geschäftsführer Procura zu ertheilen, oder dem Vater, den sein Handwerksbetrieb nöthigt, häufiger längere Zeit auf dem Lande zu verweilen, zu verwehren, seinen Sohn zum Procuristen zu bestellen. Können diese Personen unzweifelhafter Weise Institoren einsetzen, so muß man ihnen als das minus auch gestatten, Procuristen zu ernennen, zumal diese Vertretungsform, weil sie mit einer Eintragung in die öffentlichen Register verknüpft ist, dritten Personen eine größere Sicherheit gewährt.

Die bezüglich Handlungsgehilfen im H.-G.-B. aufgestellten Grundsätze sind im Allgemeinen geeignet, auch auf die Gehilfen in anderen Geschäften angewandt zu werden, insofern für dieselben nicht besondere gesetzliche Anordnungen existiren, wie für Gesinde, Gesellen rc.

Man wird nicht von allen Leuten eine Buchführung fordern können, wie man sie mit Recht von einem großen kaufmännischen Geschäft verlangt. Man sollte als ordentliche Buchführung auch nicht nur eine solche gelten lassen, welche den polizeilichen Vorschriften des vierten Titels Buch I. des H.-G.-B. entspricht. Aber es ist doch nicht abzusehen, warum, wenn ein Nichtkaufmann, obgleich er es nicht nöthig hatte, dennoch wie ein Kaufmann Buch führte, seinen Büchern nicht dieselbe Beweiskraft zukommen sollte, wie denen des Kaufmanns, sodann wird entsprechend den E.-G. von Hannover §. 6, Bremen §. 5, Hamburg §. 6 und Oldenburg art. 5 bestimmt werden dürfen, daß eine Buchführung von Nichtkaufleuten nur in dem Maaße statt zu finden habe, wie sie in dem betreffenden Geschäftsbetriebe gebräuchlich ist.

Eine solche Bestimmung ist auch schon nach dem H.-G.-B. art. 10, wie die citirten E.-G. zeigen, für nothwendig befunden, und sie beseitigt eine principiell verwerfliche Bevorzugung des Kaufmanns vor dem Nichtkaufmanne. Der Werth der Buchführung hat sich in allen Fällen, hier, wie bei dem Kaufmann, nach art. 34 des H. G.-B. nach dem die concreten Verhältnisse gewissenhaft erwägenden richterlichen Ermessen zu finden.

Es erübrigt noch über Buch I, Tit. 7 von den Mäklern ein Wort zu sagen. Der siebente Deutsche Juristentag durch seine 1. und 2. Abtheilung hat sich für die gänzliche Beseitigung der Handelsmäkler als amtlich bestellte Geschäftsvermittler ausgesprochen, weil die durch die Vorschriften des H.-G.-B. dem Vermittler angelegten Fesseln mit dem freien Verkehr nicht vereinbar seien. Es kann daher nicht die Rede davon sein, diesem Abschnitt des H.-G.-B. ein noch weiteres Feld der Anwendung zu gewähren.

Diese allgemeinen Bemerkungen mögen zur Unterstützung der Meinung dienen, daß auch abgesehen von Buch IV, Tit. 1, Abschnitt 2—4 und Tit. 2 eine Ausdehnung der Grundsätze des H.-G.-B. auf das allgemeine bürgerliche Recht und somit eine Erhebung des Handelsrechts zu einem allgemeinen Mobiliarverkehrsrecht wünschenswerth und möglich sei. Selbstverständlich ist nicht eine Ausdehnung durch ängstlich genaue Umwandlung jedes Satzes des H.-G.-B. in einen allgemein giltigen gemeint, es sind vielmehr Modificationen im Einzelnen nicht ausgeschlossen, und werden die Ansichten über das Mehr oder Weniger differiren. Das aber thut nichts zur Sache. Man kann zugeben, daß sogar ganze Abschnitte, z. B. die, die öffentlichen Register, Procura und Geschäftsbücher betreffenden, welche vorzugsweise formeller Natur sind, lediglich dem mercantilen Verkehr im eminenten Sinne entsprechen und zu einer Ausdehnung ungeeignet seien, ohne darum dem Princip Abbruch zu thun, daß das Handelsrecht zum allgemeinen Mobiliarverkehrsrecht, die Grundsätze des H.-G.-B. zu einem Theil des allgemeinen bürgerlicheen Rechts ausgedehnt werden müssen.

Die zweite sich hieran anschließende Frage: ob es wünschenswerth sei, daß baldthunlichst ein die fragliche Ausdehnung vornehmendes Gesetz für das Geltungsgebiet des H.-G.-B. erlassen werde, beantworte ich mit: ja.

An und für sich ist es selbstverständlich, daß jede als solche anerkannte Verbesserung so rasch wie möglich herbeigeführt werden muß, jede Zögerung ist eine Verlängerung des verwerflich befundenen Zustandes. Es kommt also nur darauf an, ob besondere Gründe vorhanden sind, welche für den hier in Frage stehenden Fall gebieten, eine Ausnahme von der Regel zu machen. Als einziger solcher Grund wird möglicher Weise die in Aussicht stehende Emanation eines allgemeinen bürgerlichen Gesetzbuches für das deutsche Reich geltend gemacht werden können, indem es sich nicht empfehle, eine Umwandlung des Rechtszustandes vorzunehmen, die doch nur einen kurzen Bestand haben werde und durch einen wiederholten Wechsel in den zur Anwendung zu bringenden Rechtsgrundsätzen statt zu einer Verbesserung des rechtlichen Zustandes zu einer Vermehrung der Rechtsunsicherheit führen müsse. Diesem Bedenken wird jedoch kein Gewicht beizumessen sein.

Es ist eine bekannte Controverse, ob es zweckmäßig sei, ein deutsches Civilgesetzbuch sofort auszuarbeiten oder auf dem Wege der Specialgesetzgebung auf das Ziel einer gemeinsamen Civilgesetzgebung allmälig hinzuarbeiten. Der Streit verliert aber seine praktische Bedeutung, sobald der letzte Weg ohne Präjudiz für den ersten verfolgt werden kann, und das ist hier der Fall. Solche Materien, deren allgemeine Ordnung nur durch tief einschneidende Bestimmungen in die zur Zeit bestehenden Civilrechte zu erreichen gewesen wäre, deren Tragweite sich auf verschiedene Theile des Rechtssystems erstreckt haben würde, sind mit Absicht vom H.-G.-B. ausgeschlossen, wie z. B. das eheliche Güterrecht, dem der preußische Entwurf einen eigenen Abschnitt gewidmet hatte. Diejenigen Materien dagegen, mit welchen das H.-G.-B. sich beschäftigt, sind solche, deren Feststellung von dem sonstigen Inhalt des Rechtssystems nicht wesentlich beeinflußt wird und daher selbstständig erfolgen konnte. In diesen aber erscheint das H.-G.-B., wie dies schon oben ausgeführt, als der Ausdruck der neueren Rechtsanschauung, welche auf dem speziellen Gebiete des Handelsverkehrs nur der Vorläufer dessen ist, was für den Verkehr überhaupt allgemeines Recht werden muß. Das zu erwartende bürgerliche Gesetzbuch wird daher nicht in Widerspruch stehen mit den aus dem H.-G.-B. auf das allgemeine Civilrecht zu übertragenden Grundsätzen, sondern es wird denselben lediglich eine neue Anerkennung und Bestätigung gewähren. Weit entfernt also, dem neuen bürgerlichen Gesetzbuch Schwierigkeiten in den Weg zu legen, wird die Ausdehnung der Bestimmungen des H.-G.-B. auf das allgemeine Recht den Boden für dieses Gesetzbuch vorbereiten und den Uebergang zu demselben erleichtern. Diese Auffassung ist auch bei dem Erlaß und resp. der Ausarbeitung derjenigen Gesetze anerkannt worden, welche uns bis jetzt ein doch nicht unwesentliches Stück Rechtseinheit gebracht haben. Der Wunsch nach solcher besteht schon lange und ebenso lange ist jedem Schritt dazu das Bedenken entgegengestellt worden, daß er sich nicht machen lasse, sondern wegen des Zusammenhanges jedes Theiles des Rechtssystems mit dem anderen nur ein ganzes umfassendes Gesetzbuch — wenigstens für das Obligatonenrecht — geschaffen werden dürfe. Man hat sich aber über dieses Bedenken hinweggesetzt in der Ueberzeugung, daß ein gemeinsames Wechselrecht einem gemeinsamen Handelsrecht, und dieses einem gemeinsamen Obligationsrecht den Weg bahnen werde. Und so ist er geebnet worden, jedes Stück neuer gemeinsamer Gesetzgebung hat das Bewußtsein gestärkt, daß die Rechtseinheit möglich sei und zu neuer erfolgreicher Thätigkeit veranlaßt, ohne daß jedes früher Geschaffene für die späteren Schöpfungen ein Hinderniß war. So wenig man gefürchtet hat, durch das H.-G.-B. in seiner jetzigen Geltung der Einführung eines bürgerlichen Gesetzbuches zu präjudiciren, und so wenig Grund zu einer derartigen Furcht vorhanden war, so wenig Grund zu solcher Befürchtung bietet die Ausdehnung der Grundsätze des H.-G.-B. zu einem allgemeinen Rechte des Mobiliarverkehrs. Auch noch den Umstand darf man nicht vergessen, daß auch im günstigten Falle noch eine ziemlich lange Zeit vergehen wird, bis Deutschland des Besitzes eines das ganze Civilrecht umfassenden Civilgesetzbuches sich zu erfreuen haben wird. Die Generalisirung der Bestimmungen des H.-G.-B. wird durch ein verhältnißmäßig nicht viele Vorarbeiten erforderliches Einführungsgesetz bewerkstelligt werden können; warum sollte man sich versagen, für die keinesfalls kurze Zwischenzeit bis zur Einführung des bürgerlichen Gesetzbuches eine für wünschenswerth erkannte Verbesserung zu schaffen und ohne Präjudiz für die weitere Gesetzgebung ein neues wesentliches Stück Rechtseinheit herzustellen?

Ich gelange somit zu dem Resultat:

1) Es ist wünschenswerth und thunlich, die Bestimmungen des H.-G.-B. ohne wesentliche Veränderungen zu einem allgemeinen Mobiliarverkehrsrecht auszudehnen.

2) Es ist dies speziell auch wünschenswerth und thunlich bezüglich der Vorschriften des Buch IV, Tit. 1, Abschnitt 2—4 und Tit. 2.

3) Es ist wünschenswerth, daß bald thunlich ein Gesetz dieses Inhalts für das Geltungsgebiet des H.-G.-B. erlassen werde.

Druck von G. Jansen in Berlin.

Abschluß der Kasse des deut

Einnahme.

			Thlr.	Sgr.	Pf.	Thlr.
Mai 1873.	1.	Bestand laut Abschluß vom 1. August 1872 a) 1000 Thlr. Bayerische 4 % Präm.-Anl. b) 800 „ Badische 4 % Präm.-Anl. c) 2200 „ Preuß. $4^1/_2$ % conf. Anl. d) 2500 „ Norddeutsche Bundes-Anl. e) Baarbestand	545	11	6	
August 1872.	2.	8 Nachträgliche Beiträge	16	—	—	
		1 Beitrag pro 1873	2	—	—	
	3.	Zinsen von 800 Thlr. Badische Präm.-Anl. .	16	—	—	
Oktbr. 1872.	4.	„ „ 2200 „ Preuß $4^1/_2$ % Consols	49	15	—	
Decbr. 1872.	5.	Für gekündigte 2500 Thlr Norddeutsche Bundes-Anl. incl. Zinsen	2558	10	—	3187
Jan. 1873.	6.	Von Dr. Kratky dritte Sendung von Beiträgen der österreichischen Mitglieder pro 1872 Thlr. 125. — ab Porto „ —. $12^1/_2$.	124	17	6	
	7.	Zinsen auf 2000 Thlr. Central-Boden-Credit-Pfandf.	45	—	—	
	8.	Zinsen auf 800 Thlr. Badische Präm.-Anl. .	16	—	—	
	9.	„ „ 2200 „ Preuß. $4^1/_2$ % Conf.	49	15	—	
	10.	Von Dr. Kratky erste Sendung von Beiträgen der österr. Mitglieder pro 1873 = Thlr 600. ab Porto „ 2.	599	3	—	
	11.	Beiträge von 1786 Mitgliedern aus dem deutschen Reiche	3572	—	—	
	12.	35 nachträgliche Beiträge pro 1872	70	—	—	
	13.	Erlös durch Verkauf von Juristentagsverhandl.	86	3	6	4562
						7749

Das Vermögen des Juristentages ist somit gegenwärtig:

1) Thlr. 1000 Bayersche 4 % Präm.-Anl.
2) „ 800 Bad. 4 % Präm.-Anl.
3) „ 2200 Preuß. $4^1/_2$ % Consols.
4) „ 2000 Preuß. Central-Boden-Credit-Pfdf. $4^1/_2$ %.
5) „ 4028. 10. Baarbestand.

stentages, Mai 1873.

Ausgabe.

1872.	1.	Adresse an den Geh. Rath Wächter	18	17	—			
	2.	Pauschquantum für das Schriftführeramt pro 1872	400	—	—			
	3.	An Guttentag Vorschuß für Druckkosten . .	700	—	—			
ember.	4.	Für gekaufte 2000 Thlr. Centr.-Boden-Credit-Pff. à $96^1/_4$ % = Thlr. 1925. —. —. Zinsen $4^1/_2$ % = „ 40. 22. 6.	1965	22	6			
	5.	Porto-Auslagen	—	15	—			
	6.	Pauschquantum für Correcturen	30	—	—			
	7.	An das Lokal-Comité zu Frankfurt a./M. den Mehrbetrag der Kosten des dortigen Juristentages erstattet mit . . Thlr. 64. 22. —. Porto „ —. 8. —.	65	—	—	3179	24	6
1873.	8.	Porto-Auslagen bei Empfang der eingesandten Beiträge	12	15	—			
	9.	Ein neues Kassenbuch	1	15	—			
	10.	An Guttentag für Druckkosten, Porto und Versendung der Verhandlungen einschließlich von 200 Thlr. Pauschquantum pro 1873 für Besorgung der Drucksachen	527	11	—	541	11	—
						3721	5	6
	11.	Baarbestand				4028	10	—
						7749	15	6

Berlin, den 25. Mai 1873.

S. Borchardt.

FSC
www.fsc.org
MIX
Papier | Fördert
gute Waldnutzung
FSC® C083411

Kolibri 360 GmbH
Ferdinand-Jühlke-Straße 7
99095 Erfurt, Deutschland
produktsicherheit@kolibri360.de